珍藏本
纪念版

汉译世界学术名著丛书

区位和土地利用

——地租的一般理论

〔美〕威廉·阿朗索 著

梁进社 李平 王大伟 译

商务印书馆
SINCE 1897
The Commercial Press

2017年·北京

William Alonso

LOCATION AND LAND USE

Toward a General Theory of Land Rent

根据哈佛大学出版社 1964 年平装本译出

汉译世界学术名著丛书
（120 年纪念版·珍藏本）
出 版 说 明

2017 年 2 月 11 日，商务印书馆迎来 120 岁的生日。120 年前，商务印书馆前贤怀揣文化救国的理想，抱持“昌明教育，开启民智”的使命，立足本土，放眼寰宇，以出版为津梁，沟通中西，为中国、为世界提供最富智慧的思想文化成果。无论世事白云苍狗，潮流左右激荡，甚至战火硝烟弥漫，始终践行学术报国之志，无改初心。

迻译世界各国学术名著，即其一端。早在 20 世纪初年便出版《原富》《天演论》等影响至今的代表性著作，1950 年代后更致力于外国哲学和社会科学经典的译介，及至 1980 年代，辑为“汉译世界学术名著丛书”，汇涓为流，蔚为大观。丛书自 1981 年开始出版，历时三十余年，迄今已推出七百种，是我国现代出版史上规模最大、最为重要的学术翻译工程。

丛书所选之书，立场观点不囿于一派，学科领域不限于一门，皆为文明开启以来，各时代、各国家、各民族的思想与文化精粹，代表着人类已经到达过的精神境界。丛书系统译介世界学术经典，引领时代思想，为本土原创学术的发展提供丰富的文化滋养，为推动中国现代学术和现代化进程做出了突出的贡献。

为纪念商务印书馆成立120周年，我们整体推出“汉译世界学术名著丛书”120年纪念版的珍藏本，寄望既利于文化积累，又便于研读查考，同时向长期支持丛书出版的译者、编者和读者致以敬意。

两甲子后的今天，商务印书馆又站在了一个新的历史时间节点上。我们不仅要铭记先辈的身影和足迹，更须让我们的步伐充满新的时代精神。这是商务人代代相传的事业，更是与国家和民族的命运始终紧密相连的事业。我们责无旁贷，必须做好我们这代人的传承与创造，让我们的努力和成果不仅凝聚成民族文化的记忆，还能成为后来人可以接续的事业。唯此，才能不负前贤，无愧来者。

商务印书馆编辑部

2017年10月

译者前言

(一)

威廉·阿朗索(William Alonso),美国哈佛大学教授,出生于阿根廷的布宜诺斯艾利斯。

阿朗索于1954年、1956年和1960年分别获哈佛大学建筑学学士、哈佛大学城市规划硕士和宾夕法尼亚大学区域科学博士学位。之后,他作为教授和系主任在印度尼西亚万隆理工学院城市与区域规划系工作,1962年在委内瑞拉中央大学做访问教授,1963～1965年,任哈佛大学城市研究中心执行主任。在随后的十多年间,阿朗索曾任教于美国耶鲁大学、加州大学伯克利分校和斯坦福大学等校;1976年又回到哈佛,任人口研究中心主任,被命名为理查德·萨尔顿斯塔尔人口政策教授,1983～1984年,任哈佛大学社会学系主任。除了学术工作外,阿朗索还是众多机构,包括美国商务部、农业部、住房与城市发展部以及世界银行、联合国人口行动基金会、美国福特基金会等机构的咨询专家和顾问。阿朗索曾于1993年10月来中国北京参加发展中国家区域科学国际会议,作学术报告,并在那一届的区域科学国际研讨班上授课。1999年2月11日,威廉·阿朗索去世,享年66岁。

阿朗索是世界知名的区域科学专家,《区位和土地利用》一书是他的成名之作,其主要贡献是将冯·杜能(von Thünen)的关于孤立国农业土地利用的分析引申到城市,以解释城市内部的地用与地价之分布。他的学术兴趣还包括人口统计变化动态,尤其是高度城市化地区的人口问题,比如第三世界的城市化和健康,欧洲的区域—城市人口迁移模式,美国社会种族统计调查等。为激励区域科学同仁以阿朗索的精神承担创新性工作,国际区域科学协会于1999年11月设立威廉·阿朗索纪念奖。

(二)

像冯·杜能一样,阿朗索假设城市活动——包括居住和产业——在地形和交通方面都是各向同性的平原上进行,越接近城市中心(唯一的就业中心或市场中心)支付的交通成本越少。他的问题是:从城市中心向外,城市活动和地租分布如何变化?

一种资源有多少被何种经济活动所利用以及这种资源的回报(或价格)取决于社会对它的需求和它本身的供给。土地也不例外,但有其特殊性,这就是土地的不可移动性,在特定位置上具有固定的数量。换言之,土地在某一位置的供给曲线是一条处于极端状态的垂直线。它被何种经济活动所占据取决于经济主体人所出的租价。显然,地主愿意把地块租给出价最高的人。因此,对各个区位上土地使用者的租地竞价的分析是建立城市及其周围土地利用模型的基础。

本书的核心内容可概括为:城市活动的租地竞价曲线的构建

和在土地供求均衡中地价和地用的决定。

1. 城市活动的租地竞价曲线的构建

阿朗索的研究既包括了对住户的也包含了对厂商的竞价曲线的构造。

为了构建住户的竞价曲线，阿朗索假设把住户的消费调整成对土地、通勤和其他的一般消费（包括各种物品和劳务以至储蓄）。这样，一个收入为 y 的住户的预算约束为：

$$y = p_z z + P(t)q + k(t) \tag{1}$$

其中：p_z 是一般商品的价格，视为常数。z 是对它的消费量。$P(t)$ 为距离城市中心 t 公里处的土地租价，q 是对土地的消费量。$k(t)$ 表示从城市中心到 t 处的通勤成本，它随距离的延长而增加。

住户有一个效用函数 u，

$$u = U(z, q, t) \tag{2}$$

依赖于对一般消费的量、土地的消费量和交通距离，是前两个因素的增函数，最后一个的减函数：随交通距离的增加，住户的效用在减少。

（1）式中土地的租价在其供求中决定。如果在特定区位的供给量已定，对它的需求如何描述？显然，对住户来讲，地价越低越好。可是低的地价会导致更多的需求。所以，为了描述住户对具有空间位置的土地的需求，阿朗索的一个极具价值的问题是：如果住户把他的效用水平放在一个固定值上，他对距离城市中心远近不同的各个地块所愿意支付的最高价格是多少？具体地讲，住户要在不同的地段上，在除去交通消费后优化他的一般消费和对土地的消费，以达到他既定的效用水平。在这种情况下，住户出多少尽可能大的租地价格？

从数学关系式(1)来看，

$$P(t) = [y - k(t) - p_z z]/q \tag{3}$$

如何在 z 和 q 之间选择，保证(2)式给定的效用水平的前提下，使(3)式的值最大，就变成一个精确的经济学问题。

如图 1 所示，假设距离城市的远近已定，为 t_0，住户除去交通费用后的可支配收入为$[y - k(t_0)]$，住户的预算线在纵轴上的截距为$[y - k(t_0)]/p_z$。住户的效用水平已定，像图上的那一条无差异曲线所表示的那样。离原点越近的无差异曲线，它表示的效用水平越低，反之亦然。当然，这时的效用水平包含了区位因子

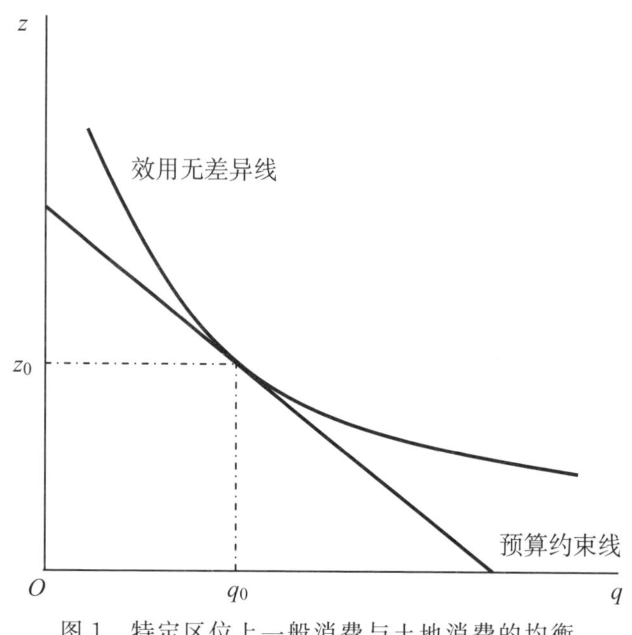

图 1　特定区位上一般消费与土地消费的均衡

t,只是暂时设定它不变。以截距为$[y-k(t_0)]/p_z$ 的预算线有无数条,它们的方程式为:

$$z=[y-k(t_0)]/p_z-[P(t_0)/p_z]q \tag{4}$$

其斜率为$[P(t_0)/p_z]$,它越大,住户的竞租越大。与无差异曲线相切的那一条预算线只有一条,代表均衡的预算线,它的斜率与一般消费的价格的乘积,即是住户在这一区位的竞租,对应的土地消费和一般消费分别是 q_0 和 z_0。

现在仍旧假设效用水平不变而允许距离因子 t 变化,可以想象出无数组关于均衡竞租、土地消费和一般消费的组合。将均衡的竞租与它对应的距离因子表示在一个坐标系中,这就是住户对土地的竞价曲线,它对应于住户的一个效用水平。

住户的竞价曲线呈何种形状?一个简单的回答方法常常是将距离因子从住户的效用函数中忽略掉。[①] 这时,住户的无差异曲线与距离无关,如图 2 中第二象限所示的。第一象限绘制的是除去通勤消费后的可支配收入与距离的关系曲线,如果假设单位距离交通成本不变,它就是一条直线。在这条线上任取一点,它的横坐标对应着区位,即与城市中心的距离,纵坐标对应着除去通勤消费后的可支配收入。以这个可支配收入为截距做无差异曲线的切线,其切点分别对应着土地和一般消费的均衡值。然后用(3)式计

① Mills, E., "An Aggregate Model of Resource Allocation in a Metropolitan Area", *American Economic Review*, 57: 197-210, 1967.

Muth, R., *Cities and Housing*, Chicago: University of Chicago Press, 1969.

Straszheim, M., "The Theory of Urban Residential Location", in *Handbook of Regional and Urban Economics*, Vol. Ⅱ, edited by E. S. Mills, Elsevier Science Publishers B. V. 717-757, 1987.

算相应地租竞标值，最后将这个地租竞标值与对应的距离标示在第三象限，它是一个点。不断地改变距离，可获得无数个这样的点。从图 2 可以看出，随着距离的增加，预算线的斜率变小，进而，住户的竞租降低。也许人们可以直觉到这种情形：随着距离的增加，用于一般消费和土地消费的货币减少了，为了保证效用在不变

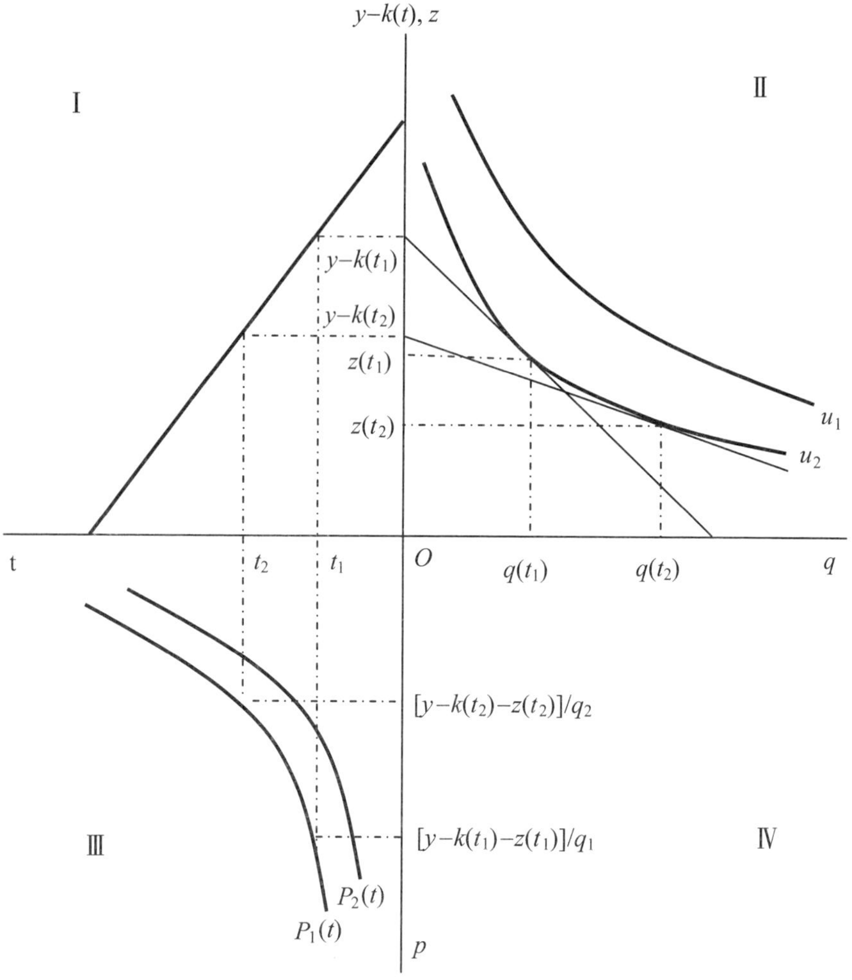

图 2　简化情况下的消费组合和对土地的竞价曲线

的水平上，必须对单位土地给予较低的租金。可是，阿朗索却给出了理性的解释。如果距离在效用函数中，由于它的负向作用，可以想象出更陡峭的竞价曲线。

用相近的推导方法，阿朗索也构造出了厂商的竞价曲线。不同的是，效用被利润所替代，距离通过影响厂商的营业量、生产成本和土地投入来影响它的利润。关于营业量和生产成本，前者随距离的增加而减少，后者则相反。故，利润随距离的增加而减少。不难推论，厂商的竞租：对单位面积的土地所能够支付的最高价格，在给定的利润水平下，在每一区位优化了土地投入后，随距离的增加而减少。

住户和厂商的竞价曲线还具有以下特征：

（1）无论住户或厂商，自身的一组竞价曲线不会相交；

（2）离原点较远的竞价曲线表示较低的效用或利润，在一条竞价曲线上，住户或产商是无差异的。

2. 土地供求均衡中地价和地用的决定

住户和厂商的竞价曲线是不固定的，随他们的效用或利润水平的变化而上下移动。均衡的地租以及地用如何决定？阿朗索提出了具有空间意义的土地供求均衡分析。

假设一座城市住着 N 户居民，他们是这个城市内的唯一居民，也是城市内土地的唯一消费者。这 N 户居民具有完全相同的收入和偏好，也就是说，他们具有相同的竞价曲线。与这个城市竞争土地的对手是农业，对土地的竞价如图 3 上所标示的。这似乎是一个过分简单的假设，只是为了分析上的方便，并不影响对整个问题解决的逻辑。

具有代表性住户的无数条竞价曲线中的一条也被表示在图3中，它是向右下方向倾斜的，与农业的竞价曲线有一个交点，其横坐标是 t_1。从土地的供方来看，当 $t>t_1$ 时，农业的竞租大于城市的，故土地所有者将会把比 t_1 远的土地租给农业经营者。当 $t<t_1$ 时，居民的大于农业的竞租，土地所有者愿意将其内的地块租给住户，其面积等于以 Ot_1 为半径的圆的面积：居住性的土地的供给。可是，在这一段竞价曲线上，这个代表性的住户对每一个租地价格都对应一个最优的土地需求量，按照其上的价格租用土地，并且选择每一价格对应的土地需求，这N户居民的每一位所得到的效用水平相同。换言之，相对于这一段竞价曲线来讲，各户对居住在以 Ot_1 为半径的圆内的那一个区位上是无偏好的。如果将这N户居民按照某一种方式安排在这个圆内，那么我们自然会关心，他们对土地的总计需求量是否恰好就等于这个圆圈的供给量？

如果是，则均衡的竞价曲线和土地利用被决定，正如图3所表示的。如果不是，有两种情况：一是总计需求大于这个圆圈的面积，另一为总计需求小于这个圆圈的面积。前者意味着供不应求，应抬高这条竞价曲线。显然这会使 t_1 向外移，增加供给，同时也会使每位住户的需求下降，减少总计需求，从而达到供求平衡。对于后者，这意味着供过于求，应降低原竞价曲线。与前者相反，这会使 t_1 向内移，减少土地的供应量，同时增加居民对土地的总计需求，使供求平衡。总而言之，通过上下移动竞价曲线，即改变住户的效用水平 u，总可以使城市土地的供求相持平。

阿朗索证明了以下结论：①竞价曲线斜率越大的土地使用者，

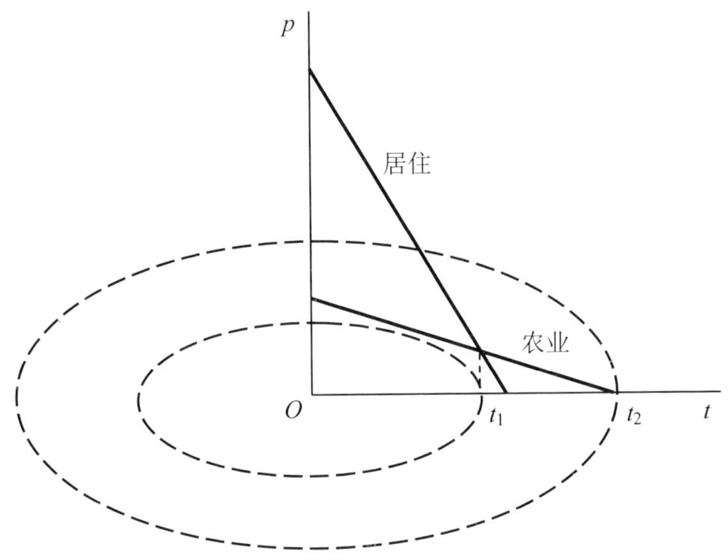

图3 住户的均衡和地价与地用的决定

其位置越接近城市中心；②在均衡中，每一位土地使用者的竞价曲线总是以与它相临的、距离城市中心较远的土地使用者的均衡位置与地租作为参考。从图3可以看出以上这两点。这些结论为具有多于两类用途的土地利用与地价的均衡分析奠定了基础。

现实中可能存在这样的竞价曲线，在某一距离区间，一条的倾斜度大于另一条的，而在另一距离区间则相反。阿朗索对于这类情况也作了分析，提出了相应的解决办法。

（三）

在《区位和土地利用》之后，米尔斯（Mills）、穆斯（Muth）等[②]

② 同注①。

的与城市居住区位紧密相关的论作先后发表。在他们的模型中，住户效用函数中的土地因子被住房消费所代替，构建出来的是关于不同区位上对住房的竞价曲线。进而，住房的建设需要投入土地，住房消费就形成了住户对土地的引致需求。各个区位上的住房需求和建设相结合，单位土地上投入的多少就被揭示出来了，以反映城市土地利用密度的变化。

米尔斯和尼茨坎普(Nijkamp)③在《区域与城市经济学手册》中指出，《区位和土地利用》一书的问世，可以看作是城市经济学之创始，它使这门学问具备了逻辑一致的理论基础。可以说阿朗索的工作开创了一个时代，引发了大量的相关文献，使关于城市空间结构和土地利用的研究不断地得以完善。同时他的工作也被广泛地应用在关于城市和区域发展的研究中，尤其是在城市房地产的研究上。

也许阿朗索的模型的最大局限性关联着它的母体——杜能的学说④，他们一起回答了这样的问题：当城市的中心被确定以后，它周围的土地是如何被派上不同的用途？然而城市中心的存在离不开它周围的土地利用，换言之，城市中心周围的土地利用也是它本身形成的因素。所以，杜能-阿朗索模式难以回答：当城市的区位依赖于它周围的土地利用时，城市及其周围的土地利用如何被

---

③ Mills, E. and P. Nijkamp, Advances in Urban Economics, in *Handbook of Regional and Urban Economics*, Vol. Ⅱ, edited by E. S. Mills, Elsevier Science Publishers B. V.: 703-714, 1987.

④ Fujita, M., Krugman, P. and A. Venables, *The Spatial Economy: Cities, Regions and International Trade*, The MIT Press, 15-18, 2000.

决定？以克鲁格曼为代表的“新经济地理学派”力图从地方经济的自我增强上修补这些不足⑤，然而，新理论的建设还有待于进一步的努力。

梁进社

2007年8月14日

于北京师范大学

⑤ 同注④，pp. 133-150.

序　言

经典的地租和区位理论流传已有一个半世纪，本书或许能够使地租和区位理论更加一般化并更加清晰地表述出来。起初，我想把一些基本关系和一些简单的统计验证编纂成册就足够了，但事实证明，这些简单关系之间也存在很多的问题。因此，我重新回到它们的假设条件上，并把这些假设条件加以整合。这是一个冗长的过程，推导经常变得混乱，虽然如此，但找到症结所在却是一件令人愉快而有启发性的事情。

研究中所用的方法主要是经济学方法，当然，所涉及的最终问题是地理问题。书中用了大量数学方法，从而使逻辑关系能够更清晰、更简练地表达出来；不过，为了使不具备数学知识但对此问题很感兴趣的读者更好地理解这些问题，并且也为了检验数学结果与通常认识的一致性，书中也尽可能对数学结果进行了通俗描述，并尽力给出对应的直观的图解结果。最后，我所得出的结论与关于城市结构的普遍持有的观点不同，或许正是这些不同之处对于城市和区域规划具有重要意义。本书是在我的博士论文的基础上写成的，书中的理论最早在我的博士论文中提出，我很高兴我的博士论文中的这些理论被很多研究城市问题的学者引用。

另外，还需说明的一点是关于本书的参考文献。本书最早完成于 1959 年，而从那时候开始，与我的研究主题相关的文献层出不穷，我也参考了一些这一时期文献，它们给我很大的启发，但书中并未对这一时期的文献作系统的介绍。当然，这些新的文献并没有否定书中提出的理论；相反，它们为此提供了大量佐证。

威廉·阿朗索

致　谢

本书是在我的博士论文的基础上完成的。能够在宾夕法尼亚大学区域科学系完成博士论文，首先要感谢沃尔特·伊萨德先生的指导和启发，同时也感谢未来资源组织（Resource for the Future）设立的区域科学奖学金（Regional Science Fellowship）的资助。本杰明·H. 史蒂文斯给了我莫大的帮助，他不仅教会我大量的数学方法，而且给予我巨大的精神支持。感谢迈克尔·泰茨（Michael Teitz）、罗伯特·库格林（Robert Coughlin）、欧文·弗兰德（Irwin Friend）、儿金·斯莫伦斯基（Eugcnc Smolensky）以及后来的罗伯特·斯科特-布朗（Robert Scott-Brown），他们不辞辛劳，帮我做了大量工作。此外，还要感谢托马斯·梅隆（Thomas Melone）和威拉德·汉森（Willard Hansen）在我在印度尼西亚期间不远万里把费城的资料寄给我。

在麻省理工学院和哈佛大学城市研究联合研究中心，我对该书进行了重新组织和编写，并且完成了几个新的部分。在此，要感谢当时联合中心的主任马丁·迈耶森（Martin Meyerson）和学术委员会主席劳埃德·罗德温（Lloyd Rodwin），他们对我的工作表现出很大的兴趣，并给了我很大帮助。

目　　录

图 表 目 录

第一章　城市土地经济学：引论和述评 1

第一节　引言

随着城市重要性的增强，各门社会科学对城市研究日益重视。已经证明，城市的内部结构是非常丰富和复杂的论题。然而，我们对它的理解仅仅迈出了第一步。大量的文献涉及以下这些或者与之相似的论题：为什么有人会为在闹市区找加油站而烦恼？为什么会有格林尼治村？谁居住在贫民窟，他们为什么住在那里？是什么原因使得曾是意大利人居多数的地方迅速变成波多黎各人的居住区？为什么在城市周围的郊外住宅区没有典当商？为什么巨宅会变成公寓？为什么精神分裂症在城市的某些部分是主要的病症，而在另一些部分却不是？这些问题当中，有的枯燥乏味，有的却内容丰富，值得思考。在研究城市的过程中，社会学家、经济学家、地理学家、社会心理学家以及其他领域的学者使用了众多词汇，并使得这些词汇流行起来，诸如“演替”、“程度最高和最好的利用”、“社会象征”、“游民的贫民窟”、“服务功能”、“生态过程”、“重力模式”，等等。总之，各领域的研究者想尽办法来研究城市这一论题。

在研究方法上，本书主要采用经济学的方法，但从该学科丰富

的论题中，我们也仅仅能得出一个大概的轮廓。无论是波多黎各人还是麦迪逊大街广告商都将被去除其独特性，而是代之以个体经济人；无论是典当商的小当铺还是豪华大厦内的店铺都被统一到一个灰色载体中，即他们都是厂商。我们也不会纠缠于精确的房地产法律的复杂性，而是直接考察有关房地产的购买或租赁。同时，虽然城市地形可能复杂多样，但在这里我们假定城市在均质
2 平原上。在这些假设条件之下，我们希望得出一个较为完满的解释理论，用以阐述城市内部结构的一些特点。然而，从尚未考虑到的诸多方面来看，这个解释是不完全的。

本书要介绍的理论涉及城市内部土地价值与土地利用的关系。其中，主要关注住宅用地的情况，住宅用地覆盖了美国主要城市中私人开发的土地的 4/5。① 之所以要强调住宅用地基于两个原因：第一，显然，住宅用地是城市中最主要的土地利用形式；其次，以往的城市土地价值和土地利用的研究者往往忽视住宅用地，因此，住宅土地利用的经济理论必须赶上其他土地利用的经济理论。另一方面，本书中将更为简要地考察一下城市厂商。在现实经济活动中，有很多不同类型的城市厂商，他们的区位选择受多种因素的影响。本书中对厂商的处理是通用的，可以适合多种类型的厂商。最后，本理论将用一种与现有的农业土地利用理论相一致的形式明确地表达出来。从而城市的和农业的理论构成完整的土地利用与土地价值理论。

---

① Harland Bartholomew, *Land Uses in American Cities* (Cambridge, Mass.: Harvard University Press, 1955), p. 46.

第二节　1900年以前的土地价值理论

经济学家关注地租至少可追溯到18世纪的重农主义者那里。重农主义者所提到的地租是指农业土地地租(今天仍然有很多经济学家对地租作如此理解)。重农主义者之所以把重点放在农业土地上,并且忽视城市的问题,是有其时代背景的。因为当时的社会是一种农业社会,而城市不仅在景观上不那么重要,而且还被视为寄生在农业生产活动之上。这种对城市土地的忽视一直延续到19世纪后期。即使在现在,城市已经变得极为重要,但此论题仍然是一个被忽视的论题。首先,这是由于对城市土地问题进行规范的分析要比对农业土地问题作规范的分析更为困难。再者,农业理论的多项成就(本节后面的部分以及第三章中将要提到)似乎
导致在城市土地理论家中形成一些先入之见,而这些先入之见往 3
往导致理论家们追求毫无效果的推理路线。第三,由于农业生产力的提高和在更为先进国家(这些国家发展创造了经济理论)的经济中农业部门的重要性相对下降,对地租这一主题的研究似乎已大大地丧失了其迫切性。最后,有关这一论题的理论已陷入了一片有着相互矛盾的定义与研究重点的海洋之中;并且“在这一研究领域中无政府主义的盛行”②极大地阻碍和限制了新想法的产生

② Carl R. Bye, *Development and Issues in the Theory of Rent* (New York: Columbia University Press, 1940), p. 104. 从多方面对城市地租进行详细评论的文献,可参见Max R. Bloon, *Economic Criteria and the Use of Land in Subsidized Urban Redevelopment Areas*, Ph. D dissertation. The American University, Washington, D. C., 1959.

以及相关讨论的价值。

19世纪初，大卫·李嘉图(David Ricardo)对农业地租作了论证，它仍然是当今大多数理论的基础。[③] 李嘉图指出，最肥沃的土地首先得到利用，随着对农产品需求的增长，较差的土地才被投入使用。最肥沃土地上的地租是以与最贫瘠土地相比而言的优势和农民之间的竞争(这种竞争保证了所有利益都以地租的形式为地主获得)为基础的。这种优势等于土地生产力的差值。李嘉图也承认距离市场较近的土地所承担的产品的运输成本比距离较远的土地要低，作为众多农民竞争的结果，地主也以地租的形式获得了这份利益。然而，李嘉图主要致力于土壤肥沃性级差的研究。数年后，冯·杜能(J.H.von Thünen)更完整地发展了区位级差地租理论。[④] 就区位级差地租看，杜能认为市场周围的各类农业用途的土地都需要通过竞价获得，在每宗地的竞争中，出价最高者获得土地使用权；某种作物在某一区位所能给出的地租(区位级差地租)是与更远的位置相比较，该区位在其产品运输成本上的节约量；耕作距离最远的土地其运输成本无法节约，因此在该区位无任
4 何地租。从另一个方面来看，任一区位的地租等于其产品的价值减去生产成本和运输成本。近来，邓恩(Dunn)和艾萨德(Isard)

---

③ David Ricardo, *On the Principles of Political Economy and Taxation*, 1817. 尽管李嘉图的论证在早期是最重要的，但亚当·斯密(Adam Smith)在其1776年的《国富论》(*The Wealth of Nations*)中已承认，地租随土地的肥沃性和位置而变化。

④ Johann H. von Thünen, *Der isoliterte Staat in Beziehung auf Landwirtschaft und Nationalekonomie* (1st vol., Hamburg, 1826; 3rd vol., and new ed., Hamburg, 1863).

充分而规范地发展了该方法[5],这将在第三章进行详细阐述。

早期的经济学家对城市土地几乎没有形成什么见解。亚当·斯密(Adam Smith)对其价值也没有发表任何看法,只是认为城市土地是非生产性的,其地主是专有者。[6] 李嘉图也没有提供判断城市土地价值的任何方法。穆勒(J. S. Mill)把它看做一个简单的垄断问题,即在范围确定的城镇内,住宅和建筑用地固定且供给量有限将使需求与供给达到平衡。[7] 阿尔弗雷德·马歇尔(Alfred Marshall)用很长时间致力于城市土地价值的研究,但他主要研究能够产生价值的各类土地利用,如零售商店和加工工厂的利润决策等。他强调城市内部区位的重要性,把区位收益的货币价值总和定义为"区位价值"。马歇尔认为,"场地价值"即某场地不考虑地上建筑物并在自由市场所能售得的价格,该值等于区位价值加上农业地租。土地的各类用途是在对土地使用的竞价中产生的,得到某块场地使用权的某种土地用途期冀在该场地能获得最大利润。马歇尔也考虑了场地大小与地面建筑高度的关系,认为"如果土地是廉价的,那么他(企业家)将消耗很多土地;如果土地价格昂贵,他将使用较少的土地转而增加建筑物的高度"。他得出了"工业对土地的需求在所有方面都与农业相似"的结论。也就是说,就

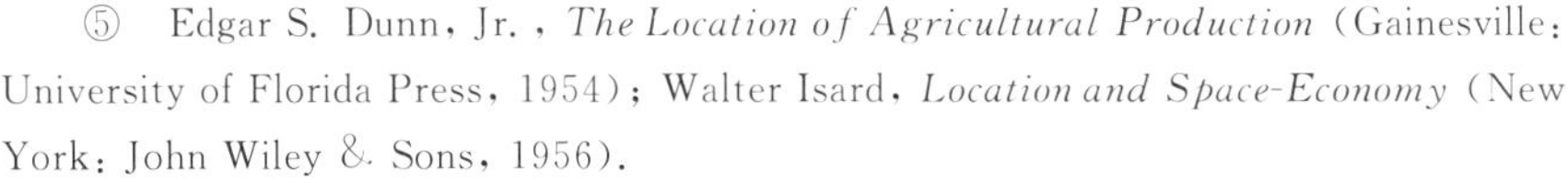

⑤ Edgar S. Dunn, Jr., *The Location of Agricultural Production* (Gainesville: University of Florida Press, 1954); Walter Isard, *Location and Space-Economy* (New York: John Wiley & Sons, 1956).

⑥ Adam Smith, *The Wealth of Nations* (New York: Dutton, Everyman's Library Edition), vol. Ⅰ, p. 320, vol. Ⅱ, p. 325.

⑦ John Stuart Mill, *Principles of Political Economy* (New York: Longmans, Green), p. 444, 445, 448, 649.

像在农业生产过程中的状况一样，城市土地的潜在使用者对各种场地的竞标价格是以他们各自的区位利益为基础的，而在任何情况下都是最高出价者获得土地。⑧ 只是在城市土地利用中，土地的肥沃性并不像在农业土地利用中那么重要。

正如将要了解到的，马歇尔的分析包含了当今理论的要点。可是，他没有把理论扩展到住宅用地价值的研究中，之后的理论在这一方面也有所欠缺。此外，由于场地的面积问题几乎完全被忽视，后来的理论家们似乎并没有仔细研究马歇尔的理论。市场均衡（保证市场供求平衡）不仅与数量相关联，更与价格相联系。但是，以后的理论家们似乎都把场地看做一个没有面积的点，他们只是关注场地竞价的问题，却没有注意场地的面积。这会导致一些问题，在厂商层面上可以看得非常清楚。如果两个厂商都完全认识到某一区位有相同的区位利益，但一个厂商需求的场地仅是另一个厂商需求的场地面积的一半，那么，前者对该区位单位面积土地的竞标价格将是后者的两倍。因此，为了建立市场供求平衡的理论，并且有助于确定单位土地的竞价数额，必须考虑场地的面积，而且必须允许区位点具有很好的延展性。⑨

---

⑧ Alfred Marshall, *Principle of Economics* (London: Macmillan, 7th ed., 1916 [1st ed., 1890]). 详细内容参见 Book Ⅴ, Chap. Ⅺ, "Marginal Costs in Relation to Urban Values"和附录 G。引文内容出自书的第 445, 448, 450 页。

⑨ 作为相关议题的讨论，参见 Dunn, *The Location of Agricultural Production*, "Industrial vs. Agricultural Location Theory", pp. 86-92。邓恩（Dunn）指出，农业区位分析在将产业作为一个整体（例如，小麦种植业）的层面上展开，而产业区位分析则在厂商的层面上展开。

第三节　1900 年以后的城市土地价值理论

1. 赫德(R. M. Hurd)

20 世纪初,城市土地价值理论领域的研究工作逐步在美国开展起来。赫德在 1903 年出版了《城市土地价值原理》(*Principles of City Land Values*)。在前言中,他认为“在经济学著作中仅仅是简要地提到城市土地这个名词”,他还概述了与冯·杜能农业土地生产理论相类似的理论要点:

> 随着城市的成长,与城市距离较远、质量较差的土地将会逐步被利用,而且,由于满足度的不同从而在一级土地上产生租金,但在二级土地则不会产生。进一步地,随着更加远离城市中心的、质量更为低劣的土地被开发和使用,一级土地的租金增加,从而导致二级土地的租金出现,而此时三级土地尚无租金,以此类推。任何利用方式都可以竞争城市内部的任一区位,所有
> 土地都要出售给出价最高的竞标者……。尽管总量很 6
> 小,实际上城市内部一切土地都会有租金,最终的所谓的城市无地租,严格来说是和城市边缘土地的无价值相比较而言的。

他总结到:

> 既然价值取决于经济租金,而租金又取决于区位,区位又取决于便捷性,便捷性又取决于接近性,因此,我们可以省略中间步骤而认为价值取决于接近性。

然而，赫德也没有考虑场地的面积，并回避住宅用地问题，他断言“纵然土地要出售给出价最高的竞标者，但住宅用地价值的基础是社会因素而非经济因素”。他承认“在有一个以上租户的住宅……价值的基础是经济因素，并且与商业房地产的原理十分类似”。他并没有探究这类需求的性质或进一步弄清楚为什么有一个以上租户的住宅在概念上应该与独户住宅不同。[10]

2. 土地经济学家

从 20 世纪 20 年代起，随着城市规划的发展，美国涌现了大量的“土地经济学”领域的文献。1926 年罗伯特 · 黑格（Robert M. Haig）提出了城市土地价值方面的主要原则。黑格理论的基本结构与马歇尔或赫德的理论似乎并没有什么本质上的区别：“地租是作为相对通达性好的场地的拥有者所能收取的费用而出现的，因为其场地的利用可能节省交通成本”，而且，潜在的占用者要想获得某一场地的使用权，其出价必须高于其他竞标者。然而，该理论的一个创新在于有力地论证了地租与交通成本之
7 间的互补性。交通运输是为了克服“空间摩擦”，交通运输状况越好，这种摩擦越小。但是，“尽管交通运输克服摩擦，场地租金

⑩ Ricard M. Hurd, *Principles of City Land Values*（New York: The Record and Guide, 1903）. 这些引述取自 pp. 11-12，13，77，78。可是，严格来讲，应该注明只有在不考虑农业的情况下，城市边缘才是无价值的。冯 · 杜能首先将他的农业理论用于城市：“如果我们调查为什么场地租金在朝着城市中心的方向上增加，我们就会发现这是由于劳动补偿的缘故，即更大的便捷性和减少与商业联系的时间成本。”《孤立国》（*Der Isolierte Staat*），pp. 212-213，转引自 R. T. Ely and G. S. Wehrwein, *Land Economics*（New York: Macmillan, 1940），pp. 444-445。

和运输成本却代表依然存在的摩擦成本”。这样一来，场地使用人把交通成本和地租——地租通常被认为是节省的交通成本——作为“摩擦成本”来支付。然而，地租和交通成本的互补性是有限的：“这两项的总和，即摩擦成本，无论如何并非常量，相反，它随场地而变。对于一定活动，理论上的最佳场地应具备所期望的通达性并具有最低摩擦成本。”此观点产生了一个有趣的假设：“……大都市的布局……倾向于由摩擦成本最小化原理来确定。”⑪或者用后来的某研究者的新的论述：“……完善的土地市场在社区将产生这样一种土地利用模式，即整个社区的总体土地价值最小。最合理的安排产生最低的总体交通成本；由于交通成本的节省，一些原来便捷性较好的场地的优势有所减小。”⑫

这一论点与马歇尔和赫德的论点极为相似。但由于黑格试图解释得更为精确，因此他们之间也有一些不同之处。关于厂商在安排位置时寻求使其摩擦成本最小化的论点，在完全竞争性市场的条件下，对农业和加工业而言，这一论点是成立的，但

⑪ Robert M. Haig，“Toward an Understanding of the Metropolis”，*Quart. J. Econ.*，40：421-423（May 1926）.

⑫ Richard U. Ratcliff，*Urban Economics*（New York：McGraw-Hill，1949），p. 385. 黑格和后来的研究者都没有弄清楚由个人和厂商引起的摩擦成本最小化怎样导致其总量的最小化。应该说明的是拉特克利夫（Ratcliff）的陈述要比黑格的更为有力，他的理论要求摩擦成本的两个组分都达到最小。可是在另一点上，拉特克利夫的陈述缓和了：“由于是在局部价值系统中确定价值，把不方便性和摩擦的总和减到最小是对各场地竞争的总体结果，因此，也就使社区内需要空间移动解决的人类事务的运作效率实现最大化。城市土地市场的各个过程倾向于产生最有效的城市模式”（p. 384）。第六章将进一步讨论该理论。

对零售商业的情况，这一论点则缺乏说服力。零售店的销售额随区位而不同，该厂商必定要在摩擦成本与这个因素之间权衡。[13] 摩擦成本不足以决定区位，除非销售利润的变化与增加
8 或减少的摩擦成本相等。更为通常地来说，某些成本比如摩擦成本的最小化，仅仅在收益和其他成本为常量的情况下对区位选择才是一个有效的判断准则，这将在第三章进一步论述。

黑格对住宅用地的思考如下：

> 在把住宅作为纯粹的消费商品进行选择时，个人购买的是一种"通达性"，其购买意向就如同购买衣服和食品一样。在权衡摩擦成本——包括场地租金、时间价值和交通成本的各种可能的组合——的基础上，他所考虑的是在距离市中心多远的位置能满足他的要求。最后，他综合各种需求及其财力状况，作出最终选

[13] 土地经济学相关文献都陈述了这个论点，但当阐述土地价值的基本理论时却似乎有所忽略。可以提及的是黑格从对加工业的研究出发来发展他的理论。冯·杜能的农业区位论对黑格和后来的土地经济学家的影响是非常大的。他们把地租看做在运输成本之后的剩余。此论点在拉特克利夫(Ratcliff)对区位决策的叙述中也有体现："通过把生产活动安排在运输成本最低的区位，实现负效用和摩擦成本最小化。在进行决策时必然愿意支付的场地租金为：加上交通成本恰好比交通成本与可选择区位的场地租金之和小。"("Efficiency and Location of Urban Activities", *The Metroplolis in Modern Life*, R. M. Fisher. [New York: Doubleday, 1955], p. 121)。然而钱伯林（E. Chamberlin）明确地反对把农业地租理论不加修改地应用到城市价值，参见第三章关于该评论的论述。

择，并且使得消费和购买量正好匹配。[14]

忽略对场地面积的任何考虑都会大大地削弱这个论述。无论住宅立地面积有多大，消费者总能通过购买较小的场地从而大大地减少其“摩擦成本”，因为这样可以减小“场地租金”这个“摩擦成本”的组分。如果居住区位选择的唯一准则是到市中心的通达性以及使摩擦成本最小化，而不考虑场地面积，那么所有 9
住宅都将以非常高的密度环绕在市中心的四周。[15]

3. 生态学家

与土地经济学的发展一起，与城市土地价值相关联的人类生态学也发展起来了。在这一学科的一本具有启发性的著作

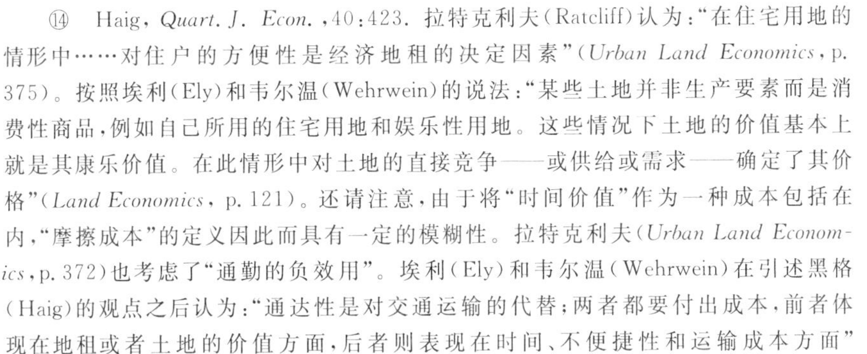

⑭ Haig, *Quart. J. Econ.*, 40:423. 拉特克利夫（Ratcliff）认为：“在住宅用地的情形中……对住户的方便性是经济地租的决定因素”（*Urban Land Economics*, p. 375）。按照埃利（Ely）和韦尔温（Wehrwein）的说法：“某些土地并非生产要素而是消费性商品，例如自己所用的住宅用地和娱乐性用地。这些情况下土地的价值基本上就是其康乐价值。在此情形中对土地的直接竞争——或供给或需求——确定了其价格”（*Land Economics*, p. 121）。还请注意，由于将“时间价值”作为一种成本包括在内，“摩擦成本”的定义因此而具有一定的模糊性。拉特克利夫（*Urban Land Economics*, p. 372）也考虑了“通勤的负效用”。埃利（Ely）和韦尔温（Wehrwein）在引述黑格（Haig）的观点之后认为：“通达性是对交通运输的代替；两者都要付出成本，前者体现在地租或者土地的价值方面，后者则表现在时间、不便捷性和运输成本方面”（*Land Economics*, p. 138）。温戈（Lowdon Wingo）通过赋予通勤时间一定的价值（用美元衡量），从而把“时间价值”包括在运输成本中（完整的解释请参看注释㉖）；不过，他并没有考虑其他的“通勤负效用”，例如不便捷性、不适感或焦躁。

⑮ 这个学派的其他学者偶尔也承认场地面积的重要性：“在城市（土地）利用中……区位和已建成的房屋在需求中属于服务范畴”（H. B. Dorau and A. G. Himan, *Urban Land Economics*[New York: Macmillan, 1928], p. 488）。然而，他们并没有发展这一论述的内涵。布卢姆（Bloom）考虑了“城市土地市场不完备情况下的场地面积”，但却没有考虑“完备”模式中的情形（*Economic Criteria*, pp. 105ff.）。

中，帕克（Park）和伯吉斯（Burgess）认为："在区域划分和决定某地块的用途时，土地价值的大小是最重要的决定性力量。"⑯尽管这两个学科互相影响，但它们仍有区别，土地经济学家主要研究经济学和城市规划，而生态学家则主要关注社会学方面的问题。

生态学家将土地价值量看做潜在使用者竞价过程的结果，由此决定城市内各种土地利用的区位模式。⑰ 由于是从社会学背景出发，他们对这个过程的观点在本质上与其他学者不同，但他们对住宅区位仍然非常感兴趣。根据霍利（Hawley）的论点："家庭单元的分布决定于土地价值、其他家庭单元的位置以及到活动中心的时间和交通成本……这三个要素的种种影响结合成一个单一的度量单位，即住宅用地的租用价值。"霍利概括了一个普适的居住区位土地价值的理论：

> 地价较高的土地一般都紧靠商业和工业区，其中很
> 多土地被投机者所持有，他们期待土地能够被集约度更
> 10 高、从而收益更多的利用方式所占用。因此，这些土地上
> 的住宅的所有者不会为维修住宅以及增加基本设施而投
> 入大量资金，从而导致这类土地上的住宅的条件一般都
> 比较差。另外，由于这些住宅一般靠近各类不那么令人

---

⑯ Robert E. Park and Ernest W. Burgess(eds.), *The City*(Chicago: University of Chicago Press, 1925), p. 203。有趣的是黑格将自己与这些生态学家区别开来。在记录了这个同样的引述之后，他问道："难道不是各种用途决定土地价值而是土地价值决定用途？"(*Quart. J. Econ.*, 40:405, fn. 4)；请参考注释⑰。

⑰ 例如詹姆斯·A. 奎因（James A. Quinn）认为："土地价值……影响并反映大都市内对区位的争夺"(*Human Ecology*[New York:Pretice-Hall,1950],p. 449)。可参见 R. D. Mckenzie, *The Metroplitan Community*(New York: McGraw-Hill, 1933)。

愉悦的场所(例如工厂和商场等),并且这类地区一般都远离家庭快乐生活所必需的宜人的环境条件。这都使得这些区域内居住用途的房产租金不会很高。然而,该房产所处区域的良好的通达性也趋于抵消由于房屋设施较差以及接近各类影响居住的场所而引起的对租价的消极影响。相反,新的住宅一般都建在极少有其他可选择用途的土地上。由于这些建筑比在高价土地上出现的建筑的时间更近并且装修更好,并且,远离那些不那么宜人的土地用途以及接近家庭生活所需的服务和公用事业,这都使得人们愿意为其支付较高的租金。然而,对这些住宅而言,租金估计的高额倾向在某种程度上又由于其远离就业区位以及专门服务场所而被减小到最低程度。这样一来,当土地价值大体上按照与社会各单元中心的距离而向下分级排列时,住宅建筑的租用价值就向上分级排列。即房产的租用价值与土地价值呈反向变化的趋势。⑱

在霍利的理论中,基于正在增长或预期增长的城市的时间过程,很好地解释说明了低收入家庭居住在高价土地上,而富裕家庭住在较便宜的土地上的悖论。他的理论还认为,在城市边缘,投机

⑱　Amos H. Hawley, *Human Ecology*(New York: Ronald Press, 1950), p. 280, 281. 然而,奎因(Quinn)的理论似乎与这个陈述的后半部分相矛盾:“在某一较好的住宅地块内,较高的土地成本限制了大多数低收入家庭购买土地”(*Human Ecology*, p. 449),这也暗含了低收入家庭所占用的土地是较便宜的意思。在这里,忽略了场地的面积是产生混淆的根源。因此较高收入家庭可能占用单价较为便宜的土地,但他们的地块面积要大得多,因而总成本更大。在很多文献中,由于对场地面积的忽视,从而导致对单位土地价格(每平方英尺)和场地价值(价格乘以土地数量)的混淆。

者的行为以及不断增加新住宅而带来区域的扩展，这两者之中都暗含着增长或者对增长的预期。例如，如果在城市边缘地带建设新住宅，那么必定有人口增长或市中心区出现空置率增加的现象。然而，必须提到的是，我们并没有证据表明投机者饰演了该理论分
11 配给他们的主要角色。⑲ 另一方面，在第六章中将说明当精确地考虑场地的面积时，作为竞价过程结果的静态模式可以用来解释这个悖论，而无须考虑投机者的行为、人口增长或者住宅条件恶化等前提。当然，这并不能证明霍利的理论是不成立的。这里将要提出的模式是一个可供选择或作为补充的理论，事实上，该理论所作的经济假设更为可取。

在生态学文献中最小摩擦成本理论以被修正的形式出现。依照土地价值确定区位的说法受到沃尔特·法尔瑞(Walter Firey)的大力抨击，他给“感情”⑳赋予了更重要的角色，该理论已经归纳到包括非经济的因素：

> **最小成本假说**……为了把在调节人口以适应环境(包括其他人)时获得最大满足的总成本减到最小，各生

---

⑲ 证据是，在中心区对低收入住房的投资是非常有利可图的。对波士顿市中心区的研究表明，投资的净利润率在12.3%与35.2%之间(August Nakagawa, “The ‘Protitability’ of Slums”, Synthesis, April 1957, p. 45)。参见 Metroplitan Housing and Planning Council of Chicago, The Road Back—The Slums (Chicago, 1954) 和 Chester Rapkin, The Real Estate Market in an Urban Renewal Area (New York City Planning Commission, 1959), p. 120。在预计可以获得这样的利润时，投机行为就没有太大的必要了。

⑳ Walter Firey, *Land Uses in Central Boston* (Cambridge, Mass.: Harvard University Press, 1947).

> 态单元倾向于将人口分布在整个区域……在此假设中采用成本这个概念时含义非常广泛。它比经济成本包括的内容要多得多,在此,将可能遇到的风险和可能承受的不愉快的经历排除在外,具体而言,包括在获取任何给定调节方式时放弃或选择的任何价值。[对这一段表述所加的脚注:]除了当成本被定义为比较宽泛的情况,上述这些假设均不正确。[21]

这个内涵更为广泛的陈述明确地不认同土地经济学家给出的理论,尽管不清楚这个否定是否基于已经包含了非经济变量,或是否根据自己的术语而排斥土地经济学家的理论。但无论如何,上述的生态学理论既不能被证实,也无法被证伪,这主要是因为这些理论将分析延伸到土地经济学或本书将要涉及的理论范围之外的领域。

4. 其他理论 12

另一批文献则是关于土地市场的不完全性和制度因素的分析,研究的问题诸如以下:买者和卖者对市场一无所知的情况、土地所有权和土地占用在法律上的复杂性、分区和课税的种种影响以及建筑物的永久性等问题。这些问题都使得土地在长时期内被既定用途和利用强度所约束。特维(R. Turvey)认为:

> 如果均衡价格群集和资源利用的决定因素变化很小或缓慢地变化,而对此类变化的调整却相对快且并没有

㉑ Quinn, *Human Ecology*, p. 282.

> 太多的摩擦发生，那么价格和资源配置的实际模式常常与均衡模型较为相近。这样就有可能用均衡模型来分析现存各个事件的状态。但是就长期而言，这一情况并未普遍出现在城市房地产中，这主要是由于建筑物的耐久性使得城市的变化处在一个极为缓慢的过程中、一个从未完成的过程中。
>
> 如果这种情况发生改变，并且建筑物的寿命很短，那么，城镇的实际形态和结构就可能接近其均衡模式……但实际情况并非如此，那么就不可能提出解释城镇布局和建筑物模式的比较静态分析；由于建筑物的耐久性，决定性的背景条件并非完全固定不变。换句话说，必须逐个地从历史的角度研究每一个城镇。
>
> * * *
>
> 除了在长期不变的均衡状态中，设想将价值机械地分成场地价值和建筑价值是没有分析意义的。[22]

简而言之，特维（Turvey）的观点是，由于土地的价值是不重要的——即使概念是有效的，那么城市土地利用的均衡模式也就没有价值。但是，关于土地价值的相对重要性却有总结得出的最为恰当的证据。曼哈顿和其他城市的闹市区建设速度很快，住宅趋于更为密集，市区中各种活动和行为的迁移和联系都可以作为决定土地利用类型和强度时土地价值的重要性的证据。此外，在

---

[22] Ralph Turvey, *The Economics of Real Property: An Analysis of Property Values and Patterns of Use* (London: Allen & Unwin, 1957), pp. 22-23, 47-48.

市场不完全性的讨论中存在一个奇怪的例外,即不存在这些不完 13
全性所能适用的、显而易见的“完全”市场模式。虽然人们普遍接受对土地的竞价过程,但根据这一过程的含义并不能得出市场解,在这一方面,“最小摩擦成本”理论可能是个例外。然而,根据后面的分析我们可以看出,“最小摩擦成本”理论在一种解释中毫无意义、并能在另一种解释中证明是不成立的(参见第六章)。

保罗·文特(Paul F. Wendt)在他发表的一系列文章中对他所命名的“Haig-Ely-Dorau-Ratcliff 假说”提出异议。尽管文特的研究涉及的似乎是场地的数目而非其面积,但他的理论中也提到了“城市场地需求和供给表的价格弹性”等与场地面积有关的问题。文特批评了黑格及其支持者的许多简单化假设(也包括结论),其中包括关于城市的单中心和运输成本的重要性的假设。他提出了如下的理论模式:

$$V=\frac{f_x(P,Y,S,P_u,PI)-\sum(T+O_c+I_{im}+D_{im})}{f_x(i,R,C_g)}$$

式中:

V 为城市土地的(总计)价值;

f_x 为期望值;

P 为人口;

Y 为平均收入;

S 为竞争性土地的供给;

P_u 为区域的竞争性吸引力;

PI 为公共投资;

T 为地方税;

Q_c 为经营成本；

I_{im} 为改良投入的利息；

D_{im} 为改良投入的折旧；

i 为利息率；

R 为投资风险；

C_g 为获得资本的可能性。[23]

14 尽管这个理论用了类似数学公式的形式来表达，但是理论并没有精确到（除了关于各变量的影响方向之外）足以证明其详尽的评论是正确的地步。此外，文特的多数变量在本书提出的模型中并未予以考虑，并且即使这两个模型有一部分共有的变量，但在两个模型中变量的含义并不相同。例如，在文特的模型中出现了"S＝竞争性土地的供给"，这是个假定的单一数量。在我们要提到的模型中，与这个变量最接近的则是一个函数，该函数按照地理位置描述可用土地的数量。这个函数的积分将没有上界，与文特提出的有限土地存量形成对比，这将允许在该模型内"竞争性土地的供给"的经济实现，并承认由其区位产生的土地差异。把文特的理论与其批评的问题以及在这里将要提出的模型联系在一起，由此可以看出它们之间的差别：文特的理论焦点在于土地总价值的

㉓ Paul F. Wendt, "Theory of Urban Land Values", *Journal of Land Economics*, 33: 228-240(August, 1957); "Urban Land Value Trends", *The Appraisal Journal*, 26: 254-269(April 1958); "Economic Growth and Urban Land Values", *The Appraisal Journal*, 26: 427-443(July 1958). 参见拉特克利夫（R. U. Ratcliff）的回答："Commentary: On Wendt's Theory of Land Values", *Journal of Land Economics*, 33: 360-362(November 1957)。前两个引述来自系列文章的第 427 页。另一个略有不同的公式出现在第一篇论文的第 235 页。

长期和周期变化；而其他理论则集中于静态均衡和及时对城市内给定点土地价值变化的描述。当所有这些理论用于分析土地总价值的变化时，它们都采用了比较静态学的方法来分析。

贝克曼（Beckman）的住宅用地价值理论在许多方面类似于接下来各章将要提出的理论。贝克曼的数学模型完全是对住宅用地价值的分析，并且，不像其他理论那样忽视场地面积，在他的模型中，场地面积是一个关键变量。其模型中有两个明确的假设条件，其一是“就家庭一定的住房支出，每一家住户都以使其居住空间达到最大为目的来选择区位”。其二是“住房平均支出加上通勤费用是居民收入的严格定义的函数。”[24]这些假定暗含着如下含义：即时间和由于通勤不便带来的麻烦对区位决策完全没有影响。倘若贝克曼只有这些简单的假设和一些关于消费函数以及线性通勤成本函数的强假设，他就能得出一个关于地租和居住密度的市场解，

在这一市场解中，较富有的家庭会居住在城市边缘。尽管他在其 15
简洁的论文中没有考虑诸如供给和需求价格或各方为区位而讨价还价之类的问题，但他的方法在某种程度仍可以看做本著作在其他各章将要提出的理论的一个特殊情形。[25]

最近，温戈（L. Wingo）在一个关于住宅土地市场的明确的数

㉔　Martin J. Beckman，“On the Distribution of Rent Residential Density in Cities”，1957 年 2 月 7 日在耶鲁大学召开的“数学方法在社会科学中的应用”之分部会议上提交的论文（复印件）。

㉕　在我的博士论文里，这一理论被明确而清晰地包含在将要提出的一般性理论中，见“A Model of Urban Land Market：Location and Densities of Dwellings and Businesses”，University of Pennsylvania，1960. 参见该文 64 页脚注；65 页插图；23 页脚注 46。

学模型中把对交通流的理论分析和土地经济学家的理论结合在一起。[26] 租金和交通成本被看做互补的，二者的和为常量，并等于到最远居住区位的交通成本。然而，尽管没有考虑对交通地点的偏好，交通成本还是包含了由闲暇时间的边际价值所决定的、以美元表示的通勤时间的价值。这样，温戈的分析保留了黑格的租金与交通成本相互补充的观点，甚至使之更加具有说服力，由此也形成了与冯·杜能的农业土地利用模式相并列的城市用地模式。和贝克曼一样，温戈承认场地面积的重要性，并采用价格和土地数量的消费函数，然后通过供给量和需求量平衡找出这一市场的均衡水平。他的分析在很大程度上与我们随后各章的分析相并行，书中提出的理论与他的理论有相似之处。在附录 E 中，将对其理论进行简要介绍，并对两个理论间存在的主要分歧作出注解。

第四节　研究方法和基本定义

本书中，简化法是提出城市土地价值和土地利用模式的重要方法。在研究过程中，对一系列问题进行了简化，提出了若干假设。假定研究的城市坐落在一个均质平原上，该平原的所有土地是同质的，处于不需要进一步改良的备用状态之中，并且可以自由

---

[26] Lowdon Wingo, Jr., *Transportation and Urban Land* (Washinton, D. C.: Resources for the Future, 1961). 温戈先生和我的工作是同时地、相互独立地完成的，我们互相并不了解对方的工作细节。也许有必要用额外的章节来对这两个理论之间的各种相似性和各类分歧进行充分分析。在此，对温戈的理论的参考将在一些注释以及附录 E 中出现。

买卖。假设买主和卖主都对市场非常了解,而且不会受到法律和社会的各种限制。可以认为愿意出售土地的人希望他们的总收益最大化,购买土地的人则由于其身份的不同而有不同的目的,例如 16
厂商希望利润最大化,而普通的消费者则是为了满足度最大化。本分析将在传统的替代理论的基础上,从消费者和厂商的个别均衡入手开始模式化分析。我们从个人均衡分析出发,得出市场均衡的状态,此时,需求与供给价格以及需求量与供给量相等,并且市场结清。这个市场解在一个统一的理论中既包括城市土地利用也包括农业土地利用。在最后一章,将把一些复杂的状况引入到这个模型中。

1. 价格

为了避免在租金理论上存在大量理论定义的问题,我们所要强调的是决定土地价值的过程而不是土地价值的性质。各种潜在的使用者将对土地竞价,而地主将把土地出售或租给出价最高的竞价者。这样,土地利用的格局与土地价值将是相互决定的。在使用这个概念时应该引述拉特克利夫的观点:

> 使用“价格”这一术语的一般意义,并使之包含市场上常用的表达术语如合同地租、售价和拥有成本等,是简便而可行的。上面提到的三种价值尽管不同,但它们却等价或同时变动。售价即买主在考虑了各种选择之后愿意支付的价格,代表了未来租用价值的现价或贴现价值。拥有成本是合同地租与售价的函数;拥有者需要明白,他占有土地是有成本的,该成本至少不低于他出租该土地

所收取的租金收入，也不会少于他在投资、纳税、维护和折旧上的总利息，从长期来看，它们的总和与租用价值是相等的。[27]

换言之，“价格”这个术语是指一定时期内单位土地（例如平方英尺或英亩）的货币额，该货币额是由于占用者因占用土地而向地主支付的。这样，土地价格乘以场地面积就代表了对该场地使用的付款额。

17 ## 2. 场地面积

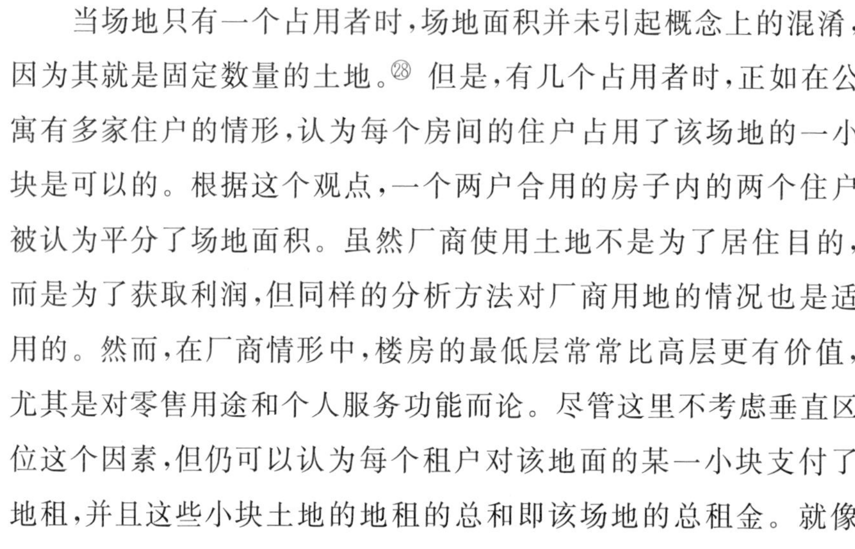

当场地只有一个占用者时，场地面积并未引起概念上的混淆，因为其就是固定数量的土地。[28] 但是，有几个占用者时，正如在公寓有多家住户的情形，认为每个房间的住户占用了该场地的一小块是可以的。根据这个观点，一个两户合用的房子内的两个住户被认为平分了场地面积。虽然厂商使用土地不是为了居住目的，而是为了获取利润，但同样的分析方法对厂商用地的情况也是适用的。然而，在厂商情形中，楼房的最低层常常比高层更有价值，尤其是对零售用途和个人服务功能而论。尽管这里不考虑垂直区位这个因素，但仍可以认为每个租户对该地面的某一小块支付了地租，并且这些小块土地的地租的总和即该场地的总租金。就像他支付了场地租金的某一份额一样，每一个租户都被看做占用对

---

[27] Ratcliff, *Urban Land Economics*, pp. 347-348.

[28] 应该注意到的是，在房地产实践中，地块面积的度量通常要考虑地块的“前部”（临街面）。就一般用途而言，面积度量比线性度量更为合适。不过，即将提出的模式也适用于线性度量。

应于其租金份额的某一小块土地。

3. 均质平原

除了最后一章的某些部分之外，在本书的所有分析内容中我们假设城市坐落在均质平原上。这个平原也可能有湖泊或预留土地——比如墓地，也就是平原上的一些“洞孔”。从这个意义上来讲，这里所指的均质平原并非均质。但我们所说的均质是指它不具有诸如丘陵、低地、特别的美景或社会标志以及局地宜人小气候等特征。这些特征毫无疑问在城市中是非常重要的，但是还是没有找到某种方法把它们整合到即将提出的理论模型中来。然而，读者所感兴趣的并不是把均质平原理解为一个简单的灰色平面，而是理解为众多城市的平均状态。在这种平均状态的城市中，一个城市的凸出部分恰好与另一城市的凹陷部分相等，或者社会对这个城市某一区域的轻视为那个城市中与之相称的区域的历史名气所补偿。当一个人为了解释城市区的发展过程和结构而考虑一般的情形时，这些特定事例中如此重要的事件都是分散人的注意力的事情。

（梁进社　王大伟 译）

18

第二章　住户的均衡

第一节　引言

迁入到城市并希望购买居住用地的个人将面临着双重决策：应购买多大的地块？定居在离城市中心多近的地方？现实中，也许会考虑邻居们的外貌特征和种族构成、附近学校的教学质量、与城中亲戚的远近等等诸多因素。然而，我们讨论的购买者是一个“经济人”，之所以这样定义和简化，是为了更好地对其决策进行分析。① 购买者仅仅希望通过购买和消费他喜欢的那些商品而避开那些他不喜欢的商品，从而使他的满足实现最大化。此外，“个人”事实上是一个包含有多个成员的家庭。他们的决策可能是由家庭共同作出或由单个成员决定。我们并不关心家庭的偏好是怎样形成的，而只是想知道他们的偏好是什么。一旦确定了偏好，这个被简化了的家庭就会花费所能支付的所有费用来使整个家庭达到最

---

① 习惯上对分析进行有意义的简化，它的优点和缺点已被充分地讨论，所以这里没有必要再进行讨论。但是，沃尔特·法尔瑞（Walter Firey）挑起一个有趣的争论，即关于居住区位和城市结构的议题（*Land Uses in Central Boston*，Chap. 1），他抨击人类生态学家对分析的简化。关于对法尔瑞的问题的回应可以在阿莫斯·霍利（Amos Hawley）的《人类生态学》（*Human Ecology*，pp. 179-180，286）中找到。

大程度的满足。

这里假设城市是一个被简化了的城市。该城市位于均质平原之上，并且交通运输在各个方向上都是可达的。所有的就业机会和商品与服务都集中在城市的中心。土地通过自由接洽而被买卖，没有任何制度限制，也没有任何固定的地上结构限定土地特
性。城市公共部门和各种税率在城市内部是统一的。个人了解每 19
一个区位的土地价格，并且在他看来这是一个既成事实，不受其决策影响。

本章我们将研究此类个人购买者在这样的城市要购买的土地数量及其区位分布。对这些论题的描述构成了对个人的均衡解。尽管此问题的不寻常性将引致该理论发生不曾预料的转变，本章依然会通过古典消费者均衡理论来找到均衡解。然而，即使古典理论可以较为满意地描述个人均衡，但是在这种情景中，如果不对古典理论进行根本的重组改造，我们就难以把个人的情形进行加总以得出市场解。为了理解对古典理论进行的重组改造，就必须彻底地理解古典解。在随后的内容中将用图解法和数学方法详细地探究它。为了那些不完全熟悉古典消费者均衡理论的读者能够了解其一般理论和基本要义，附录 D 给出了其图解法和数学法表达。

第二节　个人均衡的图示解

为了用图解法来描述个人均衡，我们必须用图表示出可供个人选择的所有可能性和他们的偏好模式。通过两个图形的结合可以得出个人从中作出的选择。

1. 可供选择的机会

个人购买者有一定的收入可供其任意支配。其中需要支付土地成本、通勤成本以及其他所有商品和服务(包括储蓄)。我们希望用图示法描述预算约束下的可供消费者选择的所有机会。预算约束可以表示成:

个人收入 = 土地成本 + 通勤成本 + 所有其他支出

首先来分析除了土地和通勤成本外个人对其他所有商品和服
20 务的支出。此人可以购买或多或少的各色商品。我们用 z_1,z_2,…,z_n 表示他所购买的 n 种商品的数量。如果这 n 种商品的价格分别是 p_1,p_2,…,p_n,那么,此人对任一商品量 z_i 的支出就等于该商品的价格乘以该商品的购买量,即 p_iz_i。他对这些商品和服务的总支出将是:

$$p_1z_1 + p_2z_2 + \cdots + p_nz_n$$

然而,为了简单起见,我们将把所有这些商品和服务归结为一种综合商品 z。其价格为价格指标 p_z。这个简化将不影响随后的分析逻辑。作为一种选择,z 可以看做货币,而 p_z 则看做单位价格。

其次分析个人在土地上的支出。在他看来,价格结构是给定的,该价格结构给出了每一区位的土地的价格。这个价格结构用图 2—1 中的曲线 $P(t)$来表示。P 为土地的价格,它随着与城市
21 中心的距离 t 的变化而变化。② 以这样的形式表示价格结构,则

② 这里假设土地价格随着与城市中心的距离的增加而减少。在后面的部分将会看到,这一假定对个人和市场均衡的存在是一个必要的条件,并且对大多数城市而言是符合实际情况的。

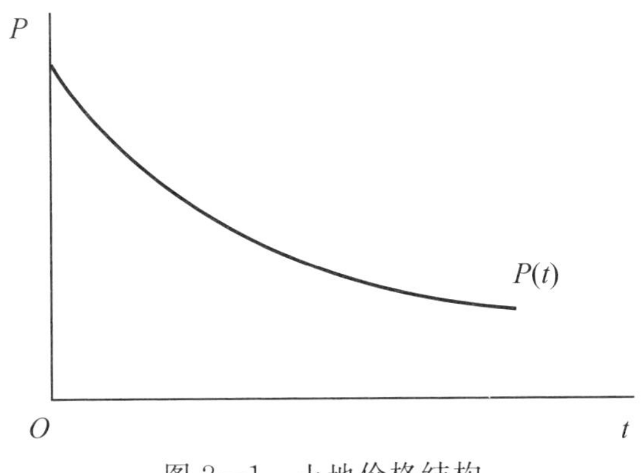

图 2—1　土地价格结构

当区位选定时土地价格也给定。

然而，在购买土地时，消费者不仅仅要选择区位，而且要决定拟购买的土地数量。用字母 q 表示这个量。则在土地上的支出将等于土地价格乘以购买的土地数量：$P(t)q$。

第三，我们希望考虑通勤成本。通勤成本随着与城市中心距离的增加而增加。我们用函数 $k(t)$ 表示这些成本，这里的 t 与 $P(t)$ 中的 t 对应着相同的区位。

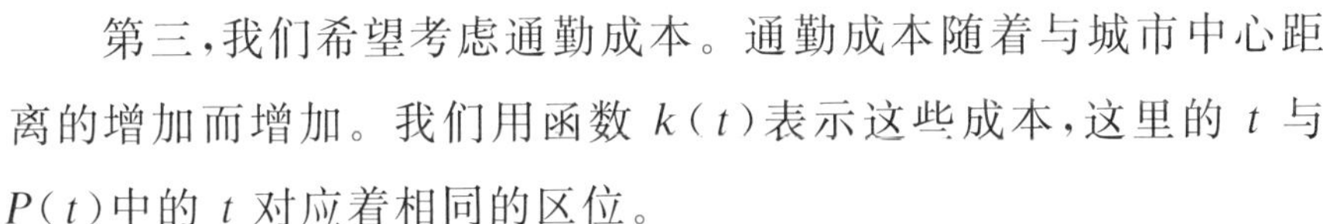

现在我们可以写出包含了收入为 y 的个人的所有可选项的预算方程：

$$y = p_z z + P(t)q + k(t) \tag{2:1}$$

在此，y：收入；

p_z：综合商品的价格；

z：综合商品的数量；

$P(t)$：与城市中心距离为 t 处的土地价格；

q：土地的数量；

$k(t)$：距离为 t 的通勤成本；

t：与城市中心的距离。

等式(2：1)包含了该个人收入水平内所有可供选择的方式。现在，我们可以用图来解释这个函数。根据变量 z、q、t 绘制三维坐标。既然收入(y)和综合商品的价格(p_z)是给定的，并且土地的价格$P(t)$ 和通勤成本 $k(t)$是以 t 表示的函数，故这三个变量是确定性的变量。故可以得到一个表示这个消费者所有的可供选项的三维曲面，称这个曲面为**机会轨迹**。该曲面上的每一个点都代表一种选择；不在此曲面上的每一个点则是不可能的选择。③
22 为了描述机会曲面的轨迹，我们将考虑几个断面，顺次让这三个变量的每一个保持不变并观察其他两个变量的变化状况。

首先，选择任一距离 t_0，即 $t = t_0$，则由于距离暂时为 t_0，所以，该个人现在能够在变化的土地量 q 和综合商品 z 之间进行选择。由于距离是不变的，故土地的价格 $P(t_0)$和通勤成本 $k(t_0)$ 也是不变的。等式(2：1)变成：

$$y = p_z z + P(t_0)q + k(t_0)$$

可以改写成：

$$q = \frac{y - k(t_0)}{P(t_0)} - \frac{p_z}{P(t_0)}z$$

这是一个线性方程，其斜率等于两种商品价格的比率的负值。

---

③ 机会轨迹是通常情况下价格曲线或预算线的一般表示。二者均用来描述在收入一定的情况下所有可供的选择。然而，预算线考虑的是在给定的价格上、在众多商品中的选择，而在本情形中机会轨迹考虑的是一种具有变化价格 $P(t)$的商品 q 和一种没有价格的商品 t，并且，虽然商品 t 没有价格但它决定商品 q 的价格和通勤成本 $k(t)$。因此，尽管预算线是机会轨迹的特殊情形，但它们二者都为相同的分析函数服务。

它的截距是（$q=0, z=[y-k(t_0)]/p_z$）和（$z=0, q=[y-k(t_0)]/P(t_0)$），如图 2—2 所示。

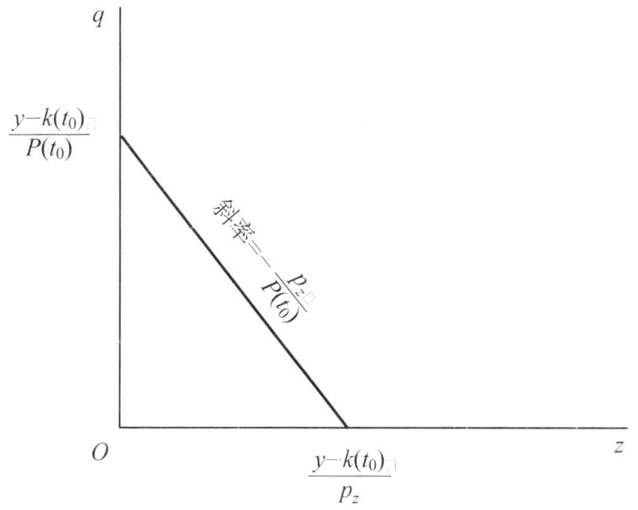

图 2—2　当 t 为常数 t_0 时，q 和 z 之间的机会轨迹

现在，令综合商品在 $z=z_0$ 上不变，而允许 q 和 t 变化。方程（2:1）变成：

$$y = p_z z_0 + P(t)q + k(t)$$

可以改写成：

$$q = \frac{y - p_z z_0 - k(t)}{P(t)}$$

这不是一个简单的线性方程，处于分母上的土地价格 $P(t)$ 随 23
着与城市中心距离的增加而下降。随着距离的增加，由于土地变得更为便宜，所以个人可以购买的土地量 q 增加。另一方面，距离以通勤成本 $k(t)$ 的形式进入分子之列。当距离增加时，通勤成本也增加，结果是使个人可以购买的土地量减少。这样，距离对可以购买的土地数量在相反的方向上起作用。由此形成的曲线如图 2—3 所示。曲线开始是上升的，并一直上升到通勤成本的边际增加量与土地价格的下降额相等的地方。随后，可以购买的土地量随距离的增加而减少(曲线转折点的正式推导参见附录 F 中的注释 1)。

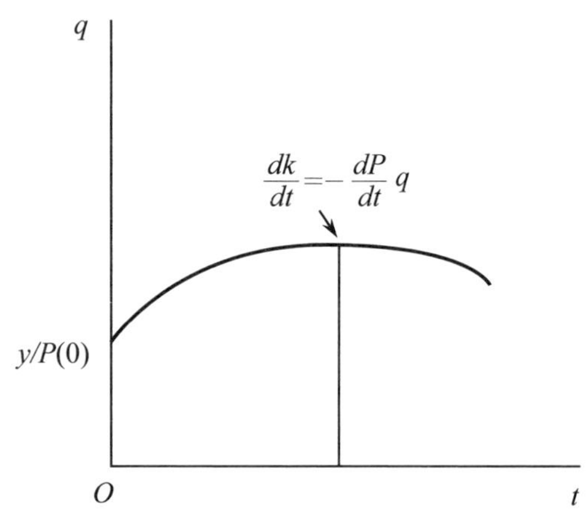

图 2—3　当 z 为常数 z_0 时，q 和 t 之间的机会轨迹

最后，令 q 在 q_0 上不变，并允许 t 和 z 变化。方程(2:1)变成：

$$y = p_z z + P(t)q_0 + k(t)$$

可以改写成：

$$z = \frac{y - P(t)q_0 - k(t)}{p_z}$$

这个分式的分母为常数 p_z。另一方面，分子含有两项用 t 表
24 示的式子。既然 $P(t)$是随着距离 t 的增加而减小的，而表达式 $P(t)q_0$ 前面加了一个负号，故 $P(t)q_0$ 因子将使 z 随 t 的增加而增加。因子 $k(t)$的前面也加有一个负号，所以该因子也会使 z 随 t 的增加而减小。曲线如图 2—4 所示。距离对土地价格和通勤成本的影响是反方向的，但只要由土地价格下降所产生的节省成

本额大于通勤成本的增加额，那么，距离的增加就会引起综合商品消费量的增加；反之，通勤成本的增加大于土地价格降低所产生的成本节省量时，距离的增加会引起综合商品消费量的下降（曲线转折点的正式推导参见附录 F 中的注释 2）。

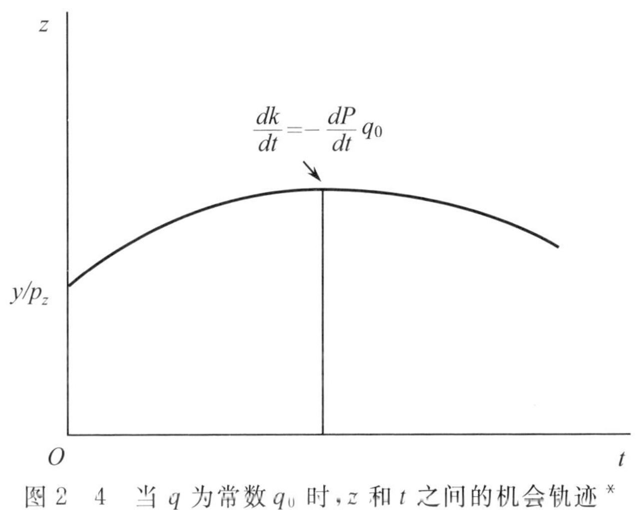

图 2—4　当 q 为常数 q_0 时，z 和 t 之间的机会轨迹 *

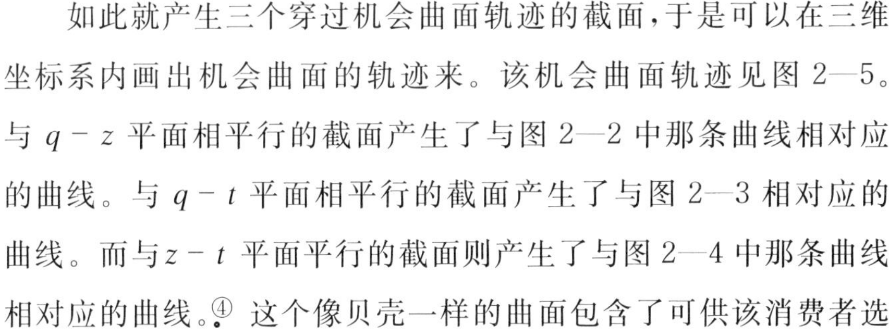

如此就产生三个穿过机会曲面轨迹的截面，于是可以在三维坐标系内画出机会曲面的轨迹来。该机会曲面轨迹见图 2—5。与 $q-z$ 平面相平行的截面产生了与图 2—2 中那条曲线相对应的曲线。与 $q-t$ 平面相平行的截面产生了与图 2—3 相对应的曲线。而与 $z-t$ 平面平行的截面则产生了与图 2—4 中那条曲线相对应的曲线。④ 这个像贝壳一样的曲面包含了可供该消费者选

* 译者注：图 2—4 上的“y/p_z”应是“$\frac{y-p(0)q_0}{p_z}$”，但原文如此。

④　在 $q=0$ 时，这样的截面表现出 z 随 t 的增加而单调减少的特征。当然，这是典型的驼峰形曲线的一个特殊情况，该曲线的最高点出现在 $t=0$ 处。

择的土地(q),综合商品(z)和距离(t)的所有组合,而其均衡解必然是位于这个曲面上的一个点。[⑤] 应该注意到,较高的收入会产
25 生形状相同、但却位于图 2—5 中那个曲面上方的机会曲面轨迹,而较低的收入则产生在其下方的机会曲面轨迹。

26 ## 2. 个人的偏好

接下来将得到个人偏好图。当把偏好图与机会图结合在一起时,个人均衡对应着个人得到最大满足时的那个可选择的机会。

个人偏好将用无差异曲面来描绘。在这种情形中,无差异曲面是土地量、综合商品量和距离的各个组合,其中任意一个组合都可以使个人得到相同程度的满足。因此,可以说个人在由无差异曲面表示的所有这些组合中所作的任何选择都是无差异的。然而,无差异曲面的通常形状是类似于紧靠盒子角、面朝上的碗的形状。但在我们将要研究的情形中,由于“距离”这一具有特殊属性的商品的存在,我们得到的无差异曲面并非通常的形状。接下来将通过考察它的截面来得到这个曲面的形状。

令综合商品 z 为常量,允许土地量 q 和距离 t 变化。土地量 q 是一种普通类型的商品。如果所有其他情况保持不变,个人将倾向于得到更多的土地量;这就是说,他偏向于占有充足的而不是

⑤ 以虚线为界形成的曲面对应的是在没有通勤成本情况下将获得的机会轨迹。当然,其位置要高于有通勤成本情况下的曲面,因为有通勤成本与收入降低或购买力下降等价。作为一个例证,当有通勤成本(而不购买 z 商品)时购买的土地量 $q=RV$ 是 $[y-k(R)]/P(R)$,但如果没有通勤成本,可以购买的土地量 $q=RV$ 将是 $y/P(R)$。由于通勤支出而丧失的土地量为 $k(R)/P(R)$。

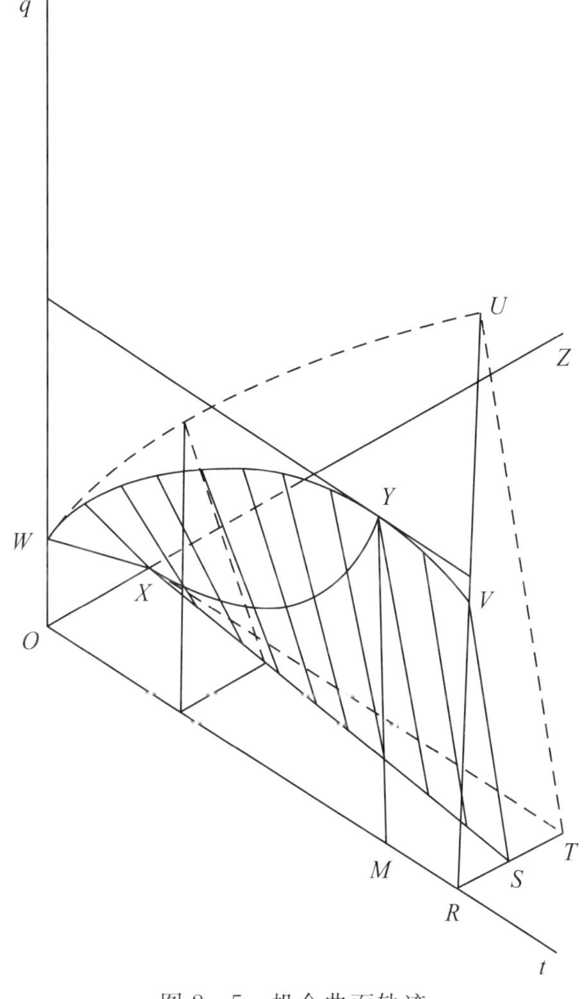

图 2—5　机会曲面轨迹

拥挤的居住空间。另一方面，距离与通常的商品不同。假设当其他一切情况不变时，理性的个人会选择通达性较好的区位而不是通达性较差的区位。由于 t 代表某区位与城市中心的距离，亦即该个人到主要的购物、娱乐和就业场所必需的通勤距离，因此我们

可以说当 t 增加时通达性在减小。换言之，此人愿意选择较小的 t，即 t 可以被视为一种具有负效用（效用即满足）的商品；t 的增加会使满足减小。

倘若只有这两种商品，那么它们怎样变化才能维持不变的满足水平呢？如果仅是土地和距离的任何组合，那么距离的少量增加会对满足感产生负效应，则必须增加一定的土地量来补偿满足的减小。所以，土地和距离之间的无差异曲线将是一条 q 随 t 的增加而增加的向上的曲线，如图 2—6 所示。如果以土地的通达性而不是距离来绘制无差异曲线，那么，我们就会得到一条向下倾斜
27 的曲线（通常情况下的无差异曲线正是如此）。然而，由于距离是可以直接测量的，但通达性却包含了一些主观因素，即通达性可能因不同的个人而有不同的结果。因此，就我们的研究目的而言，将距离作为变量并让这个无差异曲线的形状来表现距离与通达性之间的关系更为合适。

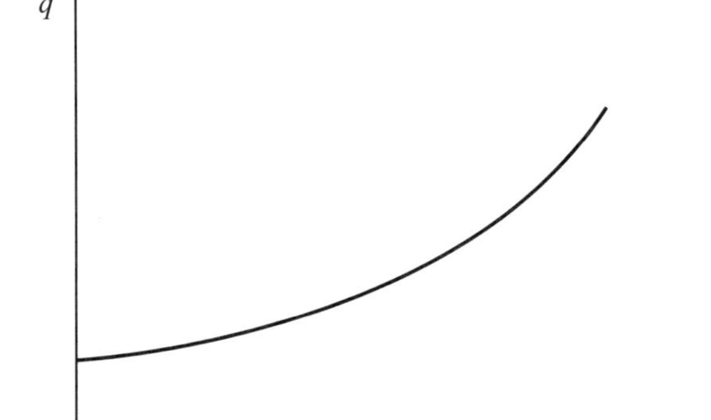

图 2—6　对不变的 z_0，q 与 t 之间的无差异曲线

尽管此无差异曲线的倾斜方向向上（与通常情况下的无差异曲线不同），但就高低曲线所代表的满足程度大小看，该无差异曲线与通常情况下的无差异曲线是相同的。即，较低位置的曲线代表较小程度的满足（在此曲线中表示在同一距离时土地量较少，或者土地数量相同，但距离较远），较高位置的曲线代表较大程度的满足。此外，与通常情况下的无差异曲线一样，每个家庭的所有无差异曲线不会相交。

接下来我们设定距离为常量，令 $t=t_0$，然后观察土地与综合商品之间的变化情况。对于 q 和 z 的任意组合，为了保持满足水平不变，q 和 z 任何一个变量的减少必须由另一个变量的增加作出补偿。这是属于通常类型的无差异曲线，如图 2—7 所示。由于商品的边际效用递减，该曲线不仅向右下方倾斜，而且凸向原点。

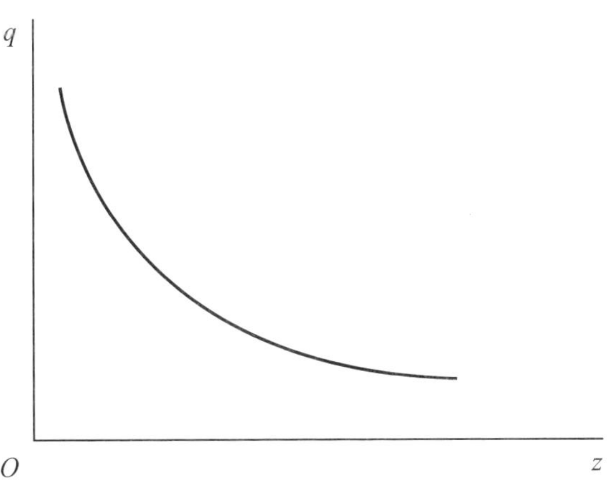

图 2—7 对不变的 t_0，q 与 z 之间的无差异曲线

最后，设定土地量为常数，令 $q=q_0$，允许距离和综合商品变化。距离上的任何增加都要增加人们不乐意接受的通勤不便，为

了维持满足水平不变，必然要求在综合商品上有一小量的增加。这将产生如图 2—8 所示的向右上方倾斜的曲线。

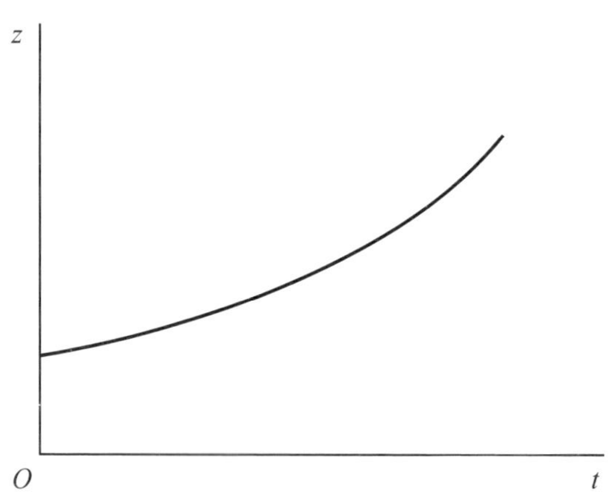

图 2—8　对不变的 q_0，z 与 t 之间的无差异曲线

28 现在可以在三维坐标 z，q，t 内将这三个截面结合起来画出如图 2—9 所示的无差异曲面。图 2—10 表示了同样的曲面。平面 A 上的轨迹 XY 与前面的图 2—6 对应，即 q 和 t 在变化而 z 为常量；平面 B 上的轨迹 $QRST$ 与图 2—7 对应，q 与 z 在变化而 t 为常量；平面 C 上的轨迹 MN 与图 2—8 对应，z 与 t 在变化而 q 为常量。

图 2—9 表示的无差异曲面代表了三种商品 z、q 和 t 的能够令个人获得相同满足程度的所有可选组合。而产生不同满足水平
29 的这些商品的组合可以由类似形状的曲面来表示，较上方的曲面代表较多的满足，而下方的曲面则代表较少的满足。

3. 个人的均衡

我们已经得到了用无差异曲面图表示的个人偏好的情况和用

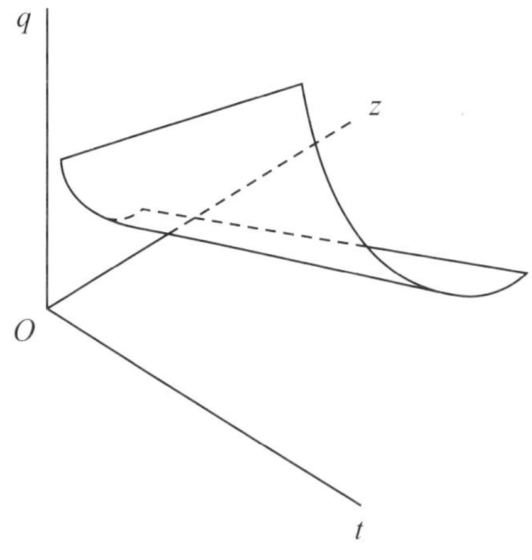

图 2—9　无差异曲面

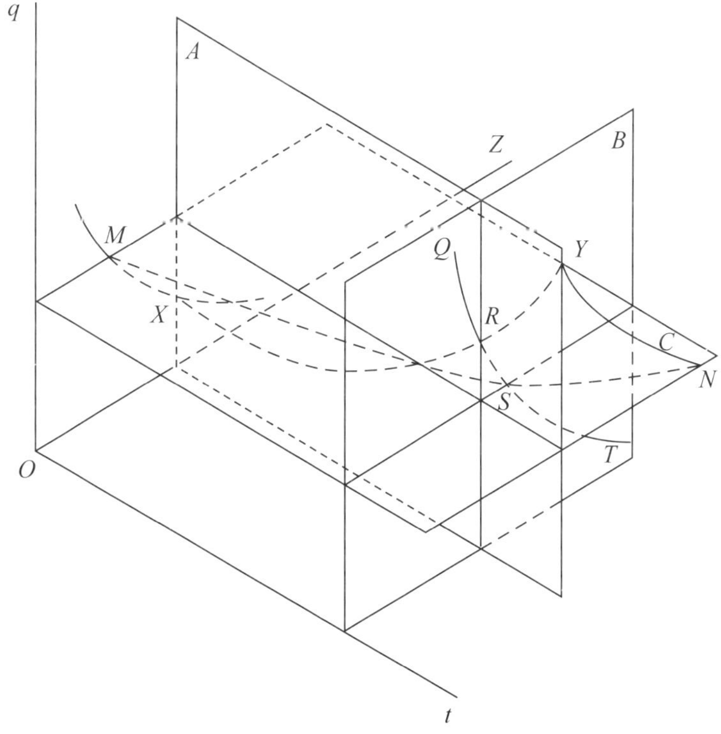

图 2—10　穿过无差异曲面的几个截面

机会曲面轨迹表示的可供此人选择的所有机会的情况，它们均以图形来表示。如果把这两张图结合在一起，就能够看出此人将选择哪一个可以利用的机会，这将是由这样一个点表示的商品的组合：在该点，机会曲面轨迹与和该点相接触的最高的无差异曲面（即最大的满足）相切。如果这个点是（z_i，q_i，t_i），那么，此人将以价格 p_z 购买数量为 z_i 的综合商品，并将在与城市中心距离为 t_i 处占用价格为$P(t_i)$、数量为 q_i 的土地，并且他在通勤成本上的花销为 $k(t_i)$。

仔细考察无差异曲面和机会曲面轨迹的形状，可以清楚地了解到，均衡点必然位于由曲线 WX、XY 和 YW 所围成的那部分机会轨迹（图 2—5）之内。既然这两个曲面是在某一点相接触的光滑曲面，所以，机会轨迹和无差异曲面必然相切于均衡点。因

30 此，这两个曲面必然在该点平行。无差异曲面（图 2—9）形如一个水槽，并且它向上远离 t 轴。可是，机会轨迹仅仅在 WXY 部分的上方才向上远离 t 轴。所以，这些曲线之间的相切和个人均衡仅仅在这一部分是可能的。

第三节 个人均衡的数学解

个人均衡的数学解与图示解相一致，但它更为一般和简洁。我们可以从这样的命题出发，即此人有给定的收入 y，在他对其区位支付了相应的通勤成本 $k(t)$之后，他可以随意在 q 与 z 之间花

31 费该收入。这个命题可以表示成预算平衡方程：

$$y = p_z z + P(t)q + k(t) \qquad (2:1)$$

像前面一样，我们假设已经给出了综合商品的价格 p_z，以及与距离

相关联的土地成本函数 $P(t)$ 和与距离相关联的通勤成本函数 $k(t)$。本问题即变成了找出可能存在的一组 z、q 和 t，使之既满足预算平衡方程（与机会平面轨迹相对应）又对个人产生最大满足。

个人满足用函数：

$$u = u(z, q, t) \tag{2:2}$$

给出，称为效用函数。一旦给出一组 z_0, q_0, t_0 的值，我们就能够通过这个函数找出 u_0。对另一组 z_i, q_i, t_i，可以找出 u_i 来。这样，如果 u_i 比 u_0 大，我们则可以说这一组 z_i, q_i, t_i 比那一组 z_0, q_0, t_0 更为可选。⑥

此人要在他的收入约束内使他的满足达到最大。换句话说，本问题是要发现那一组满足预算平衡方程（2:1）的 z_i, q_i, t_i 使之对方程（2:2）中的 u 取得最高值。借助于微分学可以完成解答，对效用函数（2:2）求微分，得到：

$$du = u_z dz + u_q dq + u_t dt \text{⑦} \tag{2:3}$$

在满足 u 使其达到最高的那个点，$du = 0$，所以：

$$du = 0 = u_z dz + u_q dq + u_t dt \tag{2:4}$$

按照多元函数最大化的条件，令除两个外的所有变量为常量，那么这两个变量的微分与偏微商的乘积的总和将仍然等于零。这样，如果将 t 置为常量，使 $dt = 0$，方程（2:4）就变成：

---

⑥　要提醒读者的是，u 的值仅仅只有次序上的意义，它们与对无差异曲面的命名（以某一序列表示）是相同的。

⑦　为了在符号表示上方便起见，同于惯常所采用的方式，用将该变量作为其下标的函数名称（字母）的方式来表示某一函数关于某一变量的偏微商。这样一来，

$$u_z = \partial u / \partial z; \quad u_q = \partial u / \partial q; \quad u_t = \partial u / \partial t$$

$$du = 0 = u_z dz + u_q dq + 0 \qquad (2:5)$$

32 方程(2:5)可以改写成：

$$-dz/dq = u_q/u_z \qquad (2:6)$$

如果置 q 为常量，使 $dq=0$，从方程(2:4)得到：

$$du = 0 = u_z dz + 0 + u_t dt \qquad (2:7)$$

方程(2:7)可以重新写成：

$$-dz/dt = u_t/u_z \qquad (2:8)$$

现在回到预算平衡方程(2:1)。求微分我们得到：

$$dy = y_z dz + y_q dq + y_P dP + y_k dk \qquad (2:9)$$

但是 y 是一个给定的常量，所以 $dy=0$。由于有对方程(2:1)的明确论述，所以我们能找出其偏微商来。即：

$$y_z = p_z; \quad y_q = P(t); \quad y_p = q; \quad y_k = 1$$

代入方程(2:9)，得到：

$$0 = p_z dz + P(t)q + qdP + dk \qquad (2:10)^*$$

现在可以通过对 $P(t)$ 和 $k(t)$ 进行微分，来求解以 dt 表示的 dP 和 dk。即得到：

$$dP = (dP/dt)dt, \quad dk = (dk/dt)dt$$

把这两个方程式代入方程(2:10)，有：

$$0 = p_z dz + P(t)dq + q(dP/dt)dt + (dk/dt)dt$$

这可以改写成：

$$0 = p_z dz + P(t)dq + dt(qdP/dt + dk/dt) \qquad (2:11)$$

当然，方程(2:11)只是对方程(2:9)的改写。

---

* 译者注：式(2:10)中的 $P(t)q$ 应为 $P(t)dq$，原文有误。

设定除两个变量外的所有变量为常数这个法则，除了适合于求最大值外，还适合于求常量。由于 y 是不变的量，首先让 t 不变然后让 q 不变，从方程(2:11)得：

$$0 = p_z dz + P(t)q + 0^{*}$$

和

$$0 = p_z dz + 0 + dt(qdP/dt + dk/dt)$$

这些可以重新写成： 33

$$-dz/dt = P(t)/p_z, \qquad (2:12)^{**}$$

$$-dz/dt = (qdP/dt + dk/dt)/p_z \qquad (2:13)$$

将方程(2:6)和(2:8)与方程(2:12)和(2:13)结合在一起，得到：

$$u_q/u_z = P(t)/p_z \qquad (2:14)$$

和

$$u_t/u_z = (qdP/dt + dk/dt)/p_z \qquad (2:15)$$

方程(2:14)和(2:15)与预算平衡方程(2:1)总共是三个方程，当它们被联立求解时，产生此人关于三个未知量 z，q 和 t 的最优组合。⑧ 找出这三个未知量就构成了关于此人的均衡解。

对数学解的说明

尽管数学解可以更为精确地求解，但对数学解的说明与对图

* 译者注：式中的 q 应为 dq，原文有误。

** 译者注：式(2:12)中的 $-dz/dt$ 应为 $-dz/dq$，原文有误。

⑧ 严格地讲，并非恰好有三个方程和三个未知变量，而有七个未知变量：z，q，t，$P(t)$，dP/dt，$k(t)$和 dk/dt。附加的这四个变量由已论述的函数 $P(t)$和 $k(t)$以及它们的微商给出。如果将这四个附加的未知量看做需要以数字给出的解，那么未知变量和方程个数就会扩大。如果将 P，k，dP/dt 和 dk/dt 视为以 t 表示的函数，那么，既然仅有三个未知变量，这三个原始方程就是充分且可解的。方程个数在三与七之间的全部问题的解答取决于对未知变量和方程计数是在已经完成了对 $P(t)$，$k(t)$，dP/dt 和 dk/dt 的代替之前还是在其之后。

示解的说明相同。由于预算平衡方程(2:1)是根据定义构建的,因此该方程不需说明,它所对应的是图解的机会轨迹。但是,方程(2:14)和(2:15)必须细致地检验。

首先,需要考察效用函数与无差异曲面之间的关系。无差异曲面是对此人产生相同满足水平的商品 z,q 和 t 的所有组合的轨迹。用效用函数的形式表示,这意味着 z,q 和 t 的这些所有组合将对 u 产生相同的值。商品之间的边际替代率(即个人愿意用单位数量的一种产品与单位数量的另一种产品相交换的比率)在
34 图示解中是用无差异曲面的斜率来表示的。该斜率由平行于这两种商品决定的平面的截面曲线来测定。在数学解中,该斜率(即边际替代率)由这两种商品的边际效用的比率来表示。某一商品的边际效用是效用 u 对应于该商品的偏微商。

现在回到方程(2:14)和(2:15),该方程的左边是边际替代率。方程的右边则是关于各项成本的。当处在这种分析类型的通常情形中时,这些方程说明:在均衡处,两种商品的边际替代率等于它们的边际成本的比率。否则,个人就不能达到均衡,因为他能通过获得更多的相对较为便宜的商品来增加他的满足程度。

方程(2:14)是非常简单的。它说明在均衡点处土地(q)与所有其他商品(z)之间的边际替代率(u_q/u_z)等于它们的价格的比率,即它们的边际成本的比率。

方程(2:15)稍微复杂一些。它说明在均衡点,距离(t)与综合商品(z)之间的边际替代率等于$(qdP/dt+dk/dt)/p_z$。分母中的 p_z 即 z 的价格,同时也是边际成本,分子代表了空间移动的边际成本,它是土地价格的变化 dP/dt(由于它随距离变化)乘以

土地量加上通勤成本的变化 dk/dt。这样，边际替代率再一次等于边际成本的比率。

由于通勤一般被看做是令人不快的事情，所以我们假设近区位胜于远区位。这意味着 u_t 具有负效用。简而言之，$u_t<0$。但是，我们也假设在商品 z 上的增加有正效用（$u_z>0$），这暗含着 $p_z>0$。所以，为了使方程（2:15）成立，必然的结果是，表达式 $qdP/dt+dk/dt$ 一定小于零。

让我们考察 $qdP/dt+dk/dt$ 这个表达式。由于通勤成本随通行距离而增加，所以我们可以说 $dk/dt>0$。q 的值，即土地数量无疑是大于零的。因此，我们一定能得出这样的结论：dP/dt 是负的，否则上面的表达式就会是正的。这也就是说，除了在向下倾斜的曲线 $P(t)$ 上之外，个人是不能到达均衡点的。因为倘若 $P(t)$ 为向上倾斜的，即价格随着与城市中心距离的增加而增加，那么，此人将向中心移动，在那儿他会得到较便宜的土地，并且通勤较少。 35

有一个进一步的结论。由于对均衡而言，条件（$qdP/dt+dk/dt$）<0 是必要的，所以个人绝不会定居在 $-(qdP/dt)<dk/dt$ 的地方。这一结论与我们用图解法得出的结论相同，在图解法中，我们说明了个人只会居住在因土地价格较便宜而产生的节省超过了增加的通勤成本的地方。这也就是图 2—5 中机会曲面轨迹的 WXY 部分。

（梁进社　王大伟 译）

第三章　农业地租函数和城市厂商的竞价曲线

36

第一节　引言

在第二章中，我们已经知道怎样才有可能找到单个居民的均衡解，现在我们期望得到市场均衡的公式。但是，在这种情形下用个人解的古典形式不能导出市场的需求结构。在一般情形中，通过改变商品的价格，从个人解可以导出个人的微观需求曲线。如果将所有人的需求曲线综合起来，就得到一条市场需求曲线。但在这里，土地和距离相互交织，以至于我们不可能导出这样一条曲线。

为了证明这一点，我们来看一下当土地价格 $P(t_0)$ 变化时，个人在给定区位 t_0 所购买的土地数量的变化。个人必须维持预算平衡，所以方程(2:1)必然成立：

$$y = p_z z + P(t_0)q + k(t_0) \qquad (2:1)$$

个人通过比较下式中价格比率和边际替代率来决定如何在土地 q 和综合商品 z 之间来分配现金的使用：

$$u_q/u_z = P(t_0)/p_z \qquad (2:14)$$

通过让区位 t_0 处的价格 P 变化，并求出 q 和 z，我们就可以

得到一条将 q 与 $P(t_0)$ 联系起来的需求曲线。但这仅仅是该个人在该区位处的需求曲线。距离的变化将通过影响方程(2:1)中的通勤成本项来影响个人现金数量的分配。同样重要的是,由于在 37
方程(2:14)中边际效用 u_q 和 u_z 都是 z、q 和 t 的函数,所以当 t 变化时,边际替代率也将发生变化。因而,同一个人的需求曲线将因其区位的不同而异。由于寻求市场解的部分问题中也包含了寻求个人区位,所以不知道个人区位就无法知道用他们的哪条需求曲线来确定我们的市场需求曲线。

在供给方面也存在很难解决的问题。最主要的是土地供给的界定。尽管现实中距城市中心任何一个给定距离处的土地供给是一定的,但对任何实际的土地利用目的,我们都将土地总供给看做是无限的。也就是说,我们没有将土地总供给看做是确定的、有限的量,而是将它看做一个因区位而异的土地“贮存库”的集合。

这些问题与我们在农业地租和农业土地利用理论中遇到的问题相似。在这一章中,我们将考察一个大为简化了的模型,并从中了解处理土地市场问题的方法。城市厂商的区位问题将被看做同时具有农业土地利用和住宅土地利用问题的性质来研究。根据这个分析,我们将在第四章中以一种可以得到市场解的形式重新论述个人均衡。

第二节　农业地租和土地利用的简单模型

农业生产的空间结构理论是由冯·杜能于1826年在他的孤立国理论中提出的;艾萨德和邓恩最近又提出了两个更为完整的

论述。[①] 虽然这项分析非常复杂，但我们在这里提出的形式是大大简化了的。[②]

在这种模式中，有唯一一个可以出售农产品的市场，并且所有产品都运往这个市场；所有土地都位于一个均质平原上；可以考虑各种作物，但为了简化，我们首先只考虑一种。

38 例如，假定这种作物是玉米，1 英亩土地将生产出 30 蒲式耳玉米，所花费的劳动和机器成本为 10 美元，每蒲式耳玉米在市场上的价格是 1 美元，这样，每英亩玉米的售价为 30 美元。如果玉米恰好是在市场位置上生产出来的，那么每英亩玉米的价值就高出成本 20 美元。然而，在任何与市场有一定距离的地方生产出的玉米都必须支付运输成本。如果每蒲式耳玉米每英里的运输成本为 0.05 美元，那么在距离市场 10 英里处，每英亩土地除了要支付 10 美元的生产成本外，还要支付 15 美元的运输成本。由于收入仍然为 30 美元，所以收入和成本之间的差额只有 5 美元。在距离市场大于 $13\frac{1}{3}$ 英里的地方，成本超过收入，这里将不再生产玉米。

从专门术语意义上说，收入和成本之间的差额就是经济租金，也就是通常意义上的支付给地主的地租。假定一个农场主需支付的地租为零，他注意到每靠近市场 1 英里，每英亩收入和成本之间的差额就比他所在的区位高 1.5 美元；靠近市场 2 英里，这个差额

① von Thünen, *Der Isolierte Staat* (Hamburg, 1826); Isard, *Location and Space-Economy*; Dunn, *The Location of Agricultural Production*.

② 在分析中主要省略了：(1) 使用强度的变化；(2) 生产成本随距离的变化；(3) 作物混合；(4) 改变土地生产力的影响。

就高3美元。他在这些区位处愿意支付的地租不会超过这些差额。农场主之间对于更有利的区位的竞争将这个差额转变为地租，并且“带走了在任何地方都可能是属于经营者的剩余利润”。[③]农场主只剩下“正常利润”，这或许可以被看做是劳动成本的一种形式。

在任意区位处的地租可用下式来计算：

$$p_c(t) = N[P_c - C - k_c(t)]$$

式中$p_c(t_0)$：在距离市场t_0处单位土地的租金；[*]

N：单位面积土地上农产品的产量；

P_c：市场上每单位农产品的价格；

C：生产每单位农产品的成本；

$k_c(t_0)$：在距离t_0处向市场运输每单位农产品的成本。

这个地租函数[④]在图3—1中表示为$p_c(t)$。区位t_e处的地租为零，在距离大于t_e的地方生产玉米只能亏本。

39

现在我们可以计算玉米的总产量：

$$\text{总产量} = N \cdot S(t_e)$$

函数$S(t)$表示在市场周围半径为t的圆所界定的土地数量；t_e为作物生产的最远区位。在平坦的平原上，$S(t)$为πt^2。因此，$S(t_e)$表示作物生长范围，N为单位面积上的作物产量。如果

---

③ Isard, *Location and Space-Economy*, p. 196.

* 译者注：t_0应为t，$k_c(t_0)$同此，但原文如此。

④ 这是由艾萨德和邓恩使用的一个术语。胡佛(E. M. Hoover, *Locotion Theory and the Shoe and Leather Industries*, Cambridge, Mass: Harvard University Press, 1937)更倾向于用“地租面”来强调其三维特性。

在价格 P_c 时生产出的玉米总量超过了这个价格时的需求量,价格将会降到某个较低值 $P_c{}'$。这就导出了一个普遍较低的地租函数(图 3—1中的$p'_c(t)$),生产玉米的最远距离就变为 t'_e(小于 t_e),并且玉米总产量将会降低。也就是说,通过产品市场价格的变动,可以使作物的总产量和对它的需求量相一致。当商品价格下跌时,地租作为一种剩余也将降低。

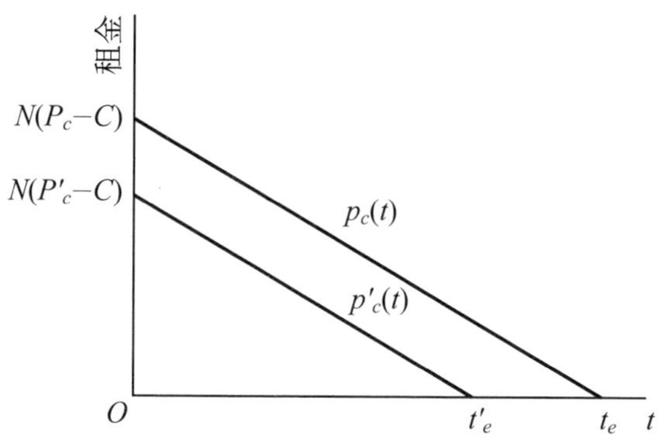

图 3—1　两种不同市场价格下同种作物的农业竞租曲线

这项分析一直是在行业水平上进行的:在这个情形中即为玉米种植业。行业水平上的分析如何与处在厂商水平上的单个农场主联系起来?农场主之间的竞争保证了剩余利润以地租的形式流入地主手中,但在同时,不管农场主的区位促使他怎样利用他的土
40 地,也都保证了农场主会获得正常利润。⑤ 因此,“从理论上讲,农场经营者不关心他所处的位置,当然,这要假定农场经营者是处在能够产生地租的腹地之内。所以,对于给定的作物,观察个体农业厂商在距市场的每一个可能距离处的调整,就可以得出一个理论

---

⑤　这些正常利润现在被看做是生产成本(第 47 页方程里的 C)的一部分。

上正确的地租函数”。[6] 换句话说，对于给定的市场价格，行业的地租函数同样可以被看做是农场主在每一个区位处愿意支付给地主的地租。

让我们引入另一种作物——小麦，其地租函数如图 3—2 中所示的 $p_w(t)$。假定总的供给和需求数量是平衡的，在市场($t=0$)和距离市场 t_i 之间的区域内，种植小麦的农场主可以比种植玉米的农场主支付更高的地租，并且在这个范围内，地主将把土地租给种植小麦的农场主。另一方面，在距离大于 t_i 的范围，玉米生产者可以支付的地租比小麦生产者要高，所以土地将用于种植玉米。表示实际支付的地租的函数是 WXY。所以，t_i 左侧的 $p_c(t)$ 曲线和右侧的 $p_w(t)$ 曲线表示的是对这块土地的不成功的竞价，而不是实际应支付的地租。一定要分清表示实际支付的地租的地租函数和表示某人愿意支付的地租的地租函数之间的区别。后一类
型可能是无法租用到土地的方式。如果他们成功租到土地，那么 41
就代表了实际的地租。例如，方程 $p_c(t)=N[p_c-C-k_c(t)]$ 表示玉米的一个竞租函数，t_i 右侧的那部分 $p_c(t)$ 曲线表示不成功的竞标价格，t_i 左侧的那部分曲线则表示成功的竞标价格。*

可以用更多的作物来进行这项分析而不改变其主要特征。最后，当“……每个厂商自己都觉得称心如意时，各个厂商均可以被看做是一个行业。更多的边界变量被引入，但这样一来就需要更多的方程来确定这些变量……因此，厂商和行业在空间结构中相

⑥ Isard, *Location and Space-Economy*, p. 196.

* 译者注：“左侧”、“右侧”应互换，但原文如此。

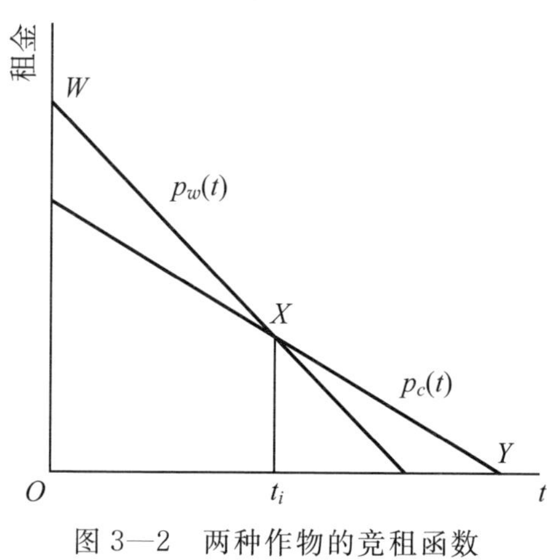

图 3—2　两种作物的竞租函数

互一致，并且在极端的情形中可以被看做是一回事。”⑦

这个简短的总结足以说明计算对土地这一农业生产要素的总需求的主要方法。首先，对于每一个参与竞争的使用者（厂商或行业），可以导出一个竞租曲线族，每条曲线对应于产品给定的市场价格和给定的农场经营者的利润水平（在农业模型中，这些利润在每种情形下都是“正常利润”）。然后，从每个竞标者的曲线族中选出一条对应于合适的产品市场价格的竞租曲线，在所有区位处对所有可能的土地使用者的曲线进行比较，每一区位处的土地都将租给出价最高者。这些最高报价合起来就构成了实际的地租结构。但是，在同时必须找出“合适的产品市场价格”。合适的产品市场价格是这样一种价格：在该价格之下，充足但不多余的土地被

⑦　Isard, *Location and Space-Economy*, p. 248. 这个问题是用一个联立方程系统的形式来描述的，一般的描述可以在“Agricultural Location Theory Embraced and Generalized”部分（第 243～251 页）中找到。行业和厂商面临的是有限的还是无限的需求价格弹性无法在这里讨论。但是，如果市场价格被视为固定的，这种描述就是准确的。

租用，生产出的产品刚好是需求表中的数量。[⑧] 根据这个价格可以找出竞租曲线族中的一条曲线，这条曲线表示生产者在给定其产品市场价格的情况下，愿意为各个区位支付的地租。

抽去农业的特殊性，这个方法简化为：①对于每个可能的土地使用者，可以导出一个竞租函数族，至于他的区位对应于这些函数中的哪一个，使用者并不关心；②通过比较潜在使用者的出价并从 42
中选择最高价，就可以找出任一区位处的均衡价格；③通过选择每个使用者的合适的竞租函数，可以得出土地的均衡数量。在这个方法中，第二步和第三步是相互依赖的，并且一定要通过一个联立方程解或迭代解来达到一致。

第三节　厂商均衡

在试图将农业的一般方法用于住宅用地之前，我们将先来讨论城市中的厂商用地这一兼有二者特点的过渡性问题。此外，尽管文献中历来都没有提出过系统的住宅用地的理论，但却有一些将农业用地理论的方法扩展到城市商业用地中的可能性的探讨。

钱伯林和艾萨德考虑了这种可能性，后者乐观地指出："然而它足以揭示农业区位理论和城市土地利用理论之间的相当明显的相互关系，在各自的情形中，地租函数（面）指导市场的配置之手。对于二者来说，在有效经济距离的限定下，与运输工具和运输系统

⑧　其中需要一系列的迭代或解方程组来求得结果。

的关系是关键性的。"[9]与此相反，钱伯林则持不同态度："城市地租(城市零售商缴纳)是一种不同于农业地租的收入类型——事实上，尽管两种类型通常被看做是类似的，但它们之间唯一的相似似乎就是二者都是为使用土地而支付的租金。"[10]但他又说："利用区位因素可以对城市地租进行全面解释，对农业地租进行部分解释。"在这里他似乎考虑了农业中土地肥沃度的差别。然而，农业区位理论几乎是完全基于区位之上的：肥沃度的差异将在后面作为一个复杂因素引入。[11] 因此，艾萨德和钱伯林说的都是同一件事，尽管他们的态度不同。

43 钱伯林还提到了农业和城市零售业之间进一步的差异。他指出农场主是为土地的生产力而付钱，零售商是为土地的销售力而付钱；农场主的场地与市场之间有一段固定距离，而零售商的场地则与市场连在一起，并且场地因市场的大小、性质而异。此外，个体农场主处在一个完全竞争市场中的卖主位置上，在他看来，他面对的是一条完全弹性的需求曲线；零售商则处在一个垄断者的位置上，面对的是一条倾斜的需求曲线。[12] 几个农场主在同一市场

---

⑨ Isard, *Location and Space-Economy*, p. 205.

⑩ E. Chamberlin, *The Theory of Monopolistic Competition* (6th ed.; Cambridge, Mass.: Harvard University Press, 1950), p. 266.

⑪ 只有现代的后杜能理论家考虑了这些复杂的问题。早期的理论家们，从李嘉图开始，则主要考虑了肥沃度的差异，而忽略了区位因素。

⑫ 这一点不很清楚。因为农业理论是在行业层次上找到均衡的，并且决定地租的是对总体产品的需求。如果对个体农场主的需求曲线不倾斜，那么对整个行业来说，其需求曲线是倾斜的。

上销售，而城市商店在某种程度上说具有自己的市场。[13] 钱伯林的结论是，由零售活动所支付的地租是垄断地租，与在农业市场的完全竞争中产生的地租截然不同。这是个令人深思的差别，但对于将地租理论从农业用地扩展至城市用地来说并不是致命的。

艾萨德将农业地租理论转化为替代分析的形式[14]，他建议“……与农业区位理论一样，城市用地问题可以以替代分析的形式提出，并可以被看做是普通区位理论的组成部分。在本质上，商人在各种支出间进行替代……他为了获得额外可能收入而支出额外地租……因此，尽管典型的商人可能不会用这样一种综合的方式解决他的问题，但用一种替代框架来描绘他所作出的各种反应将会使我们得到最优土地利用模式。”[15]

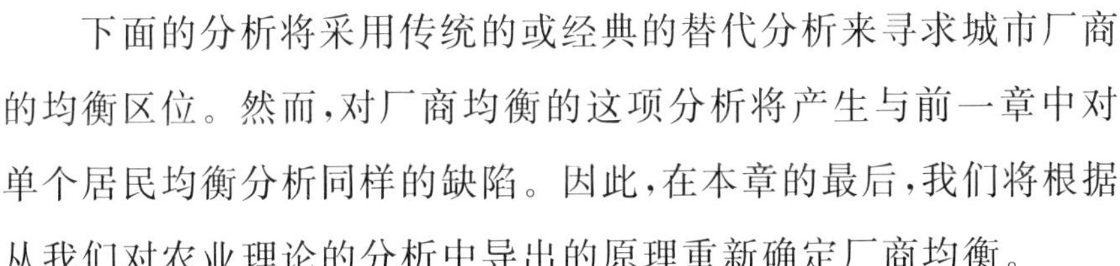

下面的分析将采用传统的或经典的替代分析来寻求城市厂商的均衡区位。然而，对厂商均衡的这项分析将产生与前一章中对单个居民均衡分析同样的缺陷。因此，在本章的最后，我们将根据从我们对农业理论的分析中导出的原理重新确定厂商均衡。

但在进行分析之前，需要做一些解释，接下来的分析试图应用于全体厂商。然而，当试图描述全体厂商的行为时，为了语言表述上 44

---

[13] 参见 Chamberlin，*The Theory of Monopolistic Competition*，附录 D，“Urban Rent as Monopoly Income”中对此的论述。

[14] 主要是地租替代运输成本。竞租函数 $p_c(t)=N[P_c-C-k_c(t)]$ 勾画出了一条轨迹，在这条轨迹上，增加的运输成本和减少的地租之间的替代使得承包商在区位间是无偏好的。“当企业远离市场时，运输成本替代了地租支出，假定其余相同。”（Isard，*Location and Space-Economy*，p. 196）

[15] 同上，p. 205，但是，在此“最优”意味着什么，我们并不清楚。推测起来，大概是指黑格的“最高程度和最好地利用”，或从厂商利润的角度看是最好的区位。

的方便，所以偶尔也将厂商看做是一个零售商或批发商店。总之，这项分析涉及全体厂商，包括零售商、批发商、金融企业、制造商等。

1. 总体考虑

在考虑城市场地的地租时，艾萨德引用了下面几个确定因子："①距中心的有效距离；②场地对于潜在顾客的可达性；③竞争者的数量、他们的区位以及销售时的竞争强度；④用于个人使用或团体使用的土地的接近度，从吸引顾客和降低成本——不管是产品、服务、广告还是其他成本——两方面看，这是一种补偿。"[16]钱伯林补充了"可以索要的价格和在这一区位上可以最佳经营的商业类型"。我们将考虑艾萨德的第一个因子：与中心的距离。在我们的完全集中化的城市的假设中，事实上隐含了艾萨德所用的第二个因子；位置对于潜在顾客的可达性将因远离城市中心而下降。艾萨德引用的其他因子与商业区位的相互依存相关联，这些因子对此处的分析而言过于复杂。[17] 或许可以用廖什的理论[18]对某些商业的扩散趋势进行很好的理解，而聚集趋势可用不太系统的联动理论进行很好的理解。

这一情形中的商人与我们在第二章中讨论的居民非常相似。
45 他面临着一个给定的土地价格结构[19]，该价格结构随着距离而变

---

⑯ Isard, *Location and Space-Economy*, p. 200.

⑰ 对加价——艾萨德给予了相当的注意——的考虑，或许可以被直接吸收到此处的分析中，但本文没有这样做。假定厂商具有最优的加价，或价格保持不变。

⑱ August Lösch, *The Economics of Location* (New Haven: Yale University Press, 1954).

⑲ 根据第一章中提出的理由，我们现在恢复使用"价格"这个词，而不用"地租"。

化，由函数 $P(t)$ 来描述。他将以一种使他获得最大可能利润的方式来决定他的区位和他想要占用的土地数量。[20] 利润可以被定义为扣除了经营成本和土地成本之后的营业量的剩余。这个关系可用下式表示：

$$G = V - C - R \tag{3:1}$$

式中 G：利润（美元）；

V：营业量（美元）；

C：经营成本（美元）；

R：土地成本（美元）。

我们来考察方程(3:1)右边各项。营业量 V 取决于厂商的区位 t 以及用于销售、陈列、停车和存货的场地的大小 q。这可以用函数表示为：

$$V = V(t, q) \tag{3:2}$$

经营成本 C 取决于区位 t（和诸如与仓库及运输终端的距离等因素有关）和场地大小 q（和诸如商店内货物的搬运及保存等因素有关）。当然，经营成本也取决于营业量 V，这样，经营成本 C 用函数表示为：

$$C = C(V, t, q) \tag{3:3}$$ 46

场地租金被特意从这些成本中抽出来单独进行考虑。商人的

---

[20] 一般文献中即使考虑了场地面积，其内容也很少。大多数有关租用场地的文献都不提及场地面积。但是，应该明白如果不考虑数量就无法得到市场均衡。在此有一个考虑了场地面积的著名的例子：Marshall，*Principles of Economics*，Book V，Chap. XI，其中指出："……为避免挤在狭窄的场地上工作所带来的不便和额外开支，工厂愿意出高价租用额外的土地"（p. 450），并且"如果土地便宜，他将乐意租用较大的面积，如果土地昂贵，他将租用较小的面积而向高空发展"（p. 448）。

场地租金 R 是他所占有的土地数量 q 与他所在区位处的土地价格$P(t)$之乘积：

$$R = P(t)q \tag{3:4}$$

商人将通过调整区位和地上空间来获得最大利润。[21] 利润最大化的边际分析可以用三维图解来表示，但要给出这个图形是极端困难的。因此，只有二维部分解可以用图解来表示，完整的解将用数学方法导出。

2. 几何图解

首先，我们假定商人的区位已经固定在 $t = t_0$ 处。他的目的是实现利润最大化，但他所能控制的唯一变量是土地数量 q。当 q 增加时，边际收入（V 的改变量）最终会减少，并且当商店变得过大时，边际收入最终会成为负值（图 3—3）。边际成本由经营成本 C 的改变量和边际土地成本构成，经营成本的改变量被证明是随着经济规模扩大而减少的（当然，当规模达到一定程度时它随规模的进一步扩大而增加）；而边际土地成本在土地价格为 $P(t_0)$ 的区位处保持不变。总边际成本是边际经营成本和边际土地成本之和。利润最大的土地数量是图 3—3 中的 q_e，在这一点，边际成本

---

[21] 这暗含着一个层数—面积比的问题。为完整起见，分析中应该包括厂商对建筑层数以及垂直建设与水平扩展之边际成本的考虑。但为了保持分析的简单，我们并没有这样做。应该注意到的是马歇尔（Marshall）对这个问题发表过见解。他提出了“建筑边际”，认为：建造更多的层数会增加额外的开支并且会带来诸多不方便，但也会相应地节省土地成本。当土地成本的节省额度能够弥补因建造更高层建筑而增加的额外开支及不方便性时，人们就会建造更高的层数而不是占用更多的土地（同上，p. 448）。

与边际收益相等。表示边际利润的虚线是从边际收益中扣除总边际成本后得到的，在小于 q_e 时边际利润为正值，大于 q_e 时为负值。如果这个商人有一块小于 q_e 的场地，由于这时边际成本小于边际收益，他将增加土地投入以购买更多的土地。但是，他不能把土地数量扩大到大于 q_e，因为这时边际成本将会大于边际收益。综上，关于场地大小的边际分析具有在古典经济学中常遇到 47
的分析类型的特征。

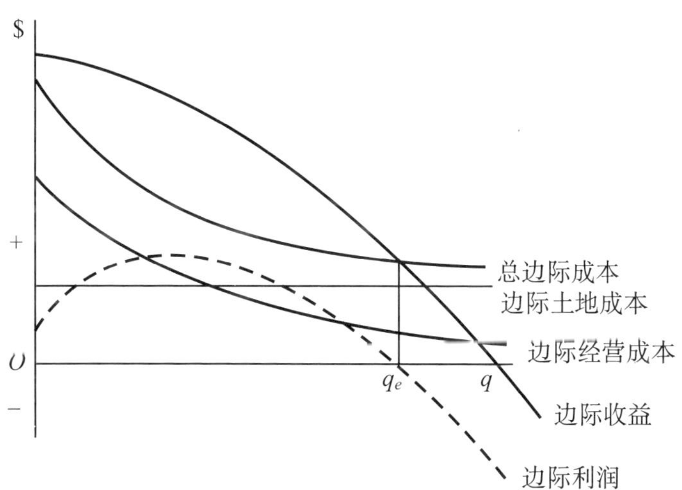

图 3—3　给定区位，根据场地面积所确定的厂商的边际成本和边际收益

现在我们来考虑当固定场地面积 q（$q = q_0$），而使距离 t 变化时的情形。当与市中心的距离增加时，销售（收入）将减少，如图 3—4所示。正如图 3—5 所示，这意味着边际收益为负值。此时的边际成本更为复杂，包括两个部分：经营成本和地租。经营成 48
本随着与市中心距离的增大而增加（图 3—4），因此边际经营成本

将为正值(图3—5)。[22] 另一部分(地租)将随着与市中心距离的增大、土地价格的下降而减小(图 3—4)。因此,边际场地成本实际上是一种节省,由图 3—5 中的负曲线表示。这样,总边际成本是一个正数和负数的代数和,本身可以为正值,也可以为负值,这取决于经营成本的增加是否超过地租中的节省。代表边际利润的虚线是边际收益与边际成本的代数和。

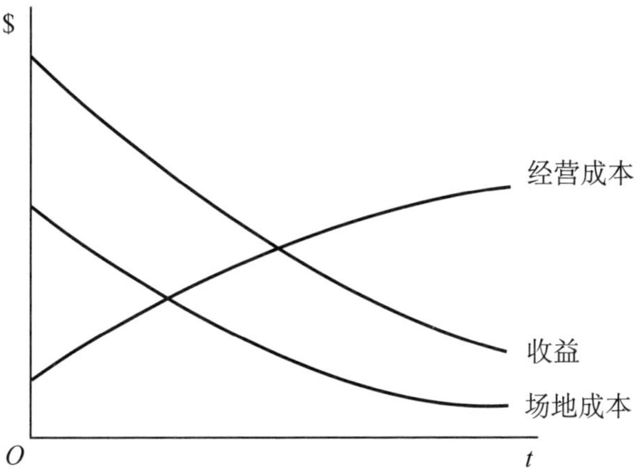

图 3—4　保持场地面积不变,根据区位所确定的厂商的成本和收益

均衡区位将是图 3—5 中的 t_e,在这一点边际收入与边际成本相等。这不受两条曲线是在负象限相交的影响。在图中所描述的情形中,边际成本是一种节省,边际收益是随着与市中心距离的
49 增大而减小的总收益。只要边际收益从上方与边际成本相交,最大利润和均衡点就将在它们相交处的区位(t_e)达到。在前一个交点 t'_e 处,边际收入从下方与边际成本相交,但在此之后,随着距

[22] 图 3—5 中所示的边际经营成本是随距离的增加而降低的,因为它们可能主要与运输成本有关,而运输成本则通常以逐渐降低的速率增加。

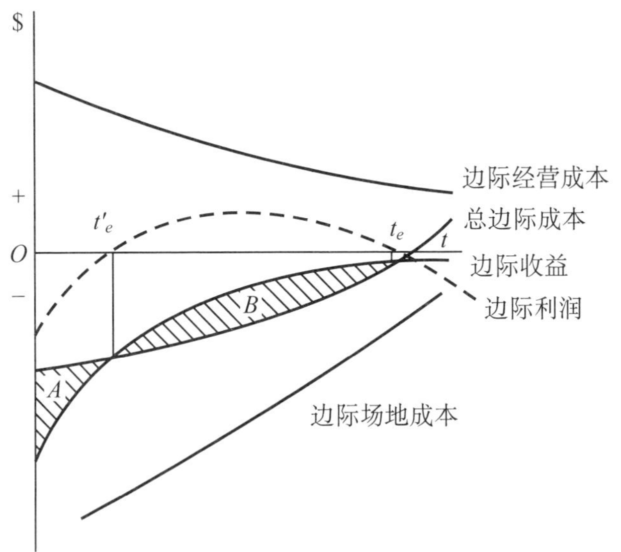

图3—5　保持场地面积不变，根据区位所确定的厂商的边际成本和边际收益

离的增加将会获得更大的利润，因此，这不是均衡区位。

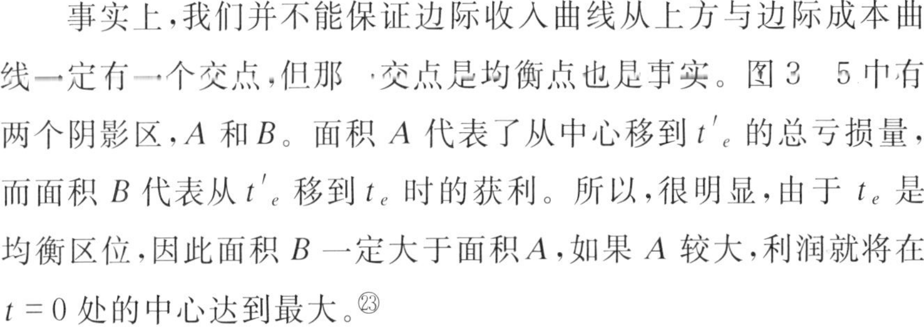

事实上，我们并不能保证边际收入曲线从上方与边际成本曲线一定有一个交点，但那一交点是均衡点也是事实。图3—5中有两个阴影区，A 和 B。面积 A 代表了从中心移到 t'_e 的总亏损量，而面积 B 代表从 t'_e 移到 t_e 时的获利。所以，很明显，由于 t_e 是均衡区位，因此面积 B 一定大于面积 A，如果 A 较大，利润就将在 $t=0$ 处的中心达到最大。㉓

㉓　其他几种图解可能性也能用这个法则解释。(1) 如果边际收入曲线在所有点都低于边际成本曲线，那么面积 A 为无限大，而面积 B 为零，利润将在中心处达到最大。(2) 如果边际收入曲线在交点 t_e 之前位于边际成本曲线上方，在 t_e 之后位于边际成本曲线下方，则面积 A 为零，面积 B 为一有限数，但大于零，利润在 t_e 处达到最大。(3) 为了逻辑上的完整，我们应该考虑边际收入曲线在直到无穷远处的所有点都位于边际成本曲线上方的可能性。这时面积 A 为零，面积 B 的大小不确定，可能为无穷大，并且距城市无穷远处的区位将是最优的。然而，稍加思考就知道这是不合理的。

3. 数学解

我们刚刚分别讨论了区位和场地面积的最优化，而厂商均衡需要它们的联立解。这可以通过解微分方程来实现。数学方法的一个独特的优点是它的普适性。在上面的图解中，我们考虑了营业量随着与市中心距离增大而减小的情形。但是，在制造业的情形中，区位可能不影响营业量。在数学解中，第一种情形时 V 对距离的偏微分为负值，而第二种情形时偏微分为零。因此，一个单解需要具有普遍性并能包含所有可能的情形。我们还记得表示厂
50 商的收入、成本和利润的方程为：

$$\text{利润}\ G = V - C - R \tag{3:1}$$

$$\text{营业量}\ V = V(t, q) \tag{3:2}$$

$$\text{经营成本}\ C = C(V, t, q) \tag{3:3}$$

$$\text{土地成本}\ R = P(t)q \tag{3:4}$$

我们的问题是，给定函数 $P(t)$，求利润 G 的极大值。对方程(3:1)微分，我们得到：

$$dG = dV - dC - dR$$

由于 G 达到最大值，故 $dG = 0$，所以：

$$0 = dG = dV - dC - dR \tag{3:5}$$

对方程(3:2,3:3,3:4)微分，有：

$$dV = V_t dt + V_q dq$$

$$dC = C_V dV + C_t dt + C_q dq$$ [24]

$$dR = P(t)dq + q(dP/dt)dt$$

代入方程(3:5)得:

$$0 = dG = V_t dt + V_q dq - C_V dV - C_q dq - C_t dt - Pdq - q(dP/dt)dt$$

再将 $dV = V_t dt + V_q dq$ 代入上式右边第三项,则:

$$0 = dG = V_t dt + V_q dq - C_V(V_t dt + V_q dq) - C_q dq - C_t dt - Pdq - q(dP/dt)dt$$

上式还可写为:

$$0 = dt(V_t - C_V V_t - C_t - qdP/dt) + dq(V_q - C_V V_q - C_q - P) \qquad (3:6)$$

令(3:6)式中的 q 为常数,则 $dq = 0$,故有:

$$0 = dt(V_t - C_V V_t - C_t - qdP/dt)$$

上式中,因 $dt \neq 0$,两边同除以 dt,有:

$$0 = V_t - C_V V_t - C_t - qdP/dt \qquad (3:7)$$

相反地,令 t 为常数,则 $dt = 0$,式(3:6)变为: 51

$$0 = dq(V_q - C_V V_q - C_q - P)$$

由于 $dq \neq 0$,两边同除以 dq,有:

$$0 = V_q - C_V V_q - C_q - P \qquad (3:8)$$

我们可以从方程(3:7,3:8)求出两个未知量 t 和 q,因为所有变量都是以这两个变量的参数形式表示的。在方程(3:1~3:4)

[24] 这里 C_t 和 C_q 是 $C(V,t,q)$ 的偏微分,将 V 看做是三个自变量之一,V 与 t、q 之间的关系将在下面介绍。

中，给出适当的 t 和 q 值，可以计算出 G、V、C 和 R 的值。当然，在有多个解时，为了求出最大值中最大的一点，必须经过必要的步骤。在中心（$t=0$）处的 G 的绝对值必须经过检验，使方程（3:8）成立，因为 dP/dt 在该点是不连续。

4. 对数学解的说明

方程（3:7，3:8）具有一般形式，表明在达到均衡时，利润最大，边际成本等于边际收入。在这个意义上，它们是对图 3—3 和图 3—5的重新诠释。我们可以对这些方程的各项作如下解释：

区位方程：$0=V_t-C_V V_t-C_t-qdP/dt$ （3:7）

V_t：因向远离中心移动了一段距离 dt 而引起的边际收入的损失；

$C_V V_t$：营业量的变动 V_t 所导致的边际经营成本（可能为负值，系距离变化对成本的间接影响）；

C_t：由距离的变化（dt）直接引起的边际经营成本的增加；

qdP/dt：随距离的变化（dt），由于土地价格变动而引起的地租的减少。

场地面积方程：$0=V_q-C_V V_q-C_q-P$ （3:8）

V_q：由于土地面积增加 dq 而引起的销售量的边际变化；

$C_V V_q$：由于土地面积增加引起的销售量的变动所导致的经营成本的变动（土地使用面积的变动对经营成本的间接影响）；

C_q：由于面积增加 dq 而直接引起的经营成本的边际变动；

P：土地使用面积的边际单位成本。

第四节　城市厂商竞价曲线的推导

我们知道，在本章第二节中，对每个农场主导出了一组竞租函数，使得他的区位无论对应于这些函数的哪一个，他都是无偏好的。现在我们要为城市厂商绘出一族这样的曲线。但是，基于第一章中所提出的理由，它们将被称为竞价，而不是竞租函数。尽管在达到市场均衡之前，这项分析必须更进一步地进行下去，但本章将只是说明如何使用这些曲线找出厂商的均衡区位。

我们期望为城市厂商导出一个竞价函数，使得厂商面对这些价格时，在区位间是无偏好的。如果所有区位都给厂商带来相同的利润，这个结果就会出现。很明显，这样一个竞价函数与实际价格并无必然联系。它是个假设的土地价格与距离函数，并且也可以被看做是一条等利润线。简而言之，该函数表达的是：如果土地价格如此随距离变化，则厂商在任何区位赚取的利润都将相同，因此，他在区位间是无偏好的（在第四章中我们将探讨无差异曲线和竞租函数之间的相似性和差异性）。

我们把这个函数表述如下：

$$p_f(t) \Box G_0$$

上式可以被理解为当厂商（f）在每个区位处给出价格（p）时，若土地数量达到最优，该厂商就可以实现一个固定的利润水平 G_0，而不会再高。因为利润水平是固定的，所以厂商不关心他所处的区位。在参考点（f，G_0）清楚后，把这个表示法省略为：

$$p(t)$$

53 在后面，大写字母 P 将表示实际价格，小写字母 p 表示竞价。现在我们来看如何导出这样一条竞价曲线。

竞价函数描述的是：为了赚取恰好是 G_0 的利润，厂商所愿意出的价格。为了获取最大利润，在每个区位处的土地数量应是最优的。因此，用于土地优化的方程(3:8)在每一个区位都是成立的。用新的表示法可写为：

$$0 = V_q - C_V V_q - C_q - p_f(t) \llbracket G_0$$

或者简写成：

$$0 = V_q - C_V V_q - C_q - p(t) \qquad (3:9)$$

前面的一组方程(3:1～3:4)将继续成立。它们现在可写为：

$$G_0 = V - C - R \qquad (3:10)$$

$$V = V(t, q) \qquad (3:11)$$

$$C = C(V, t, q) \qquad (3:12)$$

$$R = p(t)q \qquad (3:13)$$

至此，我们有五个方程(3:9～3:13)和六个变量：$p_f(t) \llbracket G_0$，q，t，V，C 和 R。因此我们可以指定这些变量中的一个为参数，用它来表示其他变量。这样，到现在为止一直用来表示 p 的表达式 $p(t)$就成为一个函数，其所表示的竞价 p 仅由一个变量 t 决定。$p(t)$就是竞价函数。

下面是几个有关这个函数性质的尚待证明的推论：

(1) **竞价函数是单值的**。这意味着对于任何给定的利润水平 G_0，在任何区位 t，只存在一个也是唯一一个合理的 p 值(正式证明见附录 G 的注释 1)。

(2) **对于同一个厂商，两条对应于不同利润水平的竞价曲线不会相交**（正式证明见附录 G 的注释 2）。这两个推论使得我们可以在竞价曲线的两种表示方法中择一使用。由于它们是单值的并 54
且互不相交，所以任何这种曲线都可以用其上的任意一点来识别。因此，可以采用下面的表达式：

$$p_f(t) \llbracket t_0, p_0$$

来表示竞价函数，在此，t_0, p_0 为曲线上的任意点（即 $p_0 = p_f(t_0)$ $\llbracket t_0, p_0$），这一表达式不像在表达式 $p_f(t) \llbracket G_0$ 中那样，采用利润水平作为参考点。我们将优先选择这个新的表示方法，因为它允许对城市厂商、居民和农业土地使用者的竞价进行直接比较。

(3) **低竞价曲线代表高利润水平，因此从厂商的观点看更可取**。这一点是显然的，因为利润是在支付了经营成本和土地成本之后的剩余，所以土地价格越低，剩余利润就越高。这意味着在利润为零（$G = 0$）的曲线上方的曲线对应于亏损情况下的经营，因此将被舍弃。厂商不会选择进入一个带来亏损的市场，他也不会在此竞价。

(4) **一般情况下竞价函数是向下倾斜的**。这一点或许可以从通常意义上来理解：作为一种规律，随着距离的增大，经营成本增加，收入下降，所以为保持利润水平不变，竞价必然降低。可以对这个倾斜度（不管其为正还是为负）进行精确表述（推导过程见附录 G 的注释 3）：

$$dp/dt = (V_t - C_V V_t - C_t)/q \qquad (3:14)$$

竞价的变化等于营业量的变化减去经营成本的变化，再除以土地数量，以得到一个单位土地上的数值。由于作为一种规律：

①随着距离的增大，营业量将下降，所以 V_t 为负值；②经营成本将增加，所以变化为正值，但在其前面要加上一个负号；㉕③土地数量必定为正，所以竞价曲线的斜率一定为负值。

55 这个斜率表明土地成本上的节省正好等于营业损失加上经营成本的增加。

因此，简言之，厂商的一族竞价曲线与无差异曲线图极为相像：曲线都是单值的，互不相交，并向右下方倾斜。然而，尽管二者都代表一张偏好图，但在竞价曲线的情形中，偏好是向下方的而不是向上方。㉖ 同样重要的是与农业竞租曲线的比较。两族曲线都具有同样的性质：即使用者的区位无论对应于这些函数中的哪一个，使用者都是无偏好的。正如我们将在第五章中证明的那样，对于一个区位而言，两者可以用同样的方式被用来寻求最高出价者，无论是城市厂商还是农场主。两种竞价函数的不同之处在于，农业曲线族中的每个竞租函数对应于农产品的不同的市场价格，而农场主获取的利润通过“正常利润”保持不变。相反，在城市厂商的竞价曲线图中，每条曲线对应于一个不同的利润水平，而价格（p_z）被假定为要么保持不变，要么像通常的垄断问题那样由厂商来调整。

城市厂商的竞价曲线和农业部门的竞租曲线的另外一个不同

㉕ 表示由销售量的降低所导致的经营成本的间接减小的项 $C_V V_t$ 为负值。当在其前面加一个负号时，其作用便为正。由于营业量的每单位边际变化的边际成本在任何均衡位置都将小于 1，因此（$V_t - C_V V_t$）<0。

㉖ 在第四章，我们将考察两种类型分析中有关坐标轴上的测算这一更为复杂的问题，到时，我们将从居民的无差异图中推导出其竞价曲线图。

之处在于，在农业部门中，个体农场主对于较高或较低的曲线没有偏好，因为他的利润在各处都是“正常的”。曲线的高低取决于对产品的派生需求和生产者进出市场的组合。正如将在下面看到的那样，在城市情形中，曲线高低则通过比较厂商的偏好和他可利用的机会来决定。

还有一个显著的差异是，没有最高的农业竞租曲线或无差异曲线，商品的价格和个人的满足程度没有一个逻辑上必然的上限。与之相反，一个城市厂商的最高竞价函数表明他所赚取的利润为零。较高的竞价曲线在概念上是合理的，但这意味着厂商将要在亏损状态下营业。因此，厂商不会为使用土地而给出这个价格。

第五节　用竞价曲线表示的城市厂商均衡 56

图 3—6 所示的是一个厂商的竞价曲线图。按照我们的表示方法，曲线 BPC_1、BPC_2、BPC_3 分别为 $p_f(t) \llbracket t_i, p_i, p_f(t) \llbracket t_i, p'_i$ 和 $p_f(t) \llbracket t_i, p''_i$。从厂商的观点看，$BPC_1$ 优于 BPC_2，而 BPC_2 又优于 BPC_3。厂商面临的是一个如图 3—7 所示的现存的土地价格结构 $P(t)$。图 3—6 是一张表示厂商偏好的图，而图 3—7 是一张厂商可利用的机会图。图 3—8 同时表示了偏好和机会。厂商将选择价格结构曲线与最低的竞价曲线相交的那一点处的区位。㉗ 在这一点（图 3—8 中的 t_c），厂商的利润最大。㉘

㉗　如果最高的竞价曲线（表示利润为零）在所有点都低于价格结构曲线，则厂商无处可以经营，除非亏损经营，因此，他不会进入市场。

㉘　如果价格结构曲线比竞价曲线更加凹向原点，那么，选择的区位将是终点区位。

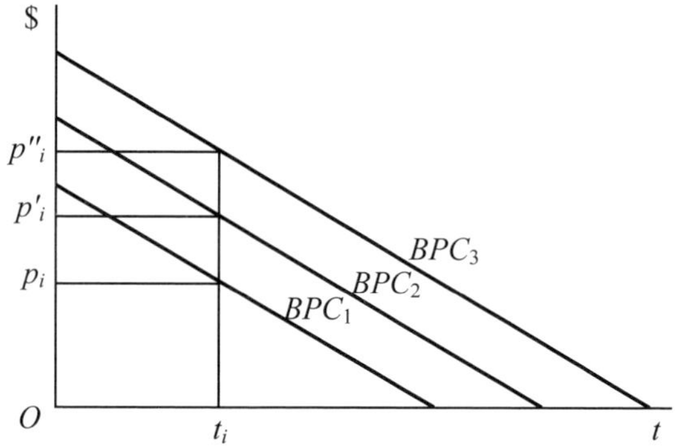

图 3—6　竞价曲线图解

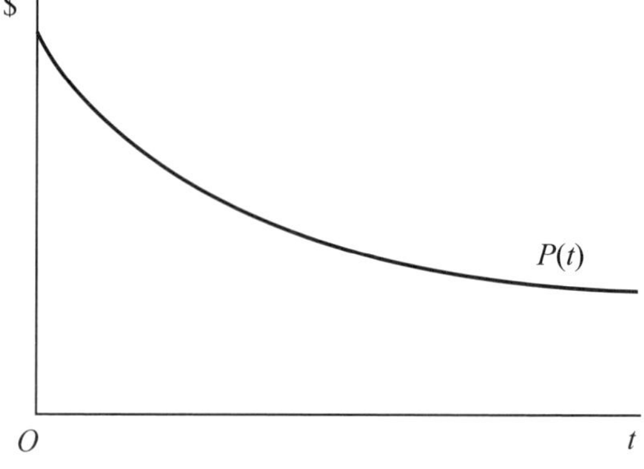

图 3—7　价格结构图解

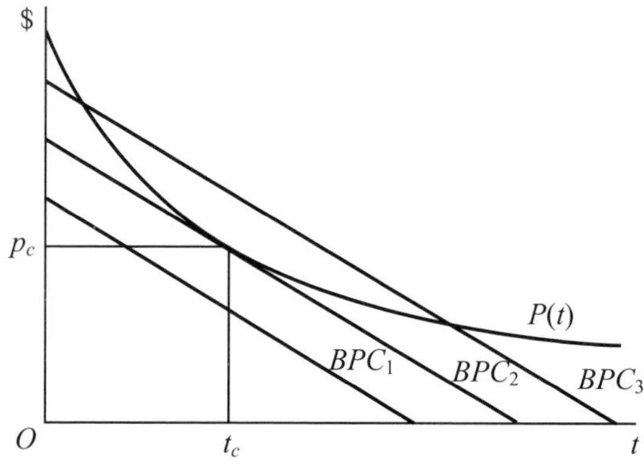

图 3—8　竞价和价格结构图解：厂商均衡

这张图没有告诉我们在这一点处的最优土地数量是多少，但这并不重要。竞价曲线是以这样一种方式定义的，即它考虑了某一价格和区位处的土地数量的最优化。一旦确定了区位和价格，寻求土地数量就成为一个与图3—3相对应的简单问题。这个数值可以从方程(3:1～3:4)求得。或者，正像我们在第四节中找到 57
参数形式$p_f(t)\llbracket G_0$一样，我们同时可以找到在那个利润水平上作为距离函数的最优土地数量的参数形式。

图3—8中，在$P(t)$与BPC_2的交点处，两条曲线相切。如果不是相切，这两条曲线就会相割，因此就会有某条低于BPC_2的竞价曲线与$P(t)$相切，并产生更高的利润水平。换句话说，在那一点处，两条曲线的斜率相等：

$$\frac{d}{dt}p_f(t_c)\llbracket t_c, p_c = \frac{dP(t_c)}{dt}$$

在t_c的左侧，$P(t)$比竞价曲线要陡。由于竞价曲线的斜率 58
是必须用以抵消销售亏损和经营成本增加的土地价格的变动，因而在$P(t)$较陡的地方，土地成本节省大于收入损失和距离增加所造成的经营成本的增加，厂商会通过向更远的地方移动来增加他的利润。反之，在t_c的右侧，竞价曲线比实际价格结构曲线更陡，意味着土地成本节省不足以补偿销售亏损和增加的经营成本。厂商必须向左移动至t_c点，以达到均衡。[29]

㉙　最低的竞价曲线和价格结构曲线在市中心区位相交时，两条曲线并非一定要相切。事实上，由于在那一点的左侧没有曲线延伸，所以它们不能在完全意义上相切。但是，在这一点的右侧，竞价曲线一定比价格结构曲线陡。读者可以通过将图3—8中的原点移到t_c处的方法来使这一情形形象化。

在对厂商均衡的这项分析中，并未增加新的内容。在本章第二节中，我们没有使用竞价曲线就找出了均衡点。在最后两节中，我们用另一种方式引入同样的假定得到了相同的结果。这样做的目的在于获得一种厂商均衡的观点，以便将其作为得到市场均衡的起点。在下一章中，将导出居民消费者的竞价曲线，并利用该竞价曲线找出个人均衡。此后，在第五章中，我们将得到一个市场解。

（李平 译）

第四章　居民的竞价曲线 59

第一节　引言

在本章中，我们将导出单个居民的竞价曲线，并利用它们找到个人均衡。均衡的数学推导非常简洁，但为了使概念更明确，将有一部分内容以图解的方式从无差异曲线图推导出竞价曲线。

居民的竞价曲线是当得到一个恒定的满足水平时，他在各个距离处愿意支付的一组土地价格。这就是说，如果土地价格是以竞价曲线所描述的方式随距离变化，那么此人在区位间将是无偏好的。必须强调三点。第一点，一条竞价曲线对应于一个给定的个人；其他人可能会有不同形状的竞价曲线，正如不同作物的竞租函数不同一样。第二点，一条竞价曲线对应于一个给定的满足水平。因为对于一个人有无数个满足水平，所以对该人而言，将有一族竞价曲线对应于不同的满足水平。第三点需要强调的是，某区位处的竞价与使用该区位处的土地所要支付的实际地租之间并没有必然联系。竞价是假想的，只不过是说，如果地价是这样，那么个人将在一个给定的程度上得到满足。

第二节 用图解法推导竞价

我们来考虑一个人 i 的情形。假定此人由于某种原因而一定
60 位于区位 t_0 处。已知：①土地价格 p_0；[①]②他的收入 y_i；③他的通勤成本 $k(t_0)$；④综合商品 z 的价格 p_z，他的选择将按消费者均衡的传统方式（见第二章）来确定。他在 q 和 z 之间的无差异曲线具有一般的形状，如图 4—1 中的 $I_{i,0}$ 曲线那样，是凸向原点的。[②] 根据第二章中的（2:1）式，他的机会轨迹可表示为：

$$y_i - k(t_0) = p_z z + p_0 q$$

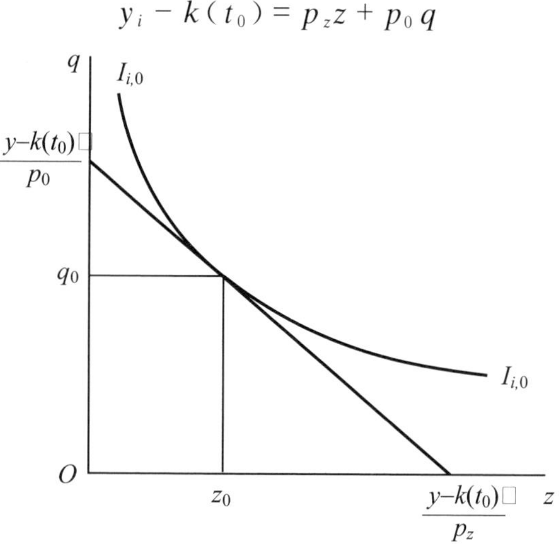

图 4—1 在给定的 t_0 处，q 和 z 之间的机会轨迹和均衡无差异曲线

① 和城市厂商的情形一样，假想的竞价曲线用小写字母 p 表示，而大写字母 P 将用于表示实际交易的价格。

② 为与整个无差异面联系起来，可参见第二章图 2—7 和图 2—10 中 B 平面上的轨迹 $QRST$。

上式又可写为：

$$q=[y_i-k(t_0)]/p_0-(p_z/p_0)z$$

这是一条普通的预算线：一条斜率为 $-p_z/p_0$、q 轴上的截距为 $[y_i-k(t_0)]/p_0$、z 轴上的截距为 $[y_i-k(t_0)]/p_z$ 的直线。[③]

均衡将位于机会轨迹和最高的无差异曲线相切的切点处。q 和 z 在这一点处的组合是个人所有的选择中使其满足度最大的一
种。这就是图 4—1 中的 q_0 和 z_0。当距离已知时，这个问题只不 61
过是第二章第二节中所考虑的问题的一部分。

现在我们有一个问题：在区位 t_m 处，什么样的土地价格 p_m 才能使这个人得到同样多的满足？根据定义，这个价格将使此人位于无差异面上，而 $I_{i,0}$ 是这个无差异面在 t_0 处的一条轨迹（图 4—1）。图 4—2 中的曲线 $I_{i,m}$ 是这个无差异面在 t_m 处的轨迹，因而代表了同一个满足水平。

不管价格 p_m 怎样，个人对于在 q 和 z 之间如何分配其收入都有多种选择。因为从(2:1)式我们得到线性关系式：

$$y_i-k(t_m)=p_zz+p_mq$$

因此，这些选择可用一条呈直线状的机会轨迹来表示。这就产生两个问题：①是否有不止一个满足这一定义的价格 p_m？②怎样才能找到它（它们）？

首先来回答第二个问题。从(2:1)式我们已经看到，机会轨迹
是一条直线。在 z 轴上的截距与 p_m 值无关，并且从(2:1)式可知 62
其值为 $[y_i-k(t_m)]/p_z$。由于个人要通过调整他对 q 和 z 的购

③　为了与整个机会面的轨迹相联系，可参见第二章图 2—2 和图 2—5 中的 *VS* 线。

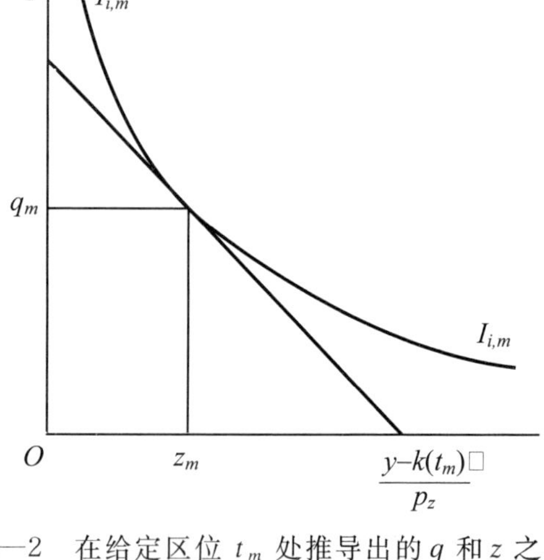

图 4—2　在给定区位 t_m 处推导出的 q 和 z 之间的机会轨迹和均衡无差异曲线

买来使他的满足程度达到最大，并且根据定义，由于他能够达到无差异曲线 $I_{i,m}$ 所代表的满足程度，所以导出的机会轨迹一定和无差异曲线相切。因此，接下来要做的事就是画出所有通过（$q=0$，$z=[y_i-k(t_m)]/p_z$）点并与 $I_{i,m}$ 相切的直线。共有多少条这样的直线？从图 4—2 清楚地看出，只有一条直线满足这些条件（正式说明见附录 H 的注释 1）。

一旦导出了机会轨迹，就可以很容易找出土地价格 p_m。切点的坐标 q_m 和 z_m 是这些商品的均衡数量。将这些数值代入(2:1)式得：

$$y_i = p_z z_m + p_m q_m + k(t_m)$$

由上式可求得 p_m。或者，可以通过用机会轨迹的斜率去除 p_z 来求出 p_m，因为我们已知这个斜率为 $-p_z/p_m$。

这个价格 p_m 是个人 i 关于给定的满足水平在区位 t_m 处的竞价。我们曾用 u_0 表示这个满足水平，并将使用下述表示方法：

$$p_m = p_i(t_m) \llbracket u_0$$

上式右边可以被理解为 i 在区位 t_m 处所出的使他达到满足水平 u_0 的价格 p。但是，由于我们是通过与另一个区位处的价格（t_0 处的 p_0）相比较，并固定了满足水平而得到这个竞价的，因而我们更乐意用下述表达方法：

$$p_m = p_i(t_m) \llbracket t_0, p_0$$

不用满足水平而用上式这样一个参考点的优点在于它使用了一个可测量的数量，而不是依靠主观任意确定的无差异水平。

我们已经得到了 t_m 处的一个竞价，下面的任务是找出对于所有 t 值的竞价。这将使我们得到一个函数 $p_i(t) \llbracket t_0, p_0$，每个 t 值处的竞价都根据相同的参考点确定。这样一个函数可从图 4—3中导出的机会面轨迹来推导出，但需要对过程做一些解释。图 4—3 所示的是完整的无差异面 u_0，$I_{i,0}$ 和 $I_{i,m}$ 是它的一部

分。图 4—1 和图 4—2 中的图形在这儿的 t_0 和 t_m 处再现。在其 63
他每个 t 值处，用和在 t_m 处完全相同的方式都可得到一条机会轨迹曲线。当连续地考虑这些曲线时，就构成了一个机会轨迹面（图 4—3 中的 LO），据此，给定在每个区位处可以花费的钱数 $y_i - k(t)$ 和价格 p_z，消费者就可以在所有区位处达到无差异面 u_0，并且无法再高。这就是说，导出的机会轨迹达到了预算要求，
并在每个 t 值处与 u_0 相切。在每个区位处，LO 面在 q—z 平面 64
上的斜率为 q 的价格和 z 的价格比值：$-p_z/p_i(t)$。④ 因此，用这

④　当竞价曲线的参考点明确后，它可以被省略。因此，$p_i(t)$ 在这里可以代替 $p_i(t) \llbracket t_0, p_0$。

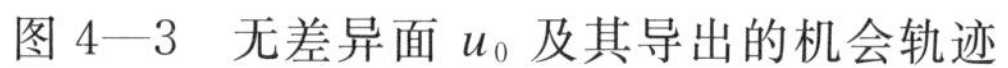

图 4—3　无差异面 u_0 及其导出的机会轨迹

个比值去除常数 p_z 就可得到任一区位处的竞价。

这个导出的机会轨迹是以竞价 $p(t)$为基础的，并被构造成是表示了若干假设条件，在这些条件下，个人在各个区位间将是无偏好的。这不能与此人所面临的实际机会轨迹相混淆。如第二章图 2—5所示，实际的机会轨迹是以真实的市场价格结构 $P(t)$为基础的。鉴于个人的均衡无差异曲线将只在一点处与他的机会轨迹相切，我们可以为此人的无数个无差异面中的每一个都构造一个导出的机会轨迹面，使得每个无差异面在 t 的所有范围内都与它的导出的机会轨迹相切。

观察图 4—3 可以发现，当 t 增加时，LO 面在 $q—z$ 平面上越来越陡。由于 p_z 为常数，所以这表明随着距离的增加，竞价减小。关于这一点有两个几何解释：①无差异面在水平和垂直方向上都是远离 t 轴的（见第二章图 2—6～10）；②当 t 增加时，增大的通勤成本使 LO 面在 z 轴上的截距$[y_i - k(t)]/p_z$ 减小。

后一点——当距离增大时，通勤成本的增加使竞价减小——的意义很容易理解。通勤成本随距离增大，并使个人随意支配的花费在他所中意的商品（q 和 z）上的现金数量 $y_i - k(t)$ 减少。为了补偿，q 的价格必须降低，使土地更便宜些，以使个人在有效收入降低的情况下维持同一满足水平。换句话说，q 的价格必须降低到足以使收入效应弥补通勤成本的增加。

其他因子，如无差异面的形状的作用，从图 4—3 中很难看出。然而其一般意义是明显的：通勤不便的增加需要较便宜的土地来补偿，以使消费者维持相同的满足水平。这种作用可以用一个简化了的例子很清楚地得以说明。

我们来考虑一种简单的情形。在这种情形中，个人用于土地 65
上的现金数量是固定值 R。没有通勤成本，所以不用考虑区位。

$$R = p_i(t)q$$

因为 R 是常数，所以此人在任意区位处对土地的需求曲线是如图 4—4 中 D_i 那样的矩形双曲线。由于没有通勤成本，这条曲线同样不考虑区位，所以我们可以用图 4—5 中的 D_i 面来表示此人在每一区位处对土地的需求。此人的偏好用图 4—6 中的无差

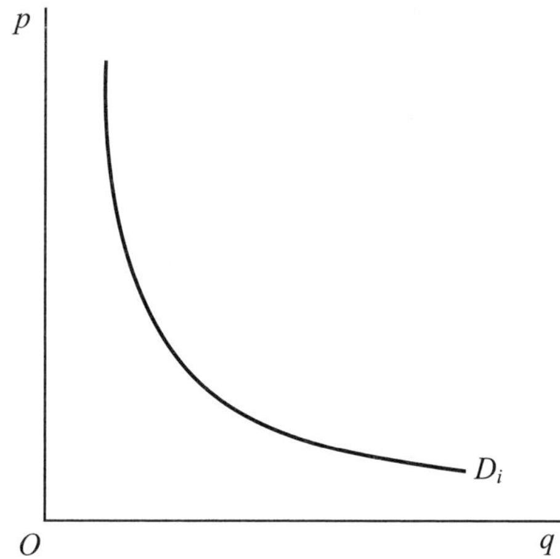

图 4—4　用于土地的花费为常数时，个人对土地的需求

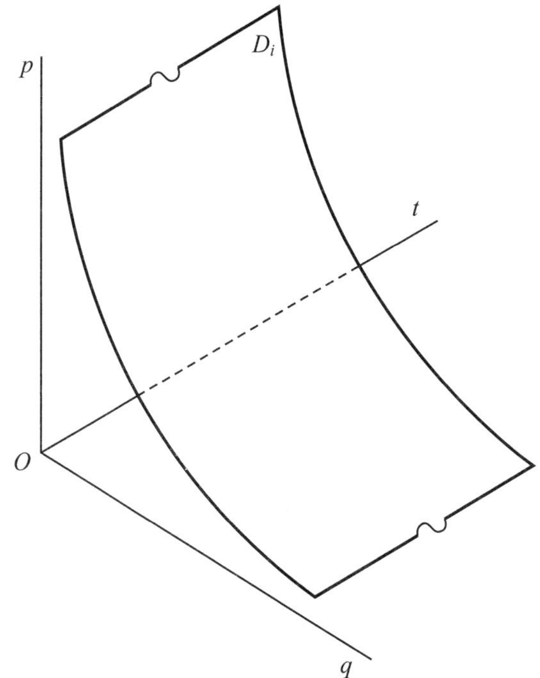

图 4—5　用于土地的花费为常数时，个人的需求曲面

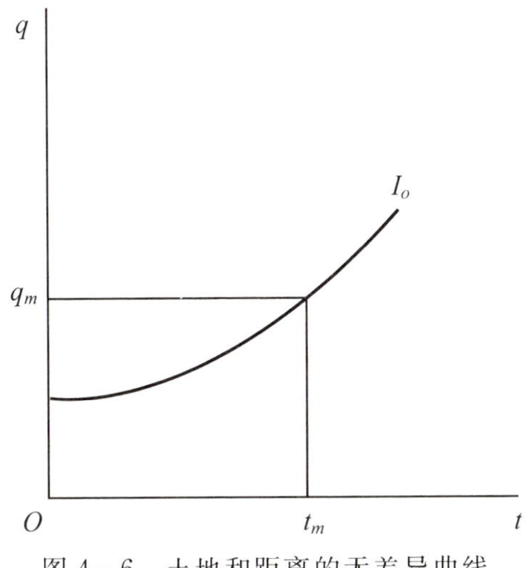

图 4—6 土地和距离的无差异曲线

异曲线 I_0 表示。应该记住，土地和距离间的无差异曲线是向正方向倾斜的。

我们试图找出使此人保持在满足预算条件 $R=p_i(t)q$ 的曲线 I_0 所表示的满足水平上的竞价曲线 $p_i(t)$。这条无差异曲线代表为保持他的满足水平，此人在每一区位处对土地的需求量。作为预算条件的图示的需求面 D_i 告诉我们在什么价格时，此人将购买那么多数量的土地。

这个问题用图解非常简单。在图 4—7 中，绘出了需求面 D_i， 67
并且在 t—q 平面上绘出了无差异曲线 I_0。通过将无差异曲线投影到 D_i 面上，我们得到了一条由点线 ss 表示的轨迹。这条三维曲线 ss 由使得个人保持他的满足水平并达到预算平衡的 q、t 和 p 的组合构成。为了得出在这些条件下价格随距离的变化情况，将曲线 ss 投影到 p—t 平面上。这个投影是 p 关于 t 的函数，并
且这个函数恰好就是竞价 $p_i(t)$。它是个假想的价格结构，从个 68

人 i 的观点看,这个价格结构使得所有的区位都是同等可选择的。应该注意到,斜率为正的无差异曲线在反映出向下倾斜的需求面时,产生了一条斜率为负的竞价曲线。因此,即使不考虑通勤成本,竞价曲线也是向负方向倾斜的。

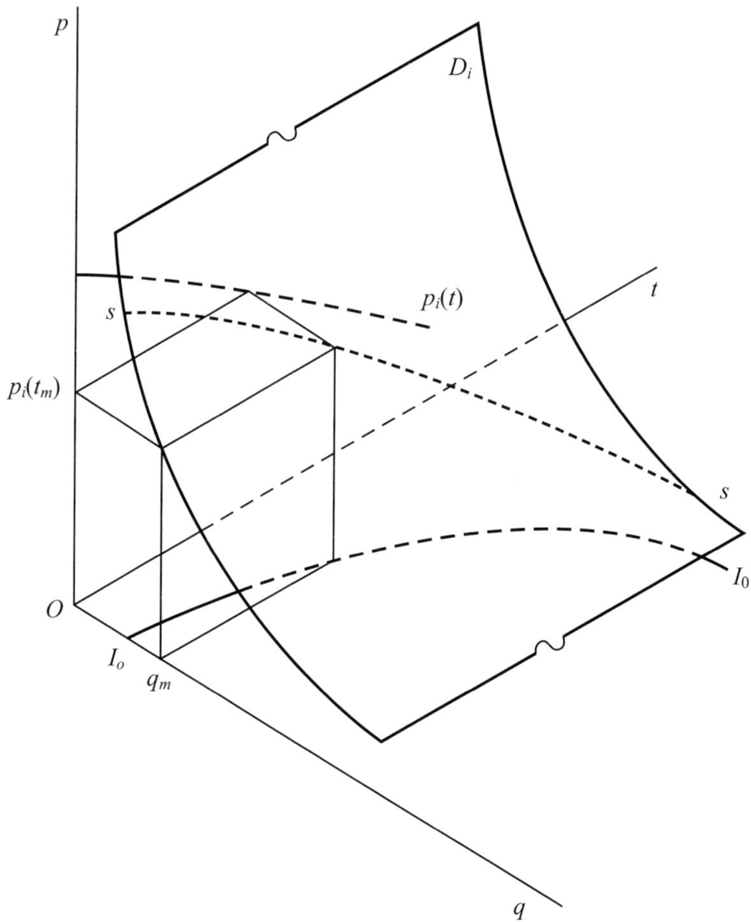

图 4—7 用于土地的花费为常数时,竞价曲线的图形推导

第三节　竞价曲线的数学推导

竞价曲线的数学推导更简洁，精确度更高。我们期望找到个人 i 在区位 t_0 处的竞价 p_0，该区位处的价格 p_0 使此人达到满足水平 u_0，不会更高。假设此人的收入为 y，他的效用函数为 $u(z,q,t)$，通勤函数为 $k(t)$，综合商品的价格为 p_z。

由于满足水平 u_0 和区位 t_0 已知，故效用函数可表示为：

$$u_0 = u(z,q,t_0) \tag{4:1}$$

预算平衡方程为：

$$y = p_z z + p_0 q + k(t_0) \tag{4:2}$$

式中 p_0 为我们在区位 t_0 处期望求出的价格。

此人在区位 t_0 处的土地价格为 p_0 时，可以任意购买使他满足程度最大的 q 和 z 的数量。这些数量间的关系可以从对方程(4:1,4:2)的微分找出。对(4:1)式微分，有：

$$du_0 = 0 = u_z d_z + u_q dq \tag{4:3}$$

对(4:2)式微分时，由于 y、p_0 和 t_0 为常数，故：

$$dy = 0 = p_z d_z + p_0 dq \tag{4:4}$$

从(4:3,4:4)式我们得到：

$$u_q / u_z = p_0 / p_z \tag{4:5}$$

现在我们有三个方程式(4:1,4:2,4:5)，据此可以求出我们的 69
三个未知数(z,q,p_0)。t_0 处的价格 p_0 将是个人 i 在该区位处用满足水平 u_0 作为参考点的竞价：

$$p_0 = p_i(t_0) \mid u_0$$

我们现在期望找出作为距离的函数的竞价。这可以从方程(4:1,4:2,4:5)推导出。现在我们不将距离视为已知的 t_0，而将其当做一个变量 t。在任意区位处的竞价用 $p_i(t)$表示。方程(4:1,4:2,4:5)可以重新写为：

$$u_0 = u = u(z,q,t) \tag{4:6}$$

$$y = p_z z + p_i(t)q + k(t) \tag{4:7}$$

$$u_q/u_z = p_i(t)/p_z \tag{4:8}$$

现在我们有三个联立方程(4:6,4:7,4:8)和四个变量 $z,q,p_i(t),t$。我们可以将这些变量中的一个视为参数，并可以用这个参数表示其他三个变量，以 t 为参数则参数方程 $p_i(t) \llbracket t_0, p_0$ 为竞价函数。

下面是若干需经证明的有关居民竞价曲线的推论：

(1) 竞价曲线是单值的。这就是说，在任何区位，只有一条竞价曲线满足条件(正式证明见附录 H 的注释 2)。

(2) 较低的竞价曲线代表示较高的满足水平。[⑤] 这很容易理解，因为较低的曲线代表较低的土地价格(正式证明见附录 H 的注释 2)。

(3) 同一个人的竞价曲线不会相交(正式证明见附录 H 的注释 3)。由于曲线是单值的，且互不相交，因此曲线上任何一点(p_0，
70 t_0)都可以识别这条曲线。所以我们可用另一种表达方式：

$$p_i(t) \llbracket t_0, p_0 = p_i(t) \llbracket u_0$$

式中 $p_0 = p_i(t_0) \llbracket u_0$。

⑤ 但是，与城市厂商的情形相反，对于居民的竞价曲线族并不存在一个逻辑上必然的最高竞价曲线。越来越高的竞价曲线将产生越来越小的满足程度。但个人必须有一个生存的空间，如果必要的话，他必须适应越来越拥挤的生存环境。

尽管不知道效用函数的形式就无法清楚地表示出竞价曲线的形式，但竞价曲线的斜率可用一定的精度表示出来。竞价曲线由上面的(4:6,4:7,4:8)式所定义。为求出竞价曲线的斜率必须利用(4:6,4:7)两式：

$$u_0 = u(z,q,t) \tag{4:6}$$

$$y = p_z z + p_i(t)q + k(t) \tag{4:7}$$

对上两式微分，我们得到：

$$du_0 = 0 = u_z dz + u_q dq + u_t dt$$

$$dy = 0 = p_z dz + p_i(t)dq + q[dp_i(t)/dt]dt + [dk/dt]dt$$

令 q 为常数，从而有 $dq=0$，上两式可重新写为：

$$-dz/dt = u_t/u_z$$

$$-dz/dt = [qdp_i(t)/dt + dk/dt]/p_z$$

合并两式，有：

$$u_t/u_z = [qdp_i(t)/dt + dk/dt]/p_z \tag{4:9}$$

可以证明方程(4:9)中的竞价曲线的斜率 dp_i/dt[⑥] 为负值。距离有一个边际负效用，因此 u_t 为负值。价格和 z 的边际效用均为正值，所以方程两边一定为负值。但是，在方程右边，土地数量 q 和通勤的边际成本 dk/dt 都为正，因此 dp_i/dt 一定为负值，并且竞价一定随着与市中心距离的增大而降低。

为清楚地看出是什么原因导致价格降低，我们将(4:9)式改 71
写为：

---

⑥ 为了简洁，我们使用 dp_i/dt，而不用 $dp_i(t)/dt$，或是更完整的表达 $\frac{d}{dt}p_i(t)[\![t_0 p_0$。

$$\frac{dp_i}{dt}=\frac{p_z}{q}\frac{u_t}{u_z}-\frac{1}{q}\frac{dk}{dt} \qquad (4:10)$$

上式中右边各项均为负，所以它们共同决定了竞价曲线斜率为负。第一项为负是因为距离的负效用；第二项则表示通勤成本。这与我们用图解方式得到的结论相同，即偏好和通勤成本都有助于说明价格随距离增大而减小。即使没有通勤成本$\left(\frac{dk}{dt}=0\right)$，距离的负效用（$u_t<0$）也会导致竞价曲线的斜率为负。

(4:9)式是一个边际替代率方程。左边的边际效用比是定义的边际替代率。右边为边际成本之比，其分母是 z 的价格或边际成本，分子是向远离城市中心方向移动的边际成本。由于向外侧移动产生负效用，为使竞价曲线保持在一个给定的满足水平上，边际成本实际上应该是一种节省，这种节省存在于土地成本之中，因为通勤成本是增加的。移动（区位改变）的边际成本等于土地数量乘以土地价格的变化加上通勤成本的增加。这样，竞价就被确定，使得较便宜的土地的收入效应抵消通勤成本对收入的降低效应，并允许消费者在与市中心的距离增加时，通过用土地和综合商品替代可达性来保持一定的满足水平。

第四节　用竞价曲线表示的个人均衡

竞价曲线的概念之所以有用，在于它能够在将无差异曲线方法和对土地价格的直接考虑结合起来的情况下，得到一个个人均衡解。竞价曲线是土地价格和距离的一系列组合，而个人在这些
72 距离间是无偏好的。这不同于没有考虑价格而描述个人在其间无

偏好的商品之组合的无差异曲线。通过将无差异图和预算平衡约束相结合，我们得到了这个混合体，在这个混合体中，我们描述了一种商品（通达性，或更确切地说是负商品——距离）和另一种商品（土地）的价格之间的无差异状况。其他商品数量间的关系，它们的价格以及个人收入都隐含在这条曲线中。我们已经完成的事情是在效用、土地、距离、综合商品和现金五方面解决了一个问题，并且这个问题是以其中的两方面——距离和土地成本——这一概括形式提出来的（也可以说是三方面，如果我们把竞价曲线族的次序看做是来自效用这一隐含方面的反映）。

或许可以用和一般消费者均衡问题中的无差异曲线图上的预算线的迭加这样一个相同的方式找到个人均衡。竞价曲线代表了给定的无差异水平，与无差异曲线不同的是，较低而不是较高的竞价曲线代表更高的效用。个人面对的实际价格结构是一条机会轨迹，等同于一般问题中的预算线，二者都是面向个人的选择图式。个人将选择效用最大点为他的轨迹机会点。在这个情形中，这一点将是价格结构与最低竞价曲线相切之点。这个方法与第三章中确定厂商均衡所用的方法相同（如果需要用图解来理解这一论点，参见第三章中的图3—8）。为了将一族竞价曲线与价格结构结合起来并确定均衡点，没有必要知道这族竞价曲线是居民的还是厂商的。在两种情形中，均衡点都是价格结构与最低一条竞价曲线的相切点。

在第三章中，证明了在均衡点价格结构和竞价曲线一定相切。⑦

⑦　如果它们不相切，就必定相交；如果它们相交，价格结构就将与某条较低的竞价曲线相切。

当然，这对居民的情形也成立，但考察这种情况的数学表达式将对我们有所启发。从第二章中知道，在达到均衡时，与市中心的距离
73 和综合商品之间的个人的边际替代率等于它们的边际成本之比：

$$u_t/u_z = (qdP/dt + dk/dt)/p_z \quad \text{（在均衡点）} \quad (2{:}15)$$

在本章中，已经证明了竞价曲线的斜率由下式给出：

$$u_t/u_z = (qdp_i/dt + dk/dt)/p_z \quad \text{（在任意点）} \quad (4{:}9)$$

比较上两式可知，在均衡点 $dP/dt = dp_i/dt$，即两条曲线相切。

在均衡点的左侧或右侧，两条曲线是相互偏离的。这不仅仅只是几何上的必然性，而且有着明确的经济意义。在左侧，价格结构比竞价曲线陡，即 $dP/dt < dp_i/dt$，因此 $u_t/u_z > (qdP/dt + dk/dt)/p_z$。⑧ 这就是说，距离城市中心较近的地方，边际替代率大于边际成本的比值，个人可以通过向外移向较便宜的土地来增加他的满足程度。相反，从均衡点向外，竞价曲线比实际价格陡，即 $dP/dt > dp_i/dt$，因此 $u_t/u_z < (qdP/dt + dk/dt)/p_z$。这就是说，边际替代率小于边际成本的比值，个人将通过向市中心移动以减小通勤成本和交通不便从而增加他的满足程度。

第五节　居民、城市厂商的竞价曲线和农业竞租曲线：相似性和差异性

在本章和第三章中，有相当多的内容用于推导具有农业竞租

⑧ 在考虑不等式的方向时，应该记住我们讨论的是负值。

曲线特点的城市厂商和居民的竞价曲线。对于包括三种土地利用类型的土地市场,我们已经得出了一种解的方法。这些曲线的相关特点在表 4—1 中概括出来。

表 4—1　表示方法、变量的重要性以及农业、城市厂商和居民调整的市场机制的比较 74

土地利用	表示方法		曲线中的变量			调整机制		
	特殊表示方法 (1)	一般表示方法 (2)	商品价格 (3)	利润 (4)	效用 (5)	进入—退出 (6)	曲线间的偏好 (7)	沿曲线的偏好 (8)
农业	$p_{ag}(t)$⟦P_c	$p_{ag}(t)$⟦t_0, p_0	变量	常数	不适用	无限	无	无
城市厂商	$p_f(t)$⟦G_0	$p_f(t)$⟦t_0, p_0	常数	变量	不适用	有限	较低的曲线	无
居民	$p_i(t)$⟦u_0	$p_i(t)$⟦t_0, p_0	不适用	不适用	变量	无	较低的曲线	无

在第(1)列中列出了可以说明每种竞价或竞租类型的表示方
法。农业竞租可以由市场上农产品的价格 P_c 来确定。对于城市 75
厂商,给定的竞价曲线可以用利润水平 G_0 来确定;对于居民,则可用满足水平 u_0 确定。但是在所有三种情形中,曲线都是单值且互不相交的。因此,如第(2)列中表示的那样,在每种情形中,一条特定的曲线可以用曲线上的任意点(t_0, p_0)作为参考点来表示。第(3)、(4)、(5)列表明了在每种土地利用形式的曲线族内,从一条曲线到另一条曲线,哪些量变化,哪些量保持不变。应该注意到,在每种情形中,第(1)列的表示方法中的参考点都是变量。利用第(2)列的表示方法中共同的参考点,可以达到对这些变量进行比较的目的。

第(6)、(7)、(8)列表明了一种机制,通过这种机制,厂商(城市的或农业的)和个人均衡与市场均衡协调起来。尽管完整的含义要到第五章才给予解释,但这些内容在上面都已提到。在农业的情形中,农产品价格的变化将导致相应的竞租函数的变化,并且总的市场数量的调整将通过市场中农业企业主的不断进出来起作用。但是,就竞租曲线的整个范围而言,由于农业利润是在"正常"之上保持不变,所以农场主在曲线间是无偏好的。另一方面,在我们的城市市场模型中,我们假定城市人口是已知的,因而对市场均衡而言,居民消费者的进或出将不是变量。调整将通过个人对给予他较大满足的较低曲线的偏好来完成。城市厂商的情形是介于二者之间的。我们考虑一个给定的厂商数量,不管这个数量有多大。如果经营活动不能获得利润,厂商将不会进入市场。也就是说,在位于零利润竞价曲线之下时,除非能成功地竞得土地,否则他们是不会进入市场的。因此,在城市厂商的情形中,市场中的进出是有限的。正像在居民消费者的情形中一样,市场均衡和个体均衡将通过厂商对使其实现更大利润的较低竞价曲线的偏好来达到一致。第(8)列仅仅表明,所有情形——农场主、居民和城市厂商——沿着给定的竞价或竞租曲线都是无偏好的。

(李平 译)

第五章　市场均衡 76

第一节　引言

本章将提出关于城市及其周围农村的土地市场的均衡解。居民、城市厂商以及农业所需场地的区位和面积将根据竞价曲线和竞租曲线来确定。

土地市场的均衡要求与任何其他商品市场的要求相类似。在均衡情况下，供给与需求的数量以及价格必然相等。然而，土地市场中却相当于有两种商品（土地和距离），但仅有一种交易和一种价格（土地价格）；因此，供给与需求数量及价格的简单平衡就变得复杂多了。

先研究价格关系。每一个土地使用人，不论是居民、城市厂商还是农场主，都由其最低竞价曲线①在与价格结构曲线相切时出现的切点来决定其区位。这样，每一个土地使用者至少有一条竞价曲线与价格结构曲线相交。另一方面，没有均衡的竞价曲线能

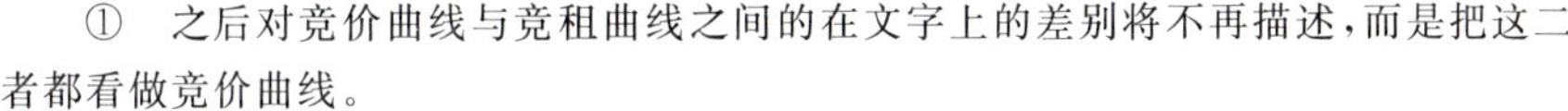

①　之后对竞价曲线与竞租曲线之间的在文字上的差别将不再描述，而是把这二者都看做竞价曲线。

够超过价格结构曲线。否则，该均衡竞价曲线就会是较低的那条。[②] 所以，价格结构曲线就是土地使用者们均衡竞价曲线的最小上界。正如其名称所隐含的，均衡竞价曲线即需求价格，而其包络线——价格结构曲线则是供给价格。对土地市场而言，供给价格和需求价格的平衡包含两个部分：①价格结构曲线一定是众多
77 土地使用人的均衡竞价曲线的包络线；②从个人的市场均衡条件来看，每一个土地使用者的均衡竞价曲线必然在一个或多个点与价格结构曲线相交。

对处于均衡状态的市场来讲，必要的条件是供给量与需求量相等，并且市场要结清。这也就是说，在聚落范围内的所有土地必须被出售，并且在给定的距离内不会有更多的土地可用，也不会有更多的土地被出售。第二条是为了达到一致性的逻辑要求，显然，不存在、也不会出售更多的商品（在给定区位的土地上）。这一聚落范围内的土地均被出售的必要条件源于：在市场信息完全对称和不存在投机的假设条件下，每一个地主都期望使他的收益实现最大化；而对地主来讲，城市范围内未出售的土地并不能产生收益，既然该地块在城市内，故它优于城市边缘的土地，因此必然不是零地价。由此，把该土地出售后，地主可以获得一定的收益。供给量与需求量相等这一要求可以概括成：①紧凑；②无重叠。

当这些价格和数量条件得到满足时，就可达到市场均衡。用

② 从均衡竞价曲线的定义来看，该条曲线就是使用人的曲线族在与价格结构曲线相交时所出现的最低的曲线。

另外的方式也可达到市场均衡，条件如下：①没有土地使用者能够通过改变区位或购买土地来增加他的利润或效用；②没有地主能够通过改变土地价格来增加其收益。

以下提出的解法非常类似于对农业土地市场求解时所采用的方法。但是也存在一些差异，在此的分析过程更为复杂，并且有必要作详细的解释。我们将从某些类似于简单博弈的问题开始，从其中把对均衡数量的考虑抽象掉，即从问题本身出发研究各种价格之间的关系。然后把这种类型的解一般化，并且重新引入关于数量的考虑，从而得到一个完全解。

第二节　简单博弈解[3]

我们将从简单的四人博弈开始分析。在任意两个区位 t_1 和 78
t_2 都存在无限的土地供给，其中 t_2 是较远的区位。这两个区位的土地分别为地主 L_1 和 L_2 所拥有。两个地主都竭力使土地价格最大化[4]，但相互之间并不通气。他们将把土地拍卖给另外两个人，一个是城市居民 i，他想使他的满足最大化；另一个是农场主 ag，农场主愿意支付两个区位中的任意一处的价格为 p_{ag}。这两个区位

③　尽管所采用的术语相同，但这里不采用规范的博弈理论的方式提出这些问题。

④　要求地主力图使价格最大化而不是收益最大化，并且假设在每一区位存在无限的土地供给。在这里都是为了避免考虑土地数量而进行的简化。本章总结部分提出的完整解法将用这样的一种方式决定本模型中的距离和数量，即使得地主的目标不管是实现最大价格还是最大收益，都是相同的。

的任意一个都可以为农场主或城市居民所占用，但不能为二者同时占用。此处的博弈解包括 i 和 ag 的区位以及在每一区位的价格。请参考图 5—1。

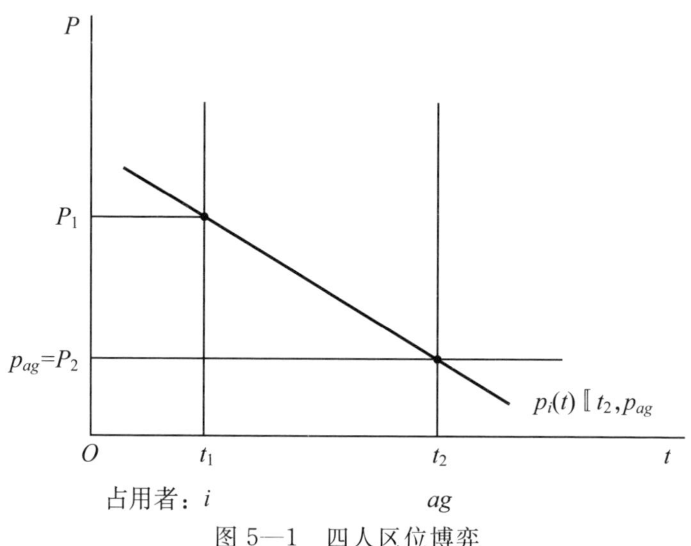

图 5—1　四人区位博弈

显然，i 位于 t_1，ag 位于 t_2。既然农场主对这两个区位的任一区位愿意支付价格 p_{ag}，那么为了得到一个居住地，i 必须参与竞价并至少支付这个价格。但由于个人偏好于区位更近的 t_1，故他总是会在竞价过程中对 t_1 给出比 t_2 更高的价格。由此产生的结果是：i 选择 t_2 这样的解就不可能产生。因为倘若 i 选择 t_2，他就必须至少支付价格 p_{ag}，而此时他愿意为 t_1 支付的价格会更高；
79 反观农场主，他愿意为 t_1 支付的价格仍然仅为 p_{ag}。并且，在这样的情形中，不仅 i 没有使他的满足达到最大（他能够在竞价过程中通过对 t_1 给出稍高的价格来增加满足度），而且 L_1 也没有使他的出让价格达到最大。

既然如此，我们就知道了 i 将位于 t_1 而 ag 将位于 t_2，对 L_2 所支付的价格为 p_{ag}。但仍有一个问题未解决：i 对 L_1 所支付的价格 P_1 是多少？我们可以先确定 P_1 的范围。在 t_1 的价格 P_1 必须至少等于 p_{ag}，使得 $P_1 \geqslant p_{ag}$。另一方面，在 t_1 时，i 不会支付高于以（t_2，p_{ag}）为参考点的价格 $p_i(t_1)\llbracket t_2, p_{ag}$。因为倘若 P_1 高于这个价格，个人就会通过选择区位 t_2、支付等于或稍高于 p_{ag} 的价格来增加满足度。因此，P_1 为：

$$p_{ag} \leqslant P_1 \leqslant p_i(t_1)\llbracket t_2, p_{ag}$$

考虑到 i 和 L_1 讨价还价的状况，我们可以把这个范围简化为一个等式。根据竞价曲线的定义，只要 i 在这个范围内出价，他就能在 t_1 得到与在 t_2 处（以 p_{ag} 的价格）等同或更大的满足。所以，L_1 能够索要这个范围内的任何价格而不必担心高额租户会被 L_2 抢走。由于 L_1 要使价格最大化，所以他将选择这一范围的端点值，因此可以说：

$$P_1 = p_i(t_1)\llbracket t_2, p_{ag}$$

这样就完成了求解过程。⑤

如果博弈扩大到包含更多参与人的范围，我们也可以找到一个非常相似的解法。考虑两个附加的区位 t_3 和 t_4，分别为地主 L_3 和 L_4 所拥有，如图 5—2 所示。再考虑一个城市厂商 f，并给农场主一个倾斜的竞租函数 $p_{ag}(t)$，该函数由市场上农产品的价

---

⑤　或许我们可以认为 i 会通过各种手段以便给出较低的价格。然而，由于我们假设市场上的所有参与者都对市场信息完全了解，因此，这些手段都不会达到出价较低的目的。并且 L_1 也将提出价格要求，并一直到最大值，从而，理论上讲，除此之外，i 没有任何更满意的选择。

格所决定。农产品的价格使农场主在支付生产和运输成本后无力再对 t_4 支付任何地租，即 $p_{ag}(t_4)=0$。

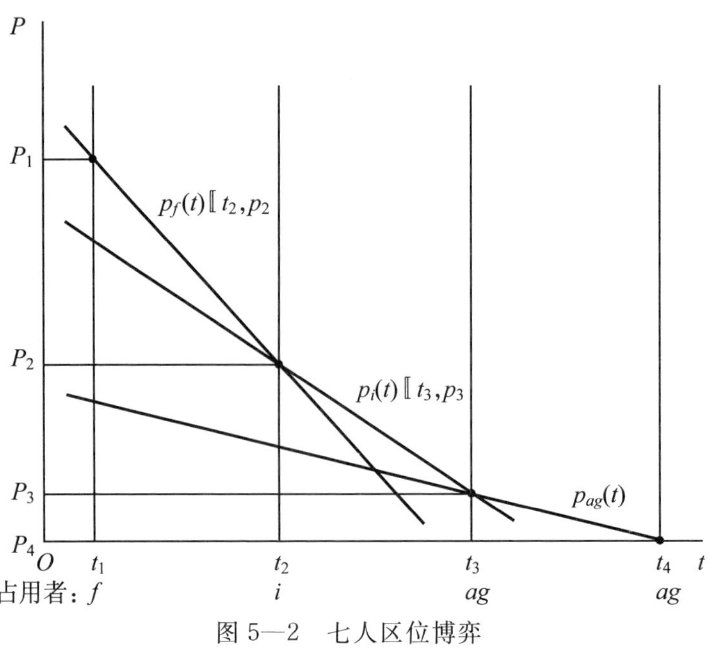

图 5—2　七人区位博弈

请读者考察图 5—2 所给出的直观的解，而不要过度关注该解的复杂的文字表达。农场主已经选择区位 t_3 和 t_4，支付价格分
80 别为 $p_{ag}(t_3)$和 $p_{ag}(t_4)=0$。⑥ 个人 i 居住在 t_2，所支付的价格为 P_2，由在 t_3 的价格 $P_3=p_{ag}(t_3)$所决定。i 的竞价曲线经过(t_3，P_3)，由此也决定了这个关系，即 $P_2=p_i(t_2)$⟦ t_3，P_3。厂商 f 位于 t_1，支付的价格为 P_1，该价格由其经过(t_2，P_2)的竞价曲线决定，即：

⑥　农场主是否在 t_4 生产无关紧要。两种情形中的地租都将等于零。

$$P_1 = p_f(t_1)\llbracket t_2, P_2$$ ⑦

我们已经满足了供给价格与需求价格相等的要求。根据这个要求：①在价格结构被定义为(P_1, P_2, P_3, P_4)的每一个区位(t_1, t_2, t_3, t_4)上，该价格是土地消费者之均衡竞价曲线(p_{ag}, p_i, p_f)的最小上界；②每一条竞价曲线至少与价格结构有一个交点。

换一种方式来说，没有消费者会因转移到其他区位而引出一条较低的竞价曲线（增加其利润或满足度），并且没有地主能够增加价格且不会失去其顾客。⑧ 应该注意到这个价格结构$(P_1, P_2,$ 81
$P_3, P_4)$是不连续的，但它能够满足均衡要求。

要从这些简单博弈的市场解中把握的要点是：采用土地使用者的竞价曲线，任一区位的价格都与其他区位的价格相关联。某使用者对其均衡区位所支付的价格等于其相邻首选区位之价格所确定的竞价曲线上该区位的值。更为规范地表达，当个人 i 的相邻首选区位为 t_j，价格为 p_j 时，他对自己的均衡区位 t_i 所支付的价格将是：

$$P_i = p_i(t_i)\llbracket t_j, P_j$$

如果该值较大，个人 i 就会移到 t_j 处；如果该值较小，t_i 处的地主就不能完全实现其区位优势带来的收益。均衡区位的价格与作为参照区位的价格之间的差值就是自李嘉图（Ricardo）以来的经济学家所认同的位置或区位级差地租。⑨ 被当做参照的价格和

⑦　可能有一个例外，但并不影响我们的讨论。见附录Ⅰ的注释①。

⑧　如果 t_1 处的价格 P_1 增加，f 就移到 t_2；如果 P_2 增加，i 就移到 t_3；如果 P_3 和 P_4 增加，农场主就停止在该区位经营。

⑨　见附录Ⅰ中注释②关于频繁出现在经济学文献中的几个概念——经济地租、机会成本、区位级差地租的分析。

区位被称为边际价格和边际区位，或边际价格—区位。

使用者对其均衡区位所支付的价格由通过其边际价格—区位的竞价曲线来决定。但这个使用者的边际价格—区位将是另外一个使用者的均衡价格—区位。这样，完整的价格结构将由一串均衡和边际价格—区位对组成，每一对的两个点位于同一使用者的均衡竞价曲线之内。如果我们知道了每一使用者的区位以及边际区位，只要知道任一区位的价格（例如在城市边缘处农业土地的价格，或作为一个整体的经济边缘的价格——零），我们就能够从这些使用者的竞价映射形成环环相扣的价格结构。可以想象，我们可以尝试给出土地使用者与区位的所有可能的排列，考察哪个排列能满足均衡条件。但是排列的个数以土地使用者数目阶乘的平方形式上升，问题将迅速变得难以应付。然而，我们却可以通过这样的方法来找到土地使用者的区位，即考察土地使用者的竞价映
82 射，同时，我们也可能对边际和均衡价格—区位空间关系作一般化概括。下一节将会找出这样的方法和这一一般化的概括。

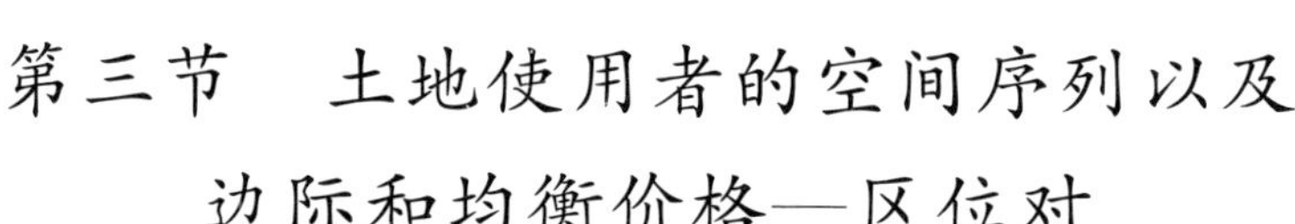

第三节　土地使用者的空间序列以及边际和均衡价格—区位对

在本节中，我们希望找到建立包括所有土地使用者在内的一系列边际和均衡价格—区位对的方法。由于此方法很繁琐，故提前给出结论会有利于读者的理解。结论主要为：

（1）一般来说，土地使用者的竞价曲线越陡峭，其区位就越接近城市中心；

(2) 一般来讲，某一土地使用者的边际价格—区位是其背后（从中心向外）紧接着的使用者的均衡价格—区位；反过来讲，某一使用者的均衡价格等于他前面紧接着的使用者对该区位的竞价（边际价格）。

这些结论是以形状规范的曲线为基础的，非常不规则的曲线需要在本解法中进行调整。

对这些结论更人性化的解释也有助于读者的理解。需要考虑的是，对居民消费而言，竞价曲线的倾斜度由无差异曲面的形状和边际通勤成本来决定（图 4—5）。无差异曲面的形状代表了个人的偏好。这个曲面向上移动和离开 t 轴越快，个人就会对通勤所带来的不便要求更多的补偿，其竞价曲线会变得更为陡峭。如此一来，可以认为竞价曲线的倾斜度能够表征个人为了避免通勤而试图在多大程度上接近市中心。并且，我们可以从中得出这样的结论，即对中心区位的土地而言，其竞价曲线更为陡峭的土地使用者会比竞价曲线较为平缓的土地使用者给出的更高的价格，从而会对中心区位的土地更有竞争力。

对厂商的竞价曲线的倾斜程度的说明是类似的（参见第三章的等式 3:14）。该倾斜度由随着与中心距离的增加而分别下降和上升的营业额和成本的比率所决定（不考虑分母所表示的场地面积）。随着远离中心区位，营业额迅速下降而成本迅速上升的厂商 83
对中心区位的竞价更为积极。

1. 空间序列和竞价曲线斜率

本部分中我们将对具有较大斜率竞价曲线的土地使用者的区

位更接近中心的原因作一说明。

考察位于均衡区位 t_i 的个人 i，他所支付的价格为 P_i（图 5—3）。其均衡竞价曲线为 $p_i(t) \llbracket t_i, P_i$，为了简单起见将其记做 $p_i(t)$，同时考察另外一个个人 j，其均衡区位在更远处的 t_j（即 $t_i < t_j$），其价格为 P_j，均衡竞价曲线是 $p_j(t) \llbracket t_j, P_j$，简记做 $p_j(t)$。

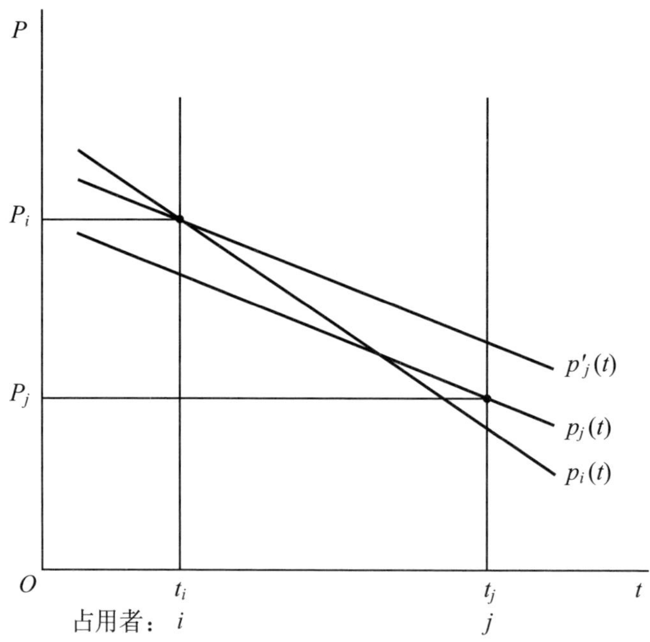

图 5—3　图解证明竞价曲线的斜率与区位向心性的关系

由于这两个人均处于均衡状态中，故他们的均衡竞价曲线无论如何都不可能在价格结构曲线上方。因此可以说：

$$p_i(t_j) \leqslant P_j \tag{5:1}$$

$$p_j(t_i) \leqslant P_i \tag{5:2}$$

84 根据定义，在均衡区位，均衡竞价与实际价格相等：

$$p_i(t_i) = P_i \tag{5:3}$$

$$p_j(t_j) = P_j \tag{5:4}$$

从不等式(5:1)减去等式(5:3),从等式(5:4)减去不等式(5:2),得到:

$$p_i(t_j) - p_i(t_i) \leqslant P_j - P_i \tag{5:5}$$

$$p_j(t_j) - p_j(t_i) \geqslant P_j - P_i \tag{5:6}$$

这两个不等式(5:5,5:6)的右边是相同的,不等号相反,因此,我们得到:

$$p_i(t_j) - p_i(t_i) \leqslant p_j(t_j) - p_j(t_i) \tag{5:7}$$

由于竞价曲线反向倾斜,并且 t_j 为更远的距离,故 $p_i(t_i) > p_i(t_j)$和 $p_j(t_i) > p_j(t_j)$必然成立。结果是不等式(5:7)的两边均为负数。此不等式说明,较接近市中心的个人 i 的竞价从 t_i 到 t_j 的降幅大于或等于较远的个人 j 的降幅。

为了获得竞价曲线平均坡度之间的关系,我们用不等式(5:7)中的价格差除以距离间隔 $t_j - t_i$,从而有:

$$[p_i(t_j) - p_i(t_i)]/(t_j - t_i) \leqslant [p_j(t_j) - p_j(t_i)]/(t_j - t_i)$$

现在,这一不等式的左边是 $p_i(t)$的平均坡度,右边是 $p_j(t)$的平均坡度。⑩ 此不等式说明,在距离间隔内,从平均状况来看,较接近中心的个人均衡竞价曲线的坡度至少不比与中心距离较远的个人的曲线的坡度小。⑪

⑩　注意,当$(t_j - t_i) \to 0$ 时,此不等式的极限为 $dp_i/dt \leqslant dp_j/dt$。

⑪　j 穿过 i 的均衡价格—区位的竞价曲线也没有 i 的均衡竞价曲线陡峭。i 穿过 j 的均衡价格—区位的竞价曲线比 j 的均衡曲线更陡峭。关于规范证明请参看附录 I 的注释③。

请注意，刚才所证明的只适用于平均斜率，并没有证明该竞价曲线在每一点都更陡峭。也请注意这并不意味着价格结构曲线必须凸向中心（即必须是在中心附近斜率更大）。如果各类使用者的
85 竞价曲线为凹向中心的，则尽管中心附近的斜率很小，但价格结构曲线也许是凹向中心的。

2. 斜率排列顺序不变的竞价曲线的边际和均衡价格—区位对

通过本部分，我们可以看到，任何一个土地使用者的边际价格—区位将是他背后紧邻的个人的均衡区位。这里将只对每一点的斜率排列顺序不变的一组曲线证明这个关系。这也就是说，这些曲线必须满足如下的条件：即如果考虑在任何价格及区位的使用者 h、i、j 的竞价曲线的倾斜度，都会有这样的关系——h 的曲线斜率比 i 的大，i 的曲线斜率比 j 的大（即 $dp_h/dt < dp_i/dt < dp_j/dt$）。我们将在本章的第五节中分析不具有此类排列顺序的曲线。

在此，我们利用反证法进行证明。假设个人 h 的边际价格—区位不是其背后紧邻 i 的均衡价格—区位 t_i、P_i，而是距离更远的 t_j、P_j，距离关系就表达为：

$$t_h < t_i < t_j \tag{5:8}$$

刚刚已经证明了位于更接近中心的土地使用者的竞价曲线倾斜度更大。我们现在正以竞价曲线在倾斜度上具有不变的排列顺序为假设前提，所以在每一点上有：

$$dp_h/dt < dp_i/dt < dp_j/dt \tag{5:9}$$

我们提出，个人 h 在均衡价格—区位 t_h、P_h 时对应地有一个边际价格—区位 t_j、P_j。根据定义，土地使用者的边际和均衡价格—区位都在均衡竞价曲线上。故：

$$P_j = p_h(t_j) \llbracket t_h, P_h \qquad (5:10)$$

另一方面，我们说价格为 P_i 的中间区位 t_i 不是边际的，因此：

$$P_i > p_h(t_i) \llbracket t_h, P_h \qquad (5:11)$$

然而，现在考虑 i 的竞价曲线 $p_i(t) \llbracket t_i, P_i$，该曲线经过 i 的均衡价格—区位点。从不等式(5:9)来看，这一曲线比 h 的均衡曲线的斜率小，而从不等式(5:11)来看，该曲线在 t_i 处位于 h 的均衡竞价曲线之上，所以下式成立： 86

$$p_i(t_j) \llbracket t_i, P_i > P_j \qquad (5:12)$$

但是，倘若不等式(5:12)成立，那么，该价格结构曲线就不是这些均衡竞价曲线的上界，并且市场不处于均衡状态。因此，在竞价曲线按斜率排列的顺序不变时，h 的边际价格—区位必定是其均衡价格—区位背后紧接的区位。

我们已经假设了边际价格—区位一定位于均衡区位之后并且是自市中心向外的方向上，而且已经证明了如果它位于该背后方向上，则必然是毗邻的。如果假定它是在朝向中心的前方，就可以用类似的论据证明边际价格—区位一定在正面毗邻。因此，尽管我们很清楚边际区位与均衡区位是相邻的，但其位置到底是在前面还是在背面，尚不清楚。接下来通过图 5—4 和图 5—5 来分析这两种可能性。

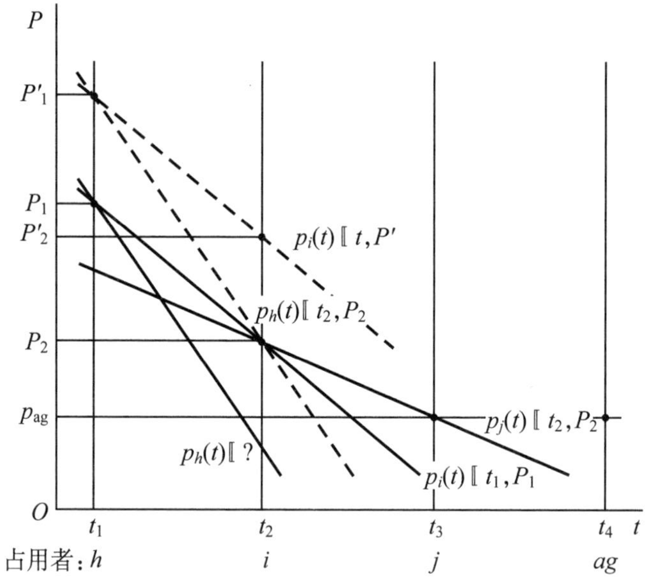

P
P′1
P1
P′2
P2
pag
O
pi(t)⟦ t,P′
ph(t)⟦ t2,P2
pj(t)⟦ t2,P2
ph(t)⟦ ?
pi(t)⟦ t1,P1
t1
t2
t3
t4
t
占用者：h
i
j
ag

图 5—4　以前面的边际价格—区位为基础的价格结构的不稳定性

P
P1
P2
P3
pag
O
ph(t)⟦ t2,P2
pi(t)⟦ t3,P3
pj(t)⟦ t4,pag
t1
t2
t3
t4
t
占用者：h
i
j
ag

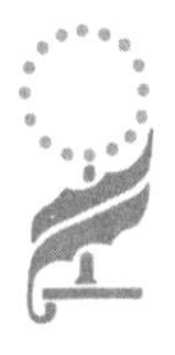

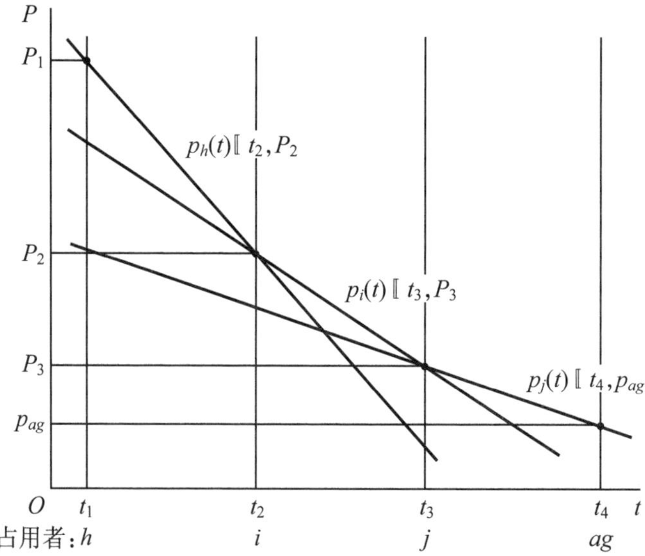

图 5—5　以背面的边际价格—区位为基础的稳定价格结构

为了简单起见，除了有以不变价格 p_{ag} 进行竞价的农业需求 87 外，仅仅考察有三个个人 h、i、j 的情况。图 5—4 表示边际价格—区位在前面的情形，而图 5—5 则表示背面的情形。

在图 5—4 中，j 的边际价格—区位是 t_2、P_2，i 的边际价格—区位是 t_1、P_1，但 h 却没有边际价格—区位。在 h 发现 t_2、P_2 为更优选择之前，该区位的地主可以把该区位的价格提高到 $P'_1 = p_h(t_1)$⟦ t_2，P_2。于是 i 的边际价格将顺次增加到 P'_1，从而把他必然要对 t_2 支付的价格增加到 P'_2。区位 t_2 处的价格增加使得 t_1 处的地主能够再次提高价格，并且这个过程是爆发性的。同样的情形适用于位于 t_3，并以 t_2 处的价格作为边际价格的个人 j。

然而，在某一时刻，由于 t_3 处的个人 j 将会发现价格为 p_{ag} 的区位 t_4 优于较高价格的区位 t_2，此时，这一价格的爆发性增长过程就受到了限制。于是，他会将参照值（边际价格—区位）从前面转移至背面。类似地，在某一价格水平上，该系列的每个人都将会发现背面的区位作为边缘是更优的选择。这样，图 5—5 中边际价格—区位在背面的情况就可以看成是图 5—4 中情况所要达到的极限。图 5—5 代表了一种稳定解，此时，没有地主能够提高价格 88 而不会失去其租户，也没有任何人想改变自己的区位。所以在市场解中，每一位土地使用者的边际价格—区位都将是其背面毗邻的区位。⑫

⑫ 在其竞价曲线的斜率上存在极端突变的土地使用者也许可以得到一个稳定的在其前方的边际价格—区位。这个情形在附录Ⅰ的注释⑤中得到验证，但是也仅仅是理论上的。

第四节　斜率排列顺序不变的竞价曲线的一般化博弈均衡解

我们现在能够对一些博弈问题(例如在第二节中提到的博弈问题)给出一般化的解。在这些博弈问题中,每个潜在土地使用者的竞价曲线映射已经给定(并且这些映射遵循斜率排列顺序不变的要求);同时,所有可能的区位以及一个任意区位的土地价格也已经给定。典型的是,已知价格为这个土地利用系统边缘区位的价格。如果把农业考虑在这个系统之内,则该价格将为零。如果仅仅考虑城市地区,则边缘区位价格就是农业用途对该区位的竞价。如果有 n 个土地使用者参与博弈,那么边际区位为 t_{n+1},此处的土地价格为 P_{n+1}。⑬

在第三节曾经证明过,竞价曲线的斜率最小的个人或者厂商将在与市中心距离最远的区位。所以这些竞价曲线中斜率最小的土地使用者将居住在最后一个区位,即紧挨区位 t_{n+1} 并在其前方的第 n 个区位。用字母 n 来表示该土地使用者,其边际价格—区位为 t_{n+1}、P_{n+1},他对 t_n 所支付的价格 P_n 由穿过他的边际区位的竞价曲线来决定:

$$P_n = p_n(t_n)\llbracket t_{n+1}, P_{n+1}$$

在朝向市中心的方向上,与 n 相邻的下一个个人将是竞价曲

⑬　关于某些厂商无法进入该市场的可能性请参见后文。在这种情况下,数量$(n+1)$会因为厂商无法进入市场而减小。

线斜率次小的土地使用者，称他为 $n-1$，他的区位是 t_{n-1}，较之 t_n 略接近中心一些。$n-1$ 在区位 t_{n-1} 所支付的价格由通过其边际价格一区位 t_n、P_n 的竞价曲线来决定：

$$P_{n-1} = p_{n-1}(t_{n-1}) \llbracket t_n, P_n$$

这样一来，就环环相扣地形成了该系列，直到确定位于城市中 89
心、竞价曲线具有最大斜率的土地使用者需要支付的价格。

一般来讲，如果给定区位$(t_1, t_2, \cdots, t_{n+1})$和市场的边际价格 P_{n+1}，那么，该市场的均衡解由下列式子给出：

$$P_n = p_n(t_n) \llbracket t_{n+1}, P_{n+1}$$

$$P_{n-1} = p_{n-1}(t_{n-1}) \llbracket t_n, P_n$$

$$\vdots$$

$$P_i = p_i(t_i) \llbracket t_{i+1}, P_{i+1}$$

$$\vdots$$

$$P_1 = p_1(t_1) \llbracket t_2, P_2$$

在此，对任何 t_k、P_k 而言：

$$\frac{d}{dt} p_i(t) \llbracket t_k, P_k < \frac{d}{dt} p_{i+1}(t) \llbracket t_k, P_k$$

$$i = 1, 2, \cdots, (n-1)$$

$$t_i < t_{i+1}$$

对厂商竞价的情形来说，由于每一个厂商都有最高的竞价曲线（在那里利润为零），故有可能某些厂商不能在任何区位都能够竞价成功。那么在求解过程中，未达到中心区位之前，就可能剔除了一些竞价者。如此一来，倘若有 w 个厂商无法进入该市场，那么就应该以对应的边缘 t_{n+1-w} 处的边缘价格 P_{n+1-w} 来重新求解。

如此一来，就会产生较低的价格结构，此时，原来无法进入该市场的 w 个厂商中，就可能有一部分在这一较低的价格结构下重新选择进入市场，而这又一次使得竞价人的数量多于区位数量。为了能够达到均衡，我们应该选择新的边际区位再次求解。几个迭代（不多于 $w-1$ 次）后，我们就能够得出合适的竞价者数量以及边际价格—区位。

第五节　斜率排列顺序不固定的竞价曲线的博弈均衡解

90 前一节概括的方法是以这样的假设为基础的，即竞价曲线保持不变的斜率排列顺序。这是一个强假设，不可能在现实中遇到。些许的偏离无足轻重。但在竞价曲线形状有显著不同的情况时则要求在解法上做一些调整。

这样形状的竞价曲线最终为个人的偏好所决定。[14] 具有不同偏好的个人的曲线在形状上有所不同。从第四章可以看出竞价曲线的斜率大致等于与市中心的距离增加所产生的附加（边际）支出和通勤成本。那么不介意步行上班的个人在可以接受的范围内具有较平滑的斜率的竞价曲线。如果他不愿意使用其他交通工具，在限度之外，其竞价曲线就会严重倾斜，正如图 5—6 所示的 $p_i(t)$，其中的 t_0 是其步行范围的极限。另一方面，不愿意

---

⑭　这里只讨论影响居民的竞价曲线的形状的因素，影响厂商曲线的因素是相似的。

步行并且在任何地方都坚持驾车出行的人，当距离增加时，则其对距离的反感和通勤支出的增量就会下降。其竞价曲线可能形成如图 5—6 中曲线 $p_i(t)$所示的形状。直到 t_0 处曲线 $p_j(t)$的斜率比 $p_i(t)$的大，但继而会变小。

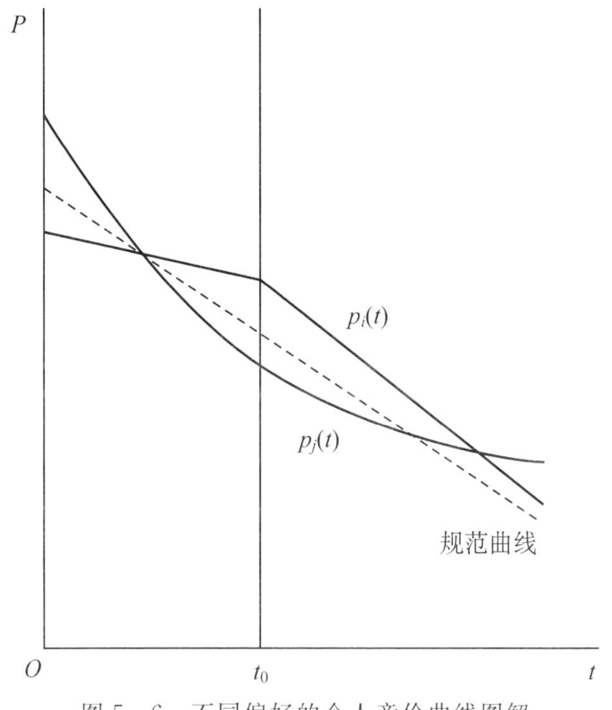

图 5—6　不同偏好的个人竞价曲线图解

虽然对较近区位的偏好会保证斜率为负值，但竞价曲线有无数的可能形状。即使下文要提出某些修改，在曲线形状变化的情况下，仍可应用对斜率不变排列的曲线的市场解的过程。这样就使得由不规则形状曲线产生的错误解的可能性降到最低。然而，不存在系统的方式能够控制每一种可能的情形，并且解中也可能出现错误因素。这些误差必须在检查第一次解后、通过一系列迭代、反复试验来纠正。

假设很多人有相同的偏好，相对应地他们也有类似的竞价曲
91 线，于是，按照斜率不变的排列顺序这样的假设大致也可以成立。其中任何一个人的竞价曲线的形状可以认为是“规则”的，而且可以作为与不规则竞价曲线相比较的基础。两种最简单的不规则曲线的情形是比“规则”曲线更为凹向原点的曲线（即图5—6中的$p_i(t)$）和更为凸向原点的曲线（即图5—6中的$p_j(t)$）。⑮

接下来概述处理这样的曲线时所遇到的主要问题。附录I中的注释4、5和6中将给出更为充分的分析。

1. 凸曲线

92 与规则曲线相比，凸向原点的曲线越接近城市中心就越为陡峭，而在较远处其倾斜度越小。由此产生一个结果：如果在土地利用系统的边缘比较各类潜在使用者的竞价曲线的斜率，那么，这些凸曲线会出现在具有最小倾斜度的曲线之列。然而，在城市中心附近，凸曲线也可能在倾斜度最大的曲线之列。如果按照斜率排列顺序不变的程序来求均衡解，那么就会认为这个使用者在远距离区位上。如果该竞价曲线的凸出程度很轻，那么此求解是基本符合实际情况的。然而，倘若曲线凸出程度相当明显，该曲线在城市中心附近的倾斜度很大，那么，我们就认为该使用者的目标区位

⑮ 在图5—6中为了使某些曲线的凸性和凹性更清楚，把规则曲线表示为直线。当然，这绝不意味着这样的规则曲线必须是直线。关于某些弯曲曲线的凹性和凸性的比较可以通过曲率的数学定义或通过x轴的某一变换来进行，这样可以使得规则曲线以直线的形态出现。

应该是更趋近于中心。如果是从中心区位比较竞价曲线的倾斜度而不是在边缘处比较该倾斜度，那么，我们就能很容易辨别出明显凸向中心的竞价曲线，从而推导出的区位也就能很好地符合具有这类竞价曲线的使用者的实际区位。从城市中心开始而不是从边缘开始比较竞价曲线的倾斜度的益处在于，既然这些竞价曲线的倾斜度与自市中心的距离是反向相关的，故由市场解产生的价格结构本身就比规则竞价曲线更为凸向一些。因此，凸性竞价曲线的倾斜度更大的部分很可能是更为重要的，而该曲线倾斜度较小的部分可能被包含在价格结构递减的倾斜部分之中。

凸竞价曲线的第二个特征是，对每一条凸曲线而言，均衡和边际价格—区位之间可能存在几个处于中间状态的土地占用者。极端凸曲线所对应的区位要么在中心区位，要么在最边缘的区位。

对凸曲线更为充分的讨论请参考附录 I 的注释 4。

2. 凹曲线

凹向原点的竞价曲线比凸曲线所产生的问题少。由于价格结构本身比规则竞价曲线更凸，所以凹曲线将不会高于它。凹曲线在城市中心附近倾斜度较小，在朝向边缘的方向较大。因此，为找
到具有凹竞价曲线的土地使用者的恰当区位，不管选择在中心或 93
在边缘比较各类潜在使用者的竞价曲线的倾斜度，都是无关紧要的。问题可以通过以下方式而很容易地解决：从任何一个端点开始比较竞价曲线的倾斜度并逐个地在每一个区位比较尚未分配区位的土地使用者的竞价曲线的倾斜度。如果从边缘开始，具有凹曲线的使用者的区位是其竞价曲线倾斜度最小（所有尚未分配区

位的曲线)的区位;如果从城市中心开始,则是在其竞价曲线倾斜度最大(所有尚未分配区位的曲线)的区位。

对凹曲线更为充分的讨论请参见附录I的注释5。

3. 混合曲线

以上所给出的凸曲线和凹曲线都是对规范曲线偏离的两种最简单的情形。之所以说它们简单是由于无论凸曲线还是凹曲线,都只有一个弯曲。然而,土地使用者偏好的变化方式有很多,因此,其竞价曲线有可能发生多次弯曲,同一使用者的竞价曲线可能有时是凸的,有时是凹的。对于这样的混合曲线而言,它有无数可能的形状,而且找不到任何通用的系统方法来把握。对此,我们所能够做的是,尽可能地在竞价曲线按斜率排列顺序不变的假设下,利用上面提到的简单凸曲线和凹曲线的解决方法来对系统进行求解。然后,如果有必要,求解者可根据自己的经验和判断,进行适当调整,灵活求解。附录I的注释6提出了一种调整方法。对求解方法进行调整以得到求解结果时,有点类似于我们对某一函数求积分时所遇到的情形:某些简单的函数能够用一种系统的方式来求积分;另有一些或多或少可以用系统方法求积分的,这也属于可识别的类型;但仍然有一些函数,对它们不存在系统的积分方法,在这种情形中,对函数的积分求法则基本依赖于求解者的灵活性和观察能力。

4. 按斜率排列顺序不固定的曲线的求解程序概括

以上已经证明了较接近市中心的个人竞价曲线的平均倾斜度

大于距离市中心较远处的个人竞价曲线的平均倾斜度。平均数之
间的这种关系在均衡解中必须成立，与竞价曲线的形状无关。在 94
土地使用者的竞价曲线按斜率排列的顺序并非固定不变时，如果我们要求得他们的均衡解，就需要在刚刚提到的这一平均关系的基础上进行一系列有根据的推测。给出一个解法，尽可能地减小出现错误的可能性：① 从中心区位开始（减少因凸曲线而产生错误的可能性）；② 逐个地在每一个区位比较曲线的倾斜度（减少因凹曲线或凸曲线而产生错误的可能性）。然而，这些竞价曲线的形状最终仍有可能使错误继续存在，因此，最终所求得的解法必须进行检验，即要保证该价格结构确实是所有竞价曲线的包络线。如果不是的话，就有必要进行非完全系统化的进一步调整。

第六节　市场结清：考虑数量的解法

在前面的几节中，我们对一种奇特的市场提出了一个解法。在这个市场中，首先，可能的区位是给定的。这样的假设相对以前所作的城市处于均质平原的假设来说就不合理了。而现实中的情况应当是，沿着中心向外延伸的所有连续区位都应看做是可能的区位，并且通过市场机制得出厂商和个人的实际区位。第二个缺陷是供给者（地主）力图使得价格最大化，而不是更为合理的目标——使得收益最大化。第三个缺陷与第二个缺陷密切联系，就是我们回避了使供给量和需求量相等的问题。因为我们认为支付最高价格的厂商或者消费者可以在某一区位购买到他所希望的数量的土地。这就相当于我们假设了在任一区位都有无限的土地供

给；并且由于我们的研究的另一个前提是地主期冀价格最大化而非收益最大化，因此，我们也就回避了对供给量的考虑。在这一节，我们将通过引入一个稍为复杂的过程来弥补上面提到的这几个缺陷。

95 然而，事实上，模型还存在第四个缺陷。在分析中，我们把城市所在的二维平原简化成了一维（自中心向外的距离）。并且，我们还把实际存在的以长方形为主的地块组成的复杂镶嵌体简化成了同心圆模式。当然，如果我们要想用更接近现实的地块形状来分析，就会使每一步的分析都极为复杂（参见附录 B）。所幸的是，对地块形状做这样的简化并不会有很大的影响，第七节将进一步讨论这个问题。

1. 模型内距离的确定

首先，在模型内确定各种区位 t_1、t_2、t_3 等的距离。为此，定义函数 $S(t)$，其中 $S(t_i)$ 为以城市中心点为圆心，半径为 t_i 的圆环所包围的土地总量。在均质平原上，$S(t)$ 将以圆环的面积来表示：$S(t)=\pi t^2$。可是，当此区域内某些土地不能为城市或农业所用时，比如由水体所覆盖的，或为非竞争性土地用途——例如公园、公共机构或道路等——而保留的那些土地，那么只要是满足 $S(t)\leqslant\pi t^2$ 这一条件的所有函数形式都是可能的。从市场均衡的观点来看，函数 $S(t)$ 是已知的，因为我们可以通过在地图上测量各类地块的面积而获得。

由定义可知，对于为了土地而竞争的竞价者来说，可利用的最为中心的区位是 t_1，在该区位上，$S(t_1)=0$。竞价曲线斜率为最大的土地使用者的区位为 t_1。在均质平原的情形中，$t_1=0$，但如果在几何中心存在某一个具有历史意义的中心或政府中心，那么 t_1 代表的距离就会大一些。

距离中心次近的土地使用者所占据的区位即可用区位 t_2，该距离能够通过在第一个个人的需求被满足之后找出的第一个可用区位而得到。如果我们知道 t_1 处的价格 P_1[16]，我们就能够得出位于该区位的个人或厂商将要购买的土地数量 q_1（如第二章中所采用的距离已知的前提下对土地的局部求解方法）。然后，可以通过求解

$$S(t_2)=q_1$$

中的 t_2 来找出第二个区位。我们可以从第一个使用者的竞价曲线映射上得到 t_2 处的价格 P_2；P_2、t_2 多半就是第一个使用者的 96
边际价格—区位[17]，所以：

$$P_2 = p_1(t_2) [t_1, P_1$$

得到第二个土地使用者的土地需求数量 q_2 之后，可以通过求解

$$S(t_3)=q_1+q_2$$

中的 t_3 找到第三个区位。t_3 处的价格 P_3 将是第二个人的边际价格。

⑯　我们暂且接受这个假设，后面将进一步讨论。

⑰　根据前一节的内容，如果对均衡和边际价格—区位链的分析是从中心开始的，那么因不规则曲线而产生错误的机会就会减少。但仍然存在某些引发错误的可能性。如果使用这个方法求解时市场均衡条件没有得到满足，那么在用上一节概括的方式纠正之后，应该重复该过程。

$$P_3 = p_2(t_3) \llbracket t_2, P_2$$

一般来讲，可以通过求解

$$S(t_i) = \sum_{j=1}^{i-1} q_j$$

中的 t_i 来找到第 i 个土地使用者的区位。其中，下标按照土地使用者对中心的接近程度来命名。我们可以通过均衡和边际价格—区位链来求解 t_i 处的价格 P_i，该链的最后一环将是 i 的最近处并朝向中心这一侧的相邻土地使用者的边际价格：

$$P_i = p_{i-1}(t_i) \llbracket t_{i-1}, P_{i-1}$$

在有 n 个土地消费者的情况下，到聚落边缘的距离 t_{n+1}⑱满足

$$S(t_{n+1}) = \sum_{i=1}^{n} q_i$$

这仅仅说明考虑的各个土地用途所覆盖的总面积为个人地块的面积之和。

从均衡和边际价格—区位链的最后一环能够计算出聚落边缘处的土地价格：

$$P_{n+1} = p_n(t_{n+1}) \llbracket t_n, P_n$$

97 另一方面，这个最后的边际价格将独立地给定⑲，并且计算得

⑱ 如果土地价格水平使某些厂商无法进入市场，那么序数下标将相应地减少。可是在这种情况下，即当我们从中心向外求解时，为了找到正确的序数，将不必在市场边缘处迭代运算。

⑲ 倘若考虑城市厂商、居民和农业用地，该土地市场边际的价格就为零，因为该区位没有被占用。如果只考虑城市部分（厂商和居民），边际区位 t_{n+1} 将被农业占用，并且该边缘的价格将是农业对该区位所支付的价格。

出的结果和给定的边际价格之间的一致性对于求得正确的解来讲是一个必要条件。我们应该记得，在构建这一链条时，我们是自市中心区位开始的，在这个区位，我们假定的价格为 P_1。边际价格 P_{n+1}——之后在这个链条中得到的价格——将依赖于所假设的中心区位的价格。作为均衡和边际价格—区位链的一个结果，P_1 的修正值将产生边际价格 P_{n+1}，该计算出的边际价格恰好等于该区位给定的价格（其值为零或土地作为农业用途时的价格）。如果中心区位的价格设定太高，那么计算得出的边际价格就比给定的边际价格高。这样就应该用中心区位较低的估计价格再次尝试求解。如果 P_1 设定过低，就会得到相反的结果。用较低的和较高的中心区位估计价格不断迭代运算，就会不断地逼近正确解。这个迭代应该持续到获得满意的算术值为止。作为一种选择，在第一次近似得出土地使用者的空间序列之后，也可以采用附录 A 中介绍的方法求解。

表 5—1 概括地说明了更为规范的迭代过程。 98

2. 供给量和需求量以及供给者收益最大化

为了在模型内确定各个距离，已经对该模型进行了修改。与此同时，还需解决如下问题：使供给量与需求量相等，使供给者的收益达到最大而非价格达到最大。

作为一个整体的市场中关于土地数量的结清可用关系式

$$S(t_{n+1}) = \sum_{j=1}^{n} q_j$$

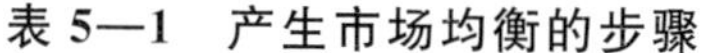

表 5—1　产生市场均衡的步骤

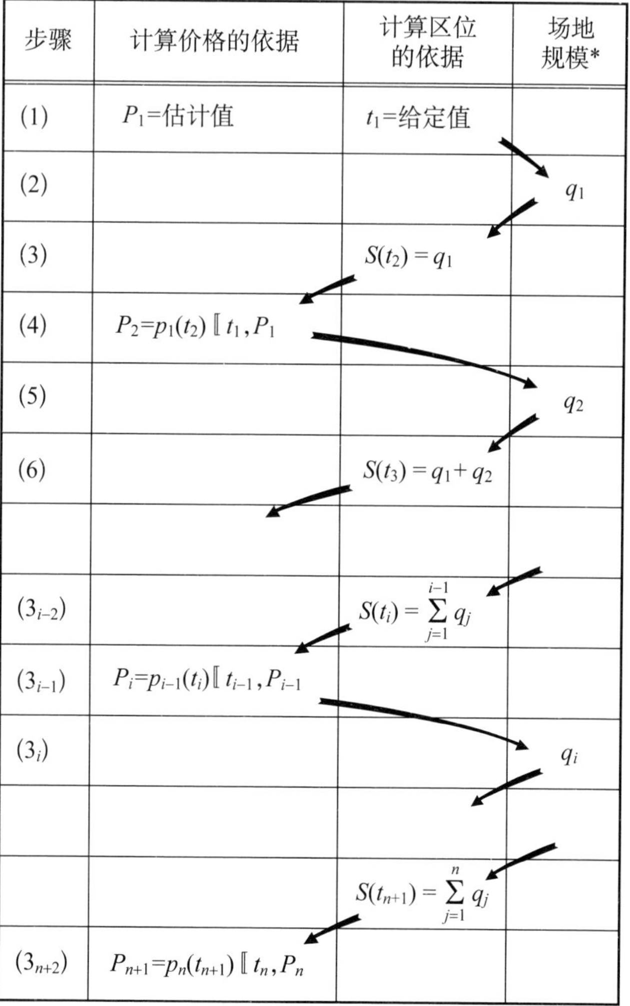

步骤	计算价格的依据	计算区位的依据	场地规模*
(1)	P_1=估计值	t_1=给定值	
(2)			q_1
(3)		$S(t_2)=q_1$	
(4)	$P_2=p_1(t_2)$⟦t_1,P_1		
(5)			q_2
(6)		$S(t_3)=q_1+q_2$	
(3_{i-2})		$S(t_i)=\sum_{j=1}^{i-1} q_j$	
(3_{i-1})	$P_i=p_{i-1}(t_i)$⟦t_{i-1},P_{i-1}		
(3_i)			q_i
		$S(t_{n+1})=\sum_{j=1}^{n} q_j$	
(3_{n+2})	$P_{n+1}=p_n(t_{n+1})$⟦t_n,P_n		

注:按照 P_{n+1} 的给定值减去其计算值所得的差数的方向改变 P_1 的估计值来进行迭代。

* 按照第二章和第三章提出的局部均衡解法计算的土地数量,因为价格和区位是给定的。请参见艾萨德(W. Isard)的《区位和空间经济》(*Location and Space Economy*)和邓恩(E. S. Dunn)的《农业生产的区位》(*The Location of Agricultural Production*)中关于农业厂商的土地数量的论述。

来表示，其中，等式的左边代表供给量，右边表示总需求量。也就 99
是说，在该城市范围内不存在仍未售出的土地。关系式

$$q_j = S(t_{j+1}) - S(t_j) \text{ ⑳}$$

成立，这也就是说保证每一个使用者购买了两个毗邻土地使用者之间的所有的土地，并且地块之间没有重叠（即在任何一个区位都没有比该区位内可用土地更多的土地供出售）。

我们得到的另一个附属结果就是，供给者的收益和价格都实现了最大化。因为在这些条件下，任何在边界 t_{n+1} 内持有存量土地的供给者现在都已将存量土地出售，而由于土地价格最大而且存量土地均被出售，所以他也就获得了最大收益。㉑

第七节　地块的形状

当然，我们把个人地块看做一个围绕城市中心的细环是刚刚提出的模型的缺点之一。这一缺点产生的原因是我们无法充分把握现实情况中地块的几何形状的复杂性。此外，还有一个原因隐含在我们在前面的讨论中提出的概念简化之中：个人的效用函数与厂商的成本和收益方程仅仅考虑了土地的数量，而没有考虑地

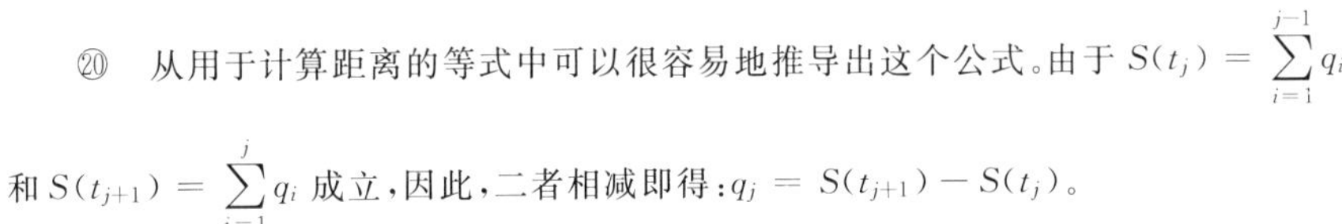

⑳　从用于计算距离的等式中可以很容易地推导出这个公式。由于 $S(t_j) = \sum_{i=1}^{j-1} q_i$ 和 $S(t_{j+1}) = \sum_{i=1}^{j} q_i$ 成立，因此，二者相减即得：$q_j = S(t_{j+1}) - S(t_j)$。

㉑　这等于假设绝大多数地主处在相互竞争的环境中。如果只存在一个土地供给者，即他拥有所有的土地，那么，考虑到价格弹性（和交通成本），他很可能通过构建出其他的价格结构使得他的收益达到最大。

块的形状。[22] 换句话说，我们仍然为本书开篇引论中提到的问题所困扰，即研究土地使用者的前提似乎是他位于一个点，而供给量和需求量相等的必要条件则要求扩展这个点，使它成为一个区域（q）。正是因为这个原因，我们还有必要进一步考虑同心环状地块这一假设的可接受性。

以上已经对等式 $q_j = S(t_{j+1}) - S(t_j)$ 作出了说明，由此得
100 出地块的形状，在二维解释上它是一个圆环。[23] 可是，需要注意的是，对于使用地块形状也为环状的个人 j，我们并没有对此作任何讨论。关于这一点的原始假设是，使用者 j 将选择在满足了要求更接近中心区位的所有使用者的需求量之后的第一个可用区位上，对此可以用必要条件 $S(t_j) = \sum_{i=1}^{j-1} q_i$ 来表达。我们之所以推断 j 的地块形状是环形的，主要是根据对下一个使用者 $j+1$ 的考察——对他而言，$S(t_{j+1}) = \sum_{i=1}^{j} q_i$ 。总之，我们并没有直接假设使用者的地块形状为环形，而是由使用者并不占用已经被其他人所占用的土地这个公认的事实推导出来的。它是一个源于定量描述 $q_j = S(t_{j+1}) - S(t_j)$，并对其作二维几何解释的推论。几何解释既要求数量属性，也要求形状属性，对这个定量陈述的唯一的二维解释是，它是一个圆环。然而，我们的模型是以一维几何（距离维）来做的假设，所以，当用二维来解释时，就存在缺陷。简而言之，由于本模型并非为了回答关于地块形状的诸多问题，所以这些问题

---

[22] 附录 B 描述了个人考虑地块形状的可能方式。

[23] 参见注释[20]。

是可以忽略的。

有一个试图建立地块形状的方法。使用者并不占用已经被更接近中心的使用者所占用的土地，这是符合事实的，并且这可以被视为统计表述，这一表述承认：只要土地使用者土地数量的总和（需求量）等于从市中心开始到这个距离的可用土地量（供给量），那么可以容许任何形状的地块出现。因此，我们在推导地块形状时，是基于这样的理论基础的：即该理论不具有建立地块之"扩展点"的准确形状的精确前提。既然是基于这样的理论，那么，我们也就不追求地块的形状为环形这样的推论。这个观点是可以接受的，尤其是在可操作的统计模型中，例如第六章所讨论的模型中，所考虑的就是众多厂商和个人的竞价曲线以及相关的土地数量。在这些较宽的圆环内（以及从这些圆环演变出的其他形状），个人的地块可以是任何形状的。

（梁进社　王大伟 译）

101

第六章　模型应用与实证研究

第一节　引言

在前面五章里，我们分析并建立了城市土地市场模型。本章将着重介绍这一模型在多种实际问题中的应用情况。在此，首先根据我们的理论对“摩擦成本最小化假设”进行重新审视；之后，对进一步研究的一些方法进行了概述，特别是在实证研究方面。相对于前面有关模型建立的章节，本章在论述中严格意义的数学分析较少。特别是本章后面的几节，有关讨论多属提示性、启发性的而非详尽彻底的阐述。

第二节　摩擦成本最小化假设

在本书第一章，我们参考了黑格的摩擦成本最小化假设及其随后对这一理论的阐释。[①] 在其最初形式中，该理论认为在自由竞争和信息对称的情况下，城市土地市场的运作能够达到整个城市总体地租与交通成本之和最小的状态。之后，黑格对这一理论

① 见第一章第三节。

进行了进一步的阐释,负效用也被考虑进来,从而,他认为从城市总体来说,城市土地市场的运作能够使地租、交通和一些负效用之和最小。[2] 从广义的成本概念看,应该把负效用纳入到成本考虑的范围,然而,这样却弱化了模型的说服力。首先,我们无法把负效用和以美元表示的成本直接相加,因此,这一理论就无法进行验证甚至也无法进行准确的、合乎逻辑的表述。[3] 此外,这里也存在 102
把每个人的负效用进行加和的问题,这就需要我们对社会科学的量度有相当的把握,确信使用社会科学方法能够对诸如司机的疲倦、地铁乘客的自闭症以及胆小怯懦者的焦虑等导致的负效用进行统一的量化,以便我们能够明确地判断这种负效用是在增大还是缩小。[4] 也正是因为存在这样的问题,我们对摩擦成本最小化理论的检验还是限制在其最初严格的定义表述形式下,即摩擦成本只包括地租和交通成本。

② 见第一章引自奎因及土地经济学家的文献。

③ 在这一情形中,不同度量单位的项相加这一问题是无法解决的。当然,效用函数和边际替代率仍然是可用的,在通常的用法中,也经常用到效用单位与其他单位(如,美元、镑、英里)共同使用的问题,但此时使用的其他单位最后都以比率的形式(纯数)。边际效用比率(边际替代率)可以通过研究偏好这一经验方法得以建立。温戈(Wingo)在其《交通和城市土地》(*Transportation and Urban Land*)中把以美元计算的通勤时间价值(定义为休闲的边际价值)计入通勤成本中。然而,这样的方法并没有考虑不同偏好的情形,例如,在此把在拥挤的地铁里度过的一个小时等同于在舒适的豪华轿车里度过的一小时,事实上,二者显然是不同的。此外,这样的方法也没有把时间或通勤的负效用与对土地或其他商品的偏好联系起来,而是把通勤时间看做工作时间的延伸,并以工作时间对通勤时间进行定价。在温戈的模型中,居住区位由使交通成本(包括时间)和地租之和最小化这一条件决定,并且,交通成本和地租之和等于最边缘区位的交通成本。

④ 参见 Paul A. Samuelson,"Social Indifference Curves", *Quart. Econ.*, 70:1 (Feb. 1956)。

前面章节的内容提到，在冯·杜能的分析之后，基于活动区位的选择是为缩小摩擦成本这一观点，得出了成本最小化假设理论。黑格把这一对厂商行为分析得出的观点扩展到对城市总体的分析中，并得出各个行为主体成本最小化的选择带来总体的成本最小化。⑤ 然而，在钱伯林(Chamberlin)等学者之后，黑格又提出厂商选择区位在于使收益达到最大化，并且摩擦成本仅仅是权衡总成本和总收益时考虑的一个因素。使摩擦成本最小化也只是收益和其他成本相对恒定的这类厂商进行区位选择时的标准。黑格提出摩擦成本最小化假设理论主要基于对加工制造厂商的区位选择的研究，而这一类型的企业恰恰大致满足收益和其他成本相对恒定
103 这样的条件。另外，居民居住区的选择往往是为了使满足程度最大而很难说是为了使摩擦成本达到最小。例如，一个在离城市一小时路程外有着几英亩不动产的百万富翁可以通过搬到城市中心的贫民居住区来缩小摩擦成本，但事实上，他们并没有这么做。总体而言，任何人都可以通过缩小其居住面积来达到缩小地租这一摩擦成本的目的。因此，无论是对居民还是城市厂商，摩擦成本最小化都不是其进行区位选择时考虑的唯一标准。

既然摩擦成本最小化理论的前提条件有待商榷，那么我们也就有可能拒绝这一理论。然而，我们对于理论在陈述事实和解释事实两方面的作用应进行区分，尽管我们不能接受这一理论的假设前提，但我们仍要探讨这一假说对解释问题的有效性。毋庸置

---

⑤ 温戈(Wingo)在其《交通和城市土地》(*Transportation and Urban Land*)中进行了类似的讨论，但他只是提到，总成本的最小化通过类比就可能得出。

疑，这一理论具有重要意义，黑格及其后继者们使这一假说成为城市规划的重要原则。规划的作用就是要弥补单纯依靠市场会增大摩擦成本的缺陷，从而使摩擦成本达到最小。因为人和物品搬迁所产生的摩擦以及人们为省却远距离的往返而选择一定的位置并为之付出的成本都是没有收益的。

无论是本书所列出的模型还是黑格及其追随者都认为，城市土地自由市场的解是唯一的。在“游戏规则”给定的情况下，最小化的摩擦成本并不是一个连续函数的较低值，而是一个唯一确定的值。与在可选择的制度背景和客观上存在缺陷的市场下的摩擦成本相比，这一数值是个最小值。在开放条件下，可能的情形是无限多的，而分析者则可以用一定的技巧对此加以限定简化。摩擦成本最小化假说成立就是在这样的一种情况下，即在自由市场和信息对称条件下，有一种最优的选择使摩擦成本最小。鉴于可能的情形很多，本节后面的部分将对其他几种情形下的摩擦成本做一些探讨。

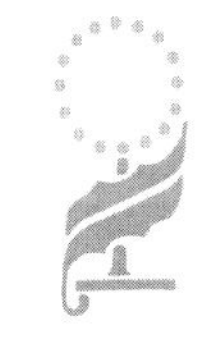

首先考虑信息不对称的情况。假定只有一个承租人不具备完备的信息，那么，地主就可能利用这一点而收取他相对其他信息完备的人更高的费用。在这种情况下，由于地主收取了更高的费用，因此总地租（和摩擦成本）高于在信息完备条件下的花费。接下来，假定只有一个地主不具有完备的信息，那么他的出租价格可能
低于其土地的价值，在这种情况下，总地租（和摩擦成本）也就低于 104
信息对称假定条件下的租金和成本。因此，尽管现实中地主掌握较为完备的信息并可以因此而收取较高的租金，但总体而言，信息对称这一假设条件的适当放宽并不总是一定导致摩擦成本更高。

接下来考虑分区对地块面积加以限制的影响，通常情况下，在城市的特定部分分区法规规定了开发的地块必须大于一定的面积。如果自由市场运作所要求的地块大于这一地区内法律规定的地块大小，那么这一对地块面积的限制规定就我们的研究目的而言是不相关的。然而，如果这一有关开发地块面积的法规规定的最小地块比自由市场运作所要求的地块大，那么，在分区法规规定下的这一地区的土地价格就低于自由市场运作下的价格。这一判断基于以下事实：即在上述情况中，较低的竞价因符合地块大小的要求而获得了土地，而较高的竞价则被分区法规排除出去。因此，在分区法规限制下的地区的用地密度下降（也就是地块面积增大），其结果是导致城市其他部分土地价格升高、用地密度增大。简言之，根据价格需求弹性，分区法规限制区土地价格下降而其他地区土地价格上升，从而，使总的摩擦成本上升或下降。

如果分区法规限定了最大可开发地块，这将毫无疑问地降低摩擦成本。有关最大地块的规定将会降低土地买卖的数量。因此用地密度将会增加，从而城市的规模会较小，土地价格也会降低，并且土地竞价曲线上边际和均衡价格—区位离得很近（也就是说，区位的级差地租较小）。由于城市规模较小，交通成本也就较小。因此，构成摩擦成本的地租和交通成本都很小（关于对分区影响全面的讨论参见本章第四节）。

105 最后考虑调整措施相对条件改变要滞后的情形。假定 X 是愿意为一定场地支付较高租金的竞标人，然而，这一场地已经被 Y 事先租下，并且租约时间很长，但 Y 支付的租金低于 X 愿意支付的数额。在这种情况下，X 必须寻找另外的地点。假设 X 想在靠近市中心地租较为昂贵的区位，在这一区位可以缩减其交通成本。相对于先前Y所在的区位，尽管现在区位的单位面积价格比较高，但由于X可能为缩减支出而选择较小面积的场所，因此，X为这一场地支付的租金（价格乘以数量）可能高于也可能低于Y所承租的场地。如果X选择在离市中心较远的区位，他的交通成本将会增加，但其支付租金的多少则取决于他选择的新场地的大小。不管哪种情况，如果X现在所付的地租与交通成本高于他愿意为Y所在区位时支付的地租（当然，这一地租要能够保证他竞得该区位）与交通成本，那么也只有在X摩擦成本的增加量超过Y在其现有租约下的成本的节约量时，总的摩擦成本才会增加。因此，最终的总摩擦成本究竟增加抑或降低并不能完全确定。

总之，在严格的经济学意义上，摩擦成本最小化假设并不能成立。而在摩擦成本包含负效用的表述下，它又难以下定义且难以量度。因而，这也成了有人反对把这一原则作为指导城市规划的最主要的根据。把摩擦成本最小化作为城市规划目标的做法在逻辑上就有其缺陷，就像黑格有关城市厂商区位观点的缺点一样。只有在其他成本和收入（经济上的和心理上的）保持恒定的情况下，使某种成本最小化的方法才是可行的。举一个极端的例子：假如人的承受能力允许，一个城市就可以通过把所有居民集中到市中心，并且限制工商业发展的办法来降低摩擦成本，以此把这一地区的摩擦成本降低到零。显然，这样的解决办法是荒唐的。

第三节　收入、人口增长和技术进步

前面几章有关城市土地市场的模型都是静态的，无法描述动态变化的情况。然而，通过考察收入变化、人口增长及技术进步对
106 个人竞价曲线变化的影响，可以从总体上得出有关土地市场变动情况的一些推论。如果一个因素的变动对所有竞价曲线变动的影响相同，那么，这一因素对总体市场的影响是可以预测的。

1. 收入对区位和密度的影响

相比较低收入者，美国大城市的较高收入者一般居住在离市中心较远的地方。[6] 对于这一现象的解释中，最被广泛认可的是认为富裕阶层在城市外围的空地建造房屋，从而把其在市中心的旧房子转让给较为贫穷的阶层。这一解释基于城市人口规模的扩大。[7] 然而，即使一个城市人口规模不变（也就是按照前面给出的静态模型加以解释），这一外围富裕化中心贫困化的现象也同样会出现。

接下来，考察居民竞价曲线，在第四章里，我们得出土地与综合商品的边际替代率等于它们价格的比率：

$$u_q/u_z = p_i(t)/p_z \qquad (4:8)$$

---

⑥ 有关人口分布与收入情况关系的研究很多。其中最早的是帕克-伯格斯（Park-Burgess）的同心圆理论（*The City*）。

⑦ 见第一章第三节，对霍利（Hawley）理论的引用及有关人口分布与时间和人口增长关系的评述。

另外，我们也得出到市中心距离与综合商品的边际替代率等于它们各自的边际成本的比率：

$$u_t/u_z = [q d p_i(t)/dt + dk/dt]/p_z \tag{4:9}$$

综合以上两个等式，得到土地和距离的边际替代率等于它们边际成本的比率：

$$u_t/\ u_q = [q d p_i(t)/dt + dk/dt]/p_i(t) \tag{6:1}$$

为了更容易地考察竞价曲线的变化情况，变换等式(6:1)如下：

$$\frac{dp_i(t)}{dt} = \frac{p_i(t)}{q}\frac{u_t}{u_q} - \frac{1}{q}\frac{dk}{dt} \tag{6:2}$$

在第五章里，我们知道，竞价曲线较为陡峭的土地使用者选择 107
较为靠近市中心的区位。如果能够证明较高收入者的竞价曲线较为平缓，那么我们就能得出这一结论：富裕阶层倾向于在城市外围地区居住，而较为贫困的阶层则在较为靠近市中心的位置。因此，我们进一步考察等式(6:2)等号右边的部分，看收入水平对竞价曲线变化的影响。随着收入的增加，等式(6:2)右边部分的三个因子相应变化。⑧

(1) 作为具有正的边际效用的因素，q 随收入增加而增加。因为 q 在分母部分，因此，随着收入增加，曲线斜率变小。⑨

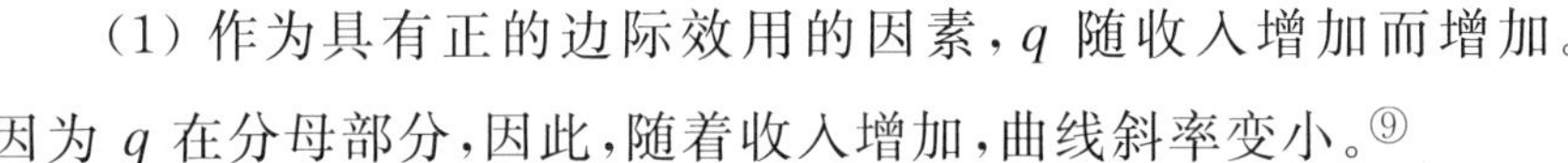

(2) 在土地持有量增加的情况下，边际替代率(u_t/u_q)随收入变化而变化。通常情况下，边际替代率(在这里是负值)随收入

⑧ 为了更好地进行分析，曲线比较必须在给定的价格和区位下，因此，距离和价格是恒定的。

⑨ 罗(Arthur Row)和尤尔凯特(Ernese Jurkat)对这一影响进行了分析，“The Economic Forces Shaping Land Use Patterns”, *J. Amer. Inst. of Planners*, 25:2 (May 1959)。

增加而下降，因为土地的边际效用(u_q)会随土地持有量的增加而下降，而当与土地区位相关的可达性变得较差时，因距离远而产生的负效用(u_t)增加。因此，曲线斜率随收入增加而增大。关于这一点，下面将会作进一步的讨论。

(3) 如果通勤成本不随收入变化，那么由于 q 值增加，因子 $-(1/q)\ dk/dt$ 的值将随收入增加而增加。这一因子的变化表明，随着收入增加，曲线斜率下降，从而使居民选择城市外围的区位。

以上三个分析中，有两个(对价格变动的敏感性和因土地持有量增加而导致通勤成本重要性下降)的分析都表明，随着收入增加，曲线斜率下降，人们倾向选择城市外围的区位，另外一个分析则表明相反的倾向。因此，最终的结果并不能确定。然而，通过换一种方式说明这些条件，却很容易理解多种选择。

根据对 $-(1/q)\ dk/dt$ 这一因子的分析，当土地持有量很大时，较小的土地价格变动幅度就有较大的收入效应，并可以以此抵
108 消增长的通勤成本。例如，当一个人持有 1 公顷土地时，只需要价格降低 1 美元就能够抵消掉增加的 1 美元的通勤成本，当一个人持有 0.1 公顷土地时，则需要价格下降 10 美元才能得到完全补偿。

因子$[p_i(t)/q](u_t/u_q)$的情况则复杂得多。如前所述，因为 q 是分母，因此随着收入增加，大量的持有土地会使曲线斜率下降。然而，土地持有量的增加导致负因子 u_t/u_q 下降，因为在此时，由于与土地区位相关的可达性的不足，人们开始期望更好的可达性。如果边际替代率下降速度快于土地持有量增加率(即，如果人们增加土地持有量的愿望不强)，那么富裕阶层的竞价曲线就会较为陡峭，富裕阶层会选择在较为接近市中心的区位。相反，如果持有土地的愿望较为强烈，并且这一愿望不容易得到满足，那么边际替代率的下降速度就低于土地持有量的增加率，这会形成较高收入者较为平缓的竞价曲线。⑩

参考人类生态学的相关文献可以进一步证实以上结论。以美国为例，城市外围及郊区被富人所占有，对应于边际替代率缓慢下降的情形。⑪ 在未实现工业化的城镇，情况则不同，“富裕的商人 109
居住在城镇中心区，普通人则居住在城镇外围。”⑫这样的例子也可以在今天的印度和一些拉美国家找到⑬，但在美国一些大城市，则呈现一种混合模式。⑭

如果这一解释是正确的，那么在不考虑城市扩张的情况下，美

---

⑩　在一种极端的情况下，假定消费者不关心可达性也不在乎通勤的不便（$u_t=0$），则$[p_i(t)/q]$ (u_t/u_q)的值为0，竞价曲线的斜率由土地数量和通勤的边际成本即式子$-(1/q)\ dk/dt$决定，因此，较高收入对应于平缓的曲线（这也是贝克曼（Beckman）在“On the Distribution of Rent and Residential Density in Cities”里所考虑的问题）。然而，当边际替代率是一个非零常数时，较高收入决定较平缓曲线的趋势更为明显，因为增长的q将会使其对这一常数的影响进一步加到其对通勤成本的影响之上。

⑪　对少数不想来回奔波并对特别宽敞的空间没有太大需求的富裕阶层来说，位于市中心的豪华公寓就能很好地满足他们的要求，由此导致边际替代率的迅速下降，从而竞价曲线较为陡峭。

⑫　Gregor Paulson, *The Study of Cities* (Copenhagen: Munskgaard, 1959), p. 18. 在古代雅典，“德摩斯梯尼赞扬领导者……因为他们能够平等地与百姓居住在一样的环境里”(p. 33)。然而，领导者的区位很可能在市中心。

⑬　见 Theodore Caplow, “The Social Ecology of Guatemala City”, *Social Forces*, 28: 113-122 (Dec. 1949); Noel P. Gist, “The Ecology of Bangalore, India: an East-West Comparison”, *Social Forces*, 35: 356-365 (May 1957)。

⑭　见 A. Bopegamage, *Delhi: A Study in Urban Sociology* (Bombay: University of Bombay Press, 1957)。然而，在发展中国家的一些大城市郊区，常常有大量人口在新垦地定居的现象，这主要是由于在这些国家人口大量从农村进入城市。这些区域内的人口并算不上城市人口，因此，在对城市模型的分析中也不考虑他们。

国的一些城市中，富裕阶层倾向于居住在城市外围的现象就能够被很好地理解，并且这一现象不会只局限在快速增长的城市中。刚刚提出的对城市空间分布的解释也许可以简化成几种不同的形式：假定人们对土地有特别的偏好，土地持有量随收入变化很大，由于富裕阶层在土地上花费的费用很高，相比土地花费，通勤成本对他们的影响不大。因此，在居住地选择上，富人是价格导向而穷人则是区位导向的。随着收入增长，人们对可达性的要求降低，在这里，可达性就像一种“劣质商品”。* 这也很好地解释了我们在研究美国城市中居民居住地选择时遇到的看似矛盾的情况——即收入较低的人群居住在土地价格昂贵的市中心，而富裕阶层则居住在土地价格较为便宜的城市外围。

以上对城市不同阶层居住区位选择的解释非常重要，如果说富裕阶层不断向城市外围聚集是由于城市人口的不断增长和城市中心区的不断衰败，那么为了防止这一情况，政府就会推行旧城改造计划，对旧城区进行改造，在市中心区建设大量租金昂贵的公寓，改造计划的实施将会使中心区成为富人聚集区而收入较低的人群将向城市外围较为落后的区域聚集。假如这一观点正确，并且居民的偏好不变，那么中心城区昂贵的公寓也仅仅只能满足富人的有限需求，因为富裕阶层的需求的边际替代率下降很快，在竞价曲线上表现为较大的斜率。因此，低收入阶层趋于向中心城区集中而富裕阶层趋向城市外围的居住模式不会改变。毫无疑问，当前兴盛的中心区开发计划将会随着高租金公寓空置率的不断上

* 译者注：劣质商品是指其收入效应使得实际收入增加导致需求量减少的商品。

升而夭亡。

2. 人口增长

人口的增长导致对土地需求的增加，从而引起土地价格的上涨。这一增长的机制可以通过考虑人口增长和人口流入的区别而 110
更加形象化。新增人口会占据一定的土地空间，因此，城市居住区将会向外扩展。随着人口的增长，原先均衡状态下的竞价发生改变，原有居民要在较高的竞价下重新实现均衡，由此也导致居民土地消费数量下降⑮，居住区面积的净增长低于新增人口所占据的区域面积。因此，在其他条件不变的情况下，最终的结果就是人口增长导致土地价格上涨、密度增加。⑯

贫困阶层居住在城市中心区而富裕阶层居住在城市外围区，在其他条件不发生变化的情况下，单纯的人口增长会使贫困阶层与富裕阶层居住区间的界线往后退，原来富裕阶层居住区中的一

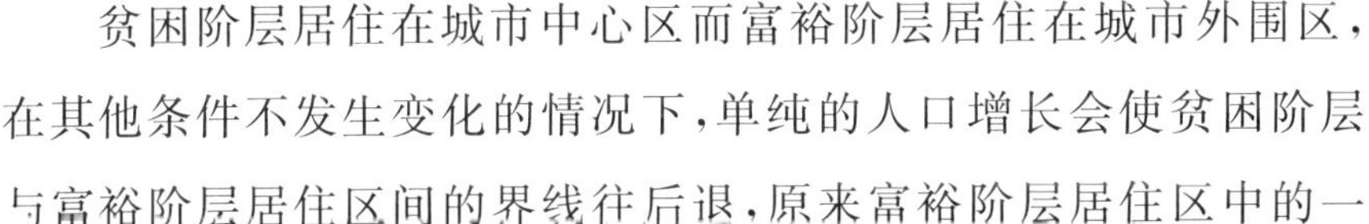

⑮ 路易斯·温尼克(Louis Winnick)指出，城市规模大小与人口—房屋比率没有直接关系(*American Housing and Its Use: The Demand for Shelter Space* [New York: J. Wiley&Sons, 1957], pp. 65-66)。然而，这并不能否认以下理论：(1)收入随着城市规模变化，并且会影响城市人口及建筑密度；(2)我们所讨论的是每公顷土地上的人口数量，在此，房屋数量并未给出，它仅仅作为一个中间变量。如果我们重点关注构成更为均一的组别，可以看出，家庭平均占有居住地面积随人口增加而减小(Harlad Bartholomew, *Urban Land Use* [Cambridge, Mass.: Harvard University Press, 1932])。

⑯ 如果需求的价格弹性很大，也就是说，当人口密度急剧增加时，价格及居住地面积增加量较少。温戈在其《交通和城市土地》一书中指出，如果一个城市的交通运输系统满负荷运转，那么人口的微小增加量也会导致交通的极大阻塞，并进而增加通勤成本、使通勤更加困难。由此产生的影响可能是城市用地量的微小缩小，这一点类似于负面技术的影响(参见本章“交通技术改进”相关内容)。

些房屋会进入贫困阶层居住区的范围内。城市中的这种现象古已有之,正如英国1593年的国会法案中指出的"家庭规模增大、多户共用房屋、一些较大的房屋被改建成较小的出租屋,同时伦敦和威斯敏斯特新建房屋增长迅速,由此产生了一系列危害"。[17] 然而,应该指出,这些现象并非我们所说的郊区化,因为在这一过程中,城市人口密度及建筑密度都迅速增加,而非像郊区化那样密度有所减小。

111 3. 交通技术改进

交通技术改进产生两方面的影响:其一是使通勤更为便利;其二是使通勤成本降低。这两点影响都使居民竞价曲线的斜率下降。根据方程(6:2),便利的通勤使距离 u_t 的边际负效用下降(也就是说,这会使负数 u_t 的绝对值下降),从而使曲线更为平缓。此外,通勤成本缩减反映在因子 dk/dt 的减小中,从而也使竞价曲线斜率下降。由于一些技术的改进可能对通勤便利性和通勤成本产生不同影响,因此,我们需要对这两种不同的影响进行区分。私人汽车费用高于公共交通(dk/dt 项增加,曲线斜率增大),但其舒适性更好(公式中 u_t 的绝对值缩小,曲线斜率减小)。人口增加虽不是直接的交通技术变化,但却可以使城市公共交通的规模经济得以实现,并由此导致成本的缩减,但也可能因此产生

---

[17] 引自 Lewis Mumford, *The Culture of Cities*(New York: Harcourt Brace & Co., 1938), p. 123。

严重的阻塞，从而使通勤舒适性大大降低。[18] 总体而言，只有当技术创新使通勤成本和便利性都较好地符合人们的要求时，它才能更好地被接受。这样的技术创新也使竞价曲线的斜率下降。[19]

较为平缓的竞价曲线对价格结构曲线有何影响？它将使价格下降还是上升？答案是这将使市中心价格下降，城市外围区价格上升。参见图 6—1，曲线 AB 代表交通状况改进前的价格结构。如果地块面积没有变化，那么，因竞价曲线斜率下降而产生的边际和均衡价格—区位链将如图 6—1 中的曲线 $A'B$。由于价格结构曲线 $A'B$ 所代表的土地价格低于价格结构曲线 AB 所代表的土地价格，土地需求将增加。最终，交通改进产生的价格结构曲线将如 112
曲线 $A''B''$所示，也就是说，由于对土地的新增需求，使得边际价格对应的位置从 B 点移动到 B''点。[20]

应该注意的是，在靠近市中心的区位，新的均衡价格结构曲线 $A''B''$对应的价格低于原价格结构曲线 AB 对应的价格。读者或许会疑惑，为什么在 OM 距离之外，价格反而因交通条件改善而升高了呢？原因很简单，假定在交通技术改进前，某人的均衡竞价

⑱　参见温戈的《交通和城市土地》一书中有关人口增长与交通阻塞及时间延迟关系的论述。

⑲　交通技术的改进也会使农业及城市厂商的竞价曲线变得更为平缓。就农业情况看，由于农业地租是生产及交通成本之后的剩余，因此，缩减交通成本的技术改进会使区位级差地租相应减少。就城市厂商情况看，交通条件的改善使同样距离范围内的运行成本降低，并使企业产品的辐射范围增大。根据第三章方程(3:14)，这将使城市企业竞价曲线的斜率下降。

⑳　曲线 $A''B''$高于曲线 $A'B$，但低于曲线 AB'。这是由于当曲线 $A''B''$上某一点对应的价格高于原曲线 AB 上对应的价格时，土地需求量 OX 将小于 OB，在这种情况下，边际价格—区位 X 与该区位的机会成本是矛盾的。

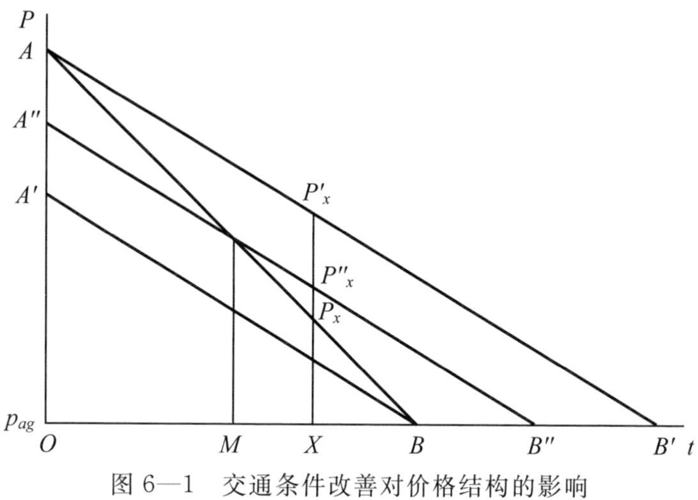

图 6—1　交通条件改善对价格结构的影响

曲线如曲线 AB㉑，技术改进后，其新的竞价曲线 AB' 所代表的满
113 足程度与之前的曲线 AB 相同，也就是说，对应于区位 X，在交通条件改善后，他在 P'_x 的价格水平下所获得的满足程度与交通条件改善前在价格 P_x 时所获得满足水平相同。他之所以能够在价格水平较高时依然获得同等满足，是由于技术改进使交通成本降低或增加了通勤舒适度。在有一定的技术改进的情况下，某一区位上价格 P''_x 所对应的满足程度高于技术改进之前较低价格 P_x 所对应的满足程度。因此，如果我们把价格结构曲线看做竞价曲线，那么技术改进能够在提高土地价格的同时增加满足水平。

根据黑格的论述，“交通条件改善，其他条件不变，都意味着摩擦减小、一定场地的总租金降低”。㉒ 然而，这只有在特定区域内

㉑　个人均衡区位虽然是不确定的，但这并不影响我们的讨论。

㉒　Haig, *Quarterly Journal of Economics*, 40: 422. 拉特克利夫也持这样的观点(*Urban Land Economics*, p. 371)。

“其他条件不变”的严格限制下，这一说法才能成立（图 6—1 曲线 $A'B$）。如果我们考虑额外的土地需求（曲线 $A''B''$），那么，总租金增加或减少㉓就取决于不同消费者需求价格弹性的总体影响。

4. 经济发展：“二战”以来美国城市土地价值的观测资料

“二战”以来，美国城市土地价值迅速增长。然而，奇怪的是这种增长主要发生在城市外围，而市中心区土地价值增长不大，甚至出现负增长。㉔ 这与生态理论相矛盾，帕克曾在其 1929 年的著作中指出：交通改善及人口增长使市中心的有利条件进一步增加。㉕ “二战”以来，美国城市人口迅速增长，收入及私家车数量也大大增加，然而，城市中心区土地价值却未有显著增加，这是为什么？

这一问题的答案我们在前面章节的讨论中已经涉及，在此，应用前面的结论。先看一下我们选择的三种条件变化的影响：①汽车数量增长和路况改善；②人均收入增加；③人口增长。

前面已经提到，在其他条件不变的情况下，交通条件改善会使城市外围土地价格升高，而城市中心区价格下降。因此，自“二战”以来美国土地价格的变化可以部分地归因于汽车数量的增长和路

㉓ OAB（反转 360°）$\gtrless OA''B''$（反转 360°）

㉔ 参见 F. Fogarty，“Land：a New Kind of Boom”，*Architectual Forum*（February and March 1957）；麦肯齐（Mckenzie）于 1921～1930 年在芝加哥也观察到了同样的现象（*The Metropolitan Community*，p. 239）。

㉕ Robert E. Park，*Human Communities*（Glence：The free press 1952），p. 190. 然而，帕克（Park）的讨论部分是基于包含了市中心服务区内在先前被当作是单独的那部分人口。

况的改善。[26]

同样地，我们在前面给出了关于美国居民居住倾向性的解释，富裕阶层居住选择形成的竞价曲线斜率小于贫困阶层对应的竞价曲线。“二战”以来，美国人均收入增长，因此，对应于每个人的竞价曲线，斜率都有所下降。然而，在这种情况下，我们不能像在交通条件改善中讨论的那样，给出一个新的价格结构的上限，竞价曲线变得平缓意味着城市外围土地价格增长高于市中心土地价格增长，在城市中心区，土地价格甚至是下降的。因此，人均收入增长也能够解释城市外围土地和中心区土地价格增长率的不同。

人口增长会使城市中心区和外围区土地价格都增长。在其他条件不变的情况下，人口增长使原来的价格结构曲线平行上移。参照图 6—2，在市中心，价格由 OA 上升到 OA'，在距离市中心区 t_x 的位置，价格由 P_x 上升到 P'_x，在两个不同的区位，价格改变的绝对量大致相同。然而，由于城市外围区原来的价格较低，因此，城市外围区价格增长率高于城市中心区。

以上的解释仅仅考虑了三个因素。诚然，还有很多其他因素可以当作经济增长特定时期的影响因素。但这些因素最终都可以归结为人口增长、城市化、技术改进及人均收入增加。

115 大都市区的郊区化对城市中心区及外围区土地价值增长率的不同这一现象有着重要作用。郊区化不仅指城市区面积增大、城市边界向外延伸，而且，在这一过程中，伴随着郊区人口及建筑密

[26] 这一改进所产生的积极影响可能会被由此引起的交通阻塞所抵消，但在此假定总体影响是正向的。

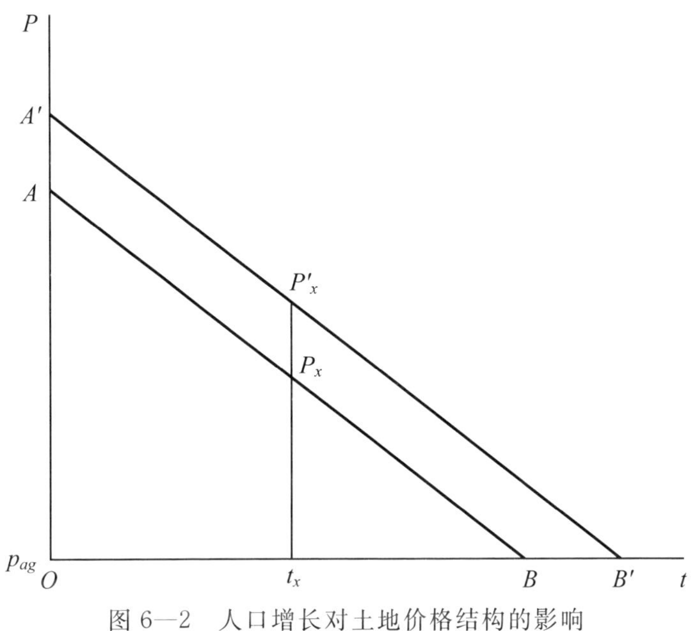

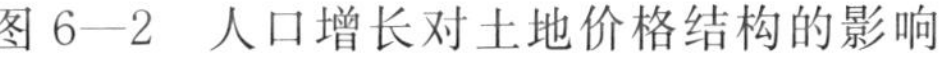
图 6—2　人口增长对土地价格结构的影响

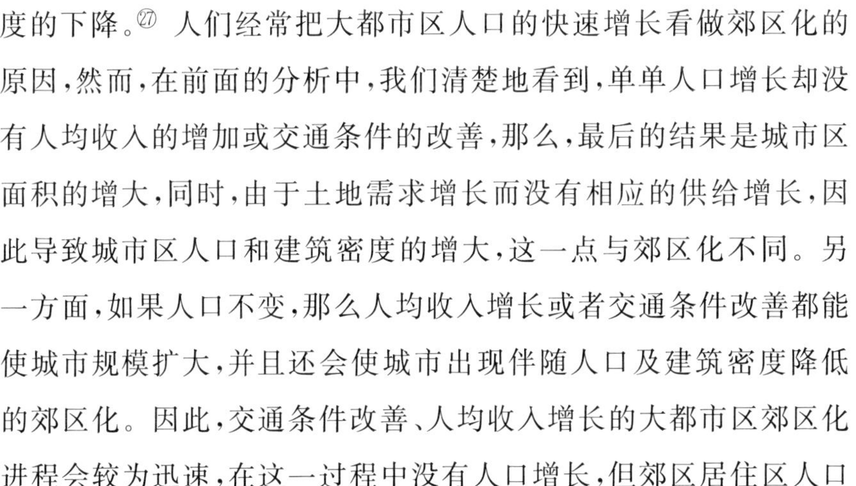
度的下降。[27] 人们经常把大都市区人口的快速增长看做郊区化的原因，然而，在前面的分析中，我们清楚地看到，单单人口增长却没有人均收入的增加或交通条件的改善，那么，最后的结果是城市区面积的增大，同时，由于土地需求增长而没有相应的供给增长，因此导致城市区人口和建筑密度的增大，这一点与郊区化不同。另一方面，如果人口不变，那么人均收入增长或者交通条件改善都能使城市规模扩大，并且还会使城市出现伴随人口及建筑密度降低的郊区化。因此，交通条件改善、人均收入增长的大都市区郊区化 116
进程会较为迅速，在这一过程中没有人口增长，但郊区居住区人口

[27] 参见 Amos Hawley, *The Changing Shape of Metropolitan America: Deconcentration since* 1920 (Glence: The Free Press 1956), p. 13ff。

和建筑密度都下降。基于对郊区化的这一理解，可以看出人口增长对郊区化起反向作用。

毋庸置疑，郊区化现象并非仅仅伴随"二战"后这段时期。事实上，早在19世纪，这一进程就已经开始，并且贯穿整个20世纪。人口增长、收入增加以及交通改善都是绝对的，正如滕纳德(Tunnard)所说："几乎都是从19世纪，英国和美国的城市开始郊区化进程……最早的先例源于富裕阶层或者前卫的知识分子……而其产生则是由于不断扩张的商业主义。通过马车或者水路交通，能够方便地到达这些郊区。"[28]我们或许还会说，大的房地产项目，如Astor's，就是建造在郊区而不是市中心。

5. 土地税收的影响

土地所有者需要把地租收入的一部分用来缴税，土地税收不会影响土地价格以及居住模式。参照第五章图5—2，如果一定比例的租金收入用来缴税，那么该土地使用模式对土地所有者来说仍然是利润最高的，而对承租人来说，也仍然是满足度最高的。在这里，这一理论得出的结论与传统的地租理论相同。

另一方面，如果只对已使用的土地征税，那么这一个统一标准税就要由承租人承担。这种情况下，土地税收会使经济整体的边际的土地价格大于零，边际和均衡价格—区位链都要相应提高。但是，如果不论利用或未利用土地都要征税，那么，税负将由土地

---

[28] Christopher Tunnard, *The City of Man* (New York: Chas. Scribner's Sons, 1953), p. 180.

所有者承担。在经济体的边际区位，即使在很低的价格下，土地所有者也愿意把土地出租，因为这可以减轻其土地税收的负担，在这一情况下，边际和均衡价格－区位链与不征税的情况下是相同的。

第四节　分区

117

任何土地利用类型或者任何类型的土地利用密度及集约度都可以进行分区。分区是政府当局对土地用于某种用途或不能用于某种用途的限定，它代表了对自由市场情况下的可能的修正。由于分区和自由市场所形成的最终结果通常是一致的，因此，分区并不总是一种修正，分区也不是固定不变的。事实上，尽管有时候是被动调整的结果，但分区边界通常符合市场自发形成的边界，有时候分区甚至需要积极参与到土地市场当中，无论在该制度形成还是在制度解除及变迁中。就如在大地块分区规划的情况下，经常会有这样的观点：分区规划在短期内是对抗市场力量的，但从长期来看，政府当局通过持有土地，并且在条件成熟的情况下再允许土地入市，从而达到长远上更好地服务市场的目的。在这里，我们不讨论土地分区制度层面的内容，我们的重点在于：如果分区有约束力并起到作用，它对土地价格、建筑密度、居住情况等的影响是什么，并从中得出一般化的理论。而当分区不具有影响市场的作用力时，它将不会影响自由市场解。

1. 土地利用分区

通过土地利用分区，规定了一些土地不能用于某类用途。这一制度制定的前提是，在自由市场条件下，某一被禁止的土地利用类型将会占用这些土地，也就是说，这类被禁止的土地利用类型能够给出最高的竞价，并且，在这一块被限定用途的土地上，其竞价函数是不连续的。通过土地分区制度的实施，能够给出次高价格的土地使用类型将占据这块土地。针对这一模型，需要详细说明的是在这一定面积的土地上，对土地的竞价函数的不连续性，并且，根据这一说明，得出其均衡和边际价格—区位链。

确定的土地利用分区制度的影响较为简单。就其对场地的直接影响看，由于竞价最高的土地利用类型被限制，那么价格次高的土地利用类型取得土地的优先使用权，这一条件下形成的场地的土地价格低于自由市场条件下形成的土地价格。对于被分区制度所限制的土地利用类型来说，虽然其在自由市场情况下给出的竞价较高，但它在划定区域内仍然不被允许，由此产生的结果是这一

118 土地利用类型需要负担更高的价格或者导致利润及效用降低，而在农业用地情形下，会导致农产品价格上升。从不太严格的意义上说，土地分区可以看做是对某类用途土地可用地供给量的减少，另一方面，对其他用途的土地来说，这样的分区则意味着其面临的竞争减小，从而形成较低的均衡竞价曲线。

考虑一个城市，这个城市中有自由的土地市场，在某一天，城市通过一项土地利用分区法令，规定每一地块只能按照目前的用途继续开发利用，那么，在这一条件下，城市里每一种利用类型的土地都会形成各自独立的土地市场，这些不同类型土地各自的土地市场不同于原来唯一的、自由的、各土地利用类型相互依赖的土地市场。乍一看，每一类不连续的土地所形成的市场边际价格为

零，并且每一类土地市场的边际和均衡价格—区位链也只是上升到适当的高度，因此，总体的价格结构曲线就像锯齿一样。如果情况果真如此，那么土地总租金就将很低，同时，由于每个人的竞价曲线都在低位，因此，居民满足程度和厂商经营获利都会比较高，而农产品价格会比较低。然而，这也正说明了忽视土地数量的问题，由于土地价格较低，因此，土地需求的价格弹性为正，占用者倾向于占用较大面积的土地。考虑到这一点，土地所有者就会提高土地价格，如果现时的土地占用者不能负担更高的价格，那么他的“邻居”由于不满足于现有的土地占用量，就愿意为这块土地支付较高的价格，从而取得这块土地的使用权。在这种情况下，土地所有者就会不断地提高土地价格，直到达到不再有扩张的土地需求出现为止。最后的结果就是：在一定价格水平下，所有的土地都被占用，土地占用者得到在这一价格水平下他能占用的尽可能多的土地。当然，这一价格结构也恰恰是在自由市场条件下形成的价格结构。因此，我们所考虑的土地分区制度并未影响区域土地价格结构。

2. 发展密度和集约度分区

这种类型的土地分区将会限制土地占用率。在通常情况下，这种分区通过在居住区内规定单个家庭的最小地块面积而确定最大 119
的土地占用率。为完整起见，在这里我们也考虑相反的情况，即分区通过规定每个家庭的最大地块面积而确定最小土地占用率。通常情况下的这一分区可以这么说，例如，规定在一块 60×80 平方英尺的土地上不得少于两户，也就是说，规定了每户住房占用的土地面积不得超过 2 400 平方英尺。分区制度也可以通过规定小于一定土地占用面积的房屋不得开工建设而设定土地最小占用率。

通过进一步分析竞价函数的性质，我们可以更好地理解发展密度分区。前面我们把单个居民的竞价看做距离的函数 $p(t)$，每一区位所有土地都得到最优利用。接下来，我们需要考虑现在的竞价下的土地利用数量而非土地最优利用，因此，实际上，我们所考虑的是距离和土地利用数量的函数 $p(t,\ q)$。在距离一定的条件下，土地在均衡数量时，其竞价最高，如果分区制度迫使土地占用者购买的土地多于或者少于实际需求数量，竞价就将比较低。一方面，当分区制度促使居民购买的土地数量多于自由市场情况下的土地购买量时，那么其对每单位土地的竞价将相应下降。另一方面，如果是规定最大地块的分区规划，则会使居住者实际购买的土地少于他们计划购买的土地，为达到竞价曲线上同样的满足程度，那么他就需要购买更多的综合商品弥补其满足的损失，并且，综合商品的价值应高于丧失的土地对应的价值。㉙ 图 6—3 给出了价格与数量的竞价函数，q_e 是在自由市场条件下，价格为 p_e 的土地均衡数量。曲线上小于 q_e 数量的一段（q_e 的左边）是在最大地块
120 分区约束下同等效用水平下的竞价曲线，大于 q_e 数量的一段（q_e

㉙ 以下给出了进一步的证明。考虑效用和预算方程：(4:6) $u_0=u(t,q,z)$；(4:7) $y=p_z z+p_i(t,q)q+k(t)$，竞价 p_i 是土地数量和距离的函数。在最大效用水平条件下，从等式(4:9)进一步得到在 t 给定时，$u_q/u_z=[q\,dp_i/dq+p_i(q)]/p_z$，式子可以变形为 $dp_i/dq=[(u_q/u_z)pz-p_i(q)]/q$。当在自由市场条件下，$q$ 在均衡位置时，方程 (4:8) $u_q/u_z=p_i/p_z$ 成立，此时 $dp_i/dq=0$。在最大地块分区时，q 小于自由市场均衡时的数量，$u_q/u_z>p_i/p_z$，此时，竞价曲线斜率为正（$dp_i/dq>0$）。在最小地块分区时，q 大于自由市场均衡时的数量，$u_q/u_z<p_i/p_z$，此时，竞价曲线斜率为负（$dp_i/d_q<0$）。换句话说，在同等效用水平时，自由市场条件下的均衡值 q 对应的竞价最大，其他条件下的土地占用数量所对应的竞价都小于这一价格。

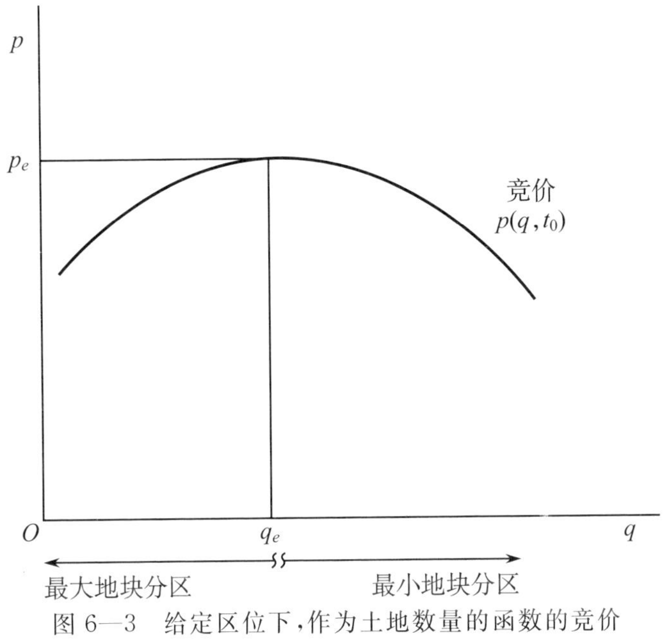

图 6—3　给定区位下，作为土地数量的函数的竞价

的右边)是在最小地块分区约束下同等效用水平下的竞价曲线。

结合图 6—4，研究居住区地块面积分区的影响。其中图 A 和图 B 是设定最小地块面积分区的两种基本情况，图 C 和图 D 是设定最大地块面积分区的两种基本情况。在点 a、b、b'、c 垂直于 q 轴的四条直线代表四种可供选择的最小或最大占用地块。在最小地块面积分区情况下，只允许大于最小地块的土地开发活动，相反，在最大地块分区情况下，只允许小于最大地块的土地开发活动进行。为更好地识图，在图的下方添加指向不同的小箭头，其中，图 A、B 中的箭头指向朝右，图 C、D 中的箭头指向朝左。图 A 和 C 中，自由市场条件下较高的竞价 p_y 对应于较小的土地使用量 q_y，图 B 和 D 中，自由市场条件下的较高的竞价 p_Y 对应于较大的土地使用量 q_Y。在偏好相似的假设下，富裕阶层将会购置更多的土地，对某一个较为富裕的土地需求者来说，他所对应的以土地数量为自变量的竞价函数在土地数量较大时取得最大值。为进行区分，图中的竞价曲线分别标注为 bp_y 和 bp_Y（其中标注为 Y 的代表较富裕土地需求者的竞价曲线），两种不同曲线在自由市场条件下的土地均衡数量分别为 q_y 和 q_Y，对应的竞价分别为 p_y 和 p_Y。

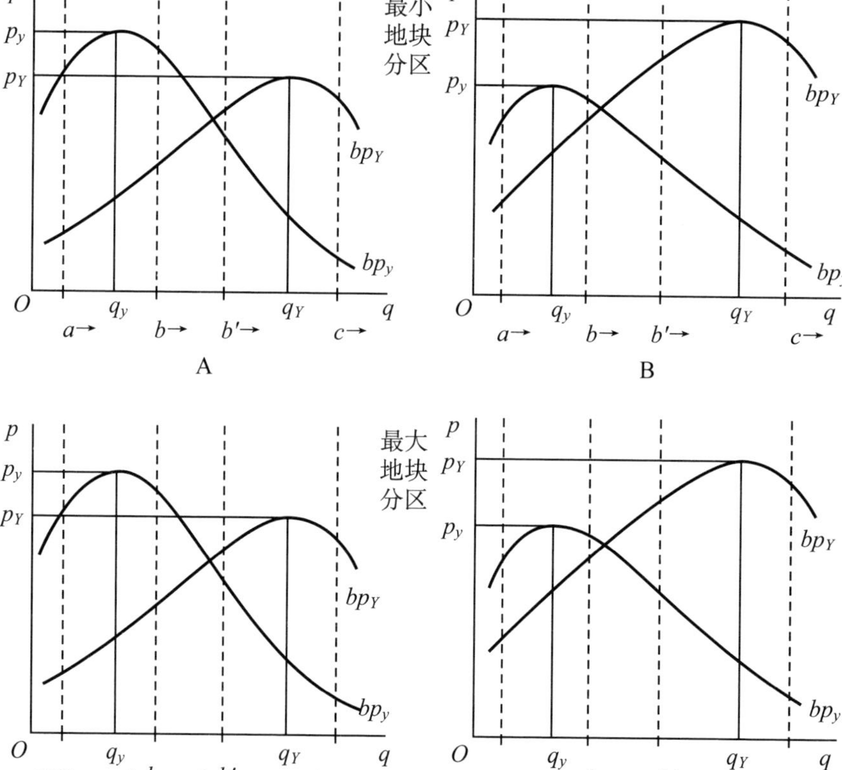

图 6—4　最大地块和最小地块分区的影响

注：对照表 6—1。

表 6—1 给出了图 6—4 中展示的有关占用者、土地利用数量以及价格的信息，同时也给出了在自由市场条件下土地利用数量及价格等的相关情况。

表 6—1　自由市场及不同分区条件下的土地占用、土地数量以及土地价格情况 122

条件	最小地块分区						最大地块分区					
	图 A			图 B			图 C			图 D		
	占用者	土地数量	土地价格	占用者	土地数量	土地价格	占用者	土地数量	土地价格	占用者	土地数量	土地价格
自由市场	y	q_y	p_y	Y	q_Y	p_Y	y	q_y	p_y	Y	q_Y	p_Y
情形 a	y	q_y	p_y	Y	q_Y	p_Y	y	a	$<p_y$	y^*	a	$<p_y$
情形 b	y	b	$<p_y$ $>p_Y$	Y	q_Y	p_Y	y	q_y	p_y	y^*	q_y	p_y
情形 b'	Y^*	q_y	p_Y	Y	q_Y	p_Y	y	q_y	p_y	Y	b'	$>p_y$ $<p_Y$
情形 c	Y^*	c	$<p_Y$	Y	c	$<p_Y$	y	q_y	p_Y	Y	q_Y	p_Y

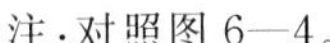

注：对照图 6—4。

* 表明对应于自由市场情况改变后占用情况的改变。

图 A 中，在自由市场条件下，土地将流向低收入者，其为此支 123
付的价格为 p_y，购买的土地数量为 q_y。如果限定的最小地块为 a，那么分区制度对其没有影响，土地占用情况不会改变。如果限定的最小地块为 b，低收入者给出的竞价仍然较高，但要低于价格

p_y，这主要是由于他将不得不够买多于其实际需求量的土地。当限定最小地块为 b' 时，低收入者的竞价下降到 p_Y 的水平，此时，土地就会流向较高收入者，他们的均衡价格为 p_Y，均衡数量为 q_Y。即使最小地块面积增大，例如在高于 q_Y 的 c 点、竞价下降到低于 p_Y 的位置，这仍不会影响较高收入者对土地的占用。

图 B 中，在自由市场条件下，土地将流向高收入者，其为此支付的价格为 p_Y，购买的土地数量为 q_Y。只有当地块面积高于 q_Y（例如在 c 点）之后，最小地块分区制度才具有约束力，此时土地价格低于 p_Y，土地占用情况不变。

图 C 给出了最大地块分区制度的影响情况，在实际中，这种分区制度较少。这一案例中，在自由市场条件下，低收入者给出较高的竞价 p_y、土地占用数量为 q_y。如果设定最大地块面积为 a，那么低收入者无法获得他所期望数量的土地，因此，他给付的价格低于 p_y，但土地仍由其占用。当分区制度规定的最小值高于 q_y 时，土地利用情况将由市场竞争决定，分区制度对土地使用情况不产生影响。

图 D 也是对最大地块分区影响的分析，与图 C 中不同的是，在这里高收入者给出的自由市场条件下的竞价较高，其价格为 p_Y，在这一价格下土地占用数量为 q_Y。如果设定的最大地块面积为 a，那么，土地将向较低收入阶层转移，此时，由于较低收入者可占用的土地数量低于其期望的土地数量，因此，他支付的土地价格低于价格 p_y，如果设定的最大地块面积为 b，那么土地仍将流向低收入者，此时，低收入者的土地占用量及购买价格与其在自由市场条件下的情况一致，即土地占用量为 q_y，价格为 p_y。当设定

的最大地块面积为 b'时，高收入者的竞价将超过 p_y，尽管此时的可用地块面积小于高收入者的期望使用面积，但土地仍将流向收入较高者，他所实际购买的土地面积为设定的最大面积 b'。最后，当最大地块超过 q_Y，例如在 c 点时，相关分区制度将不再具有约束力。

3. 模型的使用 124

第五章给出的有关自由市场的模型也可以在此使用。然而，由于这里给出了新的限制条件，即土地分区制度约束个体的竞价函数，此时，在这一区域内，竞价函数不是由土地使用者的最佳土地占用量为基础而得出，而是使土地占用数量符合分区制度对地块面积的规定而得出。在这一前提下，竞价函数仍然可以用来构建边际和均衡价格－区位链。根据表 6—1，可以看出，无论何种情况，土地占用面积为市场竞争形成的土地占用面积、分区制度规定的最大地块面积或最小地块面积这三者中的任何一个，而非任何其他面积数。

4. 分区政策与市区重建

在本章第三节中，我们看到，就美国占主导地位的有关对土地的偏好看，富裕阶层倾向于选择城市外围区位而贫困阶层则在市中心。当前的市区重建计划意在把城市中心区的贫民窟改造成租金高昂的公寓，吸引富裕阶层进驻，并把低收入阶层推向城市外围区，通过计划的实施，促成富裕阶层和贫困阶层在区位上的双向对流，从而实现市区重建。然而，如果我们前面对于不同收入阶层区位选择的分析是正确的，即富裕阶层并不会被吸引到市中心区，相反，贫困阶层则会在市中心区聚集，那么，这一市区重建计划很可能达不到预期效果。

另一方面，根据我们对分区制度对土地区位选择影响的分析，可以看出，通过制定分区制度，能够改变人们的区位选择。从我们在第三节中收入及距离对竞价的影响分析看，在城市外围区，富裕阶层能够支付更高的竞价，而贫困阶层则只能在距离市中心较近的区域。图 6—4 中 B 和 D 两幅图适用于分析城市外围土地的占用情况，而 A 和 D 两幅图则适用于城市中心区位的土地占用情况。进一步参考表 6—1，我们可以看出在城市外围区(图 6—4 - B)的最小地块分区会使土地向富裕阶层集中，而在设定最大地块，并且最大地块面积足够小时，城市外围区的土地将流向贫困阶

125 层(图 6—4 - D)。相反，在城市中心区位，最小地块分区会使土地由贫困阶层占用转向由富裕阶层占用(图 6—4 - A)，而最大地块分区则仍然使较低收入者占用土地(图 6—4 - C)。

以上分析表明，要实现市区重建的目标，必须辅助以有力的城市土地分区制度，这一分区制度需要在城市中心区规定最小地块，从而使较高收入者向中心区集中，同时需要在城市外围区规定最大地块，促使较低收入者向外围区聚集。需要注意的是，当前的土地分区政策则因为在城市外围区设定了较大数值的最小地块面积而使得当前的城市中心区重建计划不能很好地实施。此外，由于城市政府对一个综合而协调的土地分区制度有较为迫切的需求，因此，就需要对分区制度与市区重建活动的相互作用进行充分的分析和研讨。

第五节　理论及应用模型的经验验证

对理论以及经验模型进行验证无疑是很有必要的。在城市空间结构研究中，对城市土地价值空间差异的研究具有重要意义，这也得到众多研究者的认同。我们的理论探讨也基于这样的认识。很显然，城市空间结构具有一定的规律性，很多有关城市空间结构的社会经济机制的研究都把距离作为一个重要的影响因子，我们的理论也不例外。当然，这也并非我们所要介绍的理论的特别之处。接下来，将粗略介绍对理论采用的可能的验证方法。

在浩繁的城市研究文献中，很多都从经验证据中得出收入和
距离与土地价格间存在动态关系，但就我所知，尚没有对这种关系
进行准确分析的研究。主要原因可能在于：一方面，数据获取困
难；另一方面，缺乏清晰的理论框架。然而，基于这些变量的理论
无疑需要对这一相互关系进行实证分析。因此，我们先验证一个
简单的问题：土地花费是否与收入以及离市中心的远近有关？根 126
据 1950～1952 年美国费城的数据，对这些变量进行回归分析。虽
然观测样点数量不多，并且有些数据质量不尽如人意，但可以看
出，它们之间存在显著的相关性[30]，得出的公式如下：

$$pq = -222.65 + 0.4357(\pm 0.1275)y - 90.107(\pm 22.703)t$$

$$R = 0.69 \quad S = 375.67$$

p：每平方英尺土地价格（美元）；

[30] 对这些变量的确切定义及数据来源参见附录 C。

q:户均土地面积(平方英尺);

y:家庭收入(美元);

t:距市中心的距离(英里)。

正如我们定性的分析一样,根据公式也可以得出这样的结论:收入增加,土地花费增加;随着距市中心的距离的增大,土地花费降低。在此,我们也得出了变量之间的相互关系。[31] 这一结果证实了涉及这些变量时,理论是成立的,但这并不能证明任何情况下理论都正确。

对费城相关数据的分析证明了以下几点:①距离市中心越远,土地价格越低;②距离市中心越远,发展密度越低,换句话说,随着远离市中心,户均占用土地面积增大;③居民占用土地面积随着收入增加而增大;④距离市中心越远,收入水平越高。[32] 在此,一个有趣的问题是:既然随着远离市中心,发展密度降低,家庭收入增加,那么,地均家庭收入如何呢?换句话说,随着距市中心距离的增大,"收入—密度"是降低还是增加呢?根据对费城的研究,在距市中心超过 12 分钟行程范围内的区域内,"收入—密度"随着距离

---

[31] 这些变量以及其他变量之间存在显著的相关性,就像房屋类型和建筑年代的相关一样。因此,变量选择的有效性需要根据相关理论进行检验,以便剔除具有显著相关性的部分变量。

[32] 可以对调查单元得出如下回归方程:$t=1.88+0.488y$;$r=0.84$;$S_y=3.92$;$N=62$;$\bar{t}=17.51$ 为调查单元到市中心的平均通勤时间,与费城城市规划委员会计算的结果相同;根据 1950 年美国人口普查数据等相关数据,中等家庭收入为 3 206 美元($\bar{y}=32.06$)。对费城城市规划委员会给出的有多个通勤时间的样点,在进行计算时予以排除。

的增加而下降[33]，这也表明在这一区域范围内，每户所占用的地块 127
面积增长速度快于收入增长率。在距离市中心不超过12分钟行程的区域内，情况则稍显复杂：一些观测点的数据在回归曲线附近，也在标准误允许的范围之内，但相当多的观测点则并非如此。总体而言，在这一范围内，调查单元的中等家庭收入都非常低。* 在18个调查单元中有13个的中等家庭收入在700～1 500美元之间。而在一个标准误范围内，6个调查样点中的5个收入在1 900～2 700美元之间；高于这一范围的3个调查单元的这一收入在2 000～2 900美元。

根据中等家庭收入画出"收入—密度"图，样点分布就像倒"V"字形，每公顷土地上家庭收入随着中等家庭收入的增加而增加（家庭收入每增长100美元，每公顷土地上家庭收入的增加大约为6 700美元），并且当家庭收入在2 700美元时（大约低于整个区域中等家庭收入400美元），每公顷土地上的家庭收入达到最大，

---

[33] $y/q=222-5.35t$；$r=-0.63$；$Sy=37.0$；$N=49$；根据费城城市规划委员会的数据，每公顷纯居住用地家庭收入为119 200美元（$\overline{y/q}=119.2$）；$\bar{t}=20.4$为距离市中心的距离，单位为分钟路程。在费舍尔z-转换的3个标准差内，r可能的变化范围为-0.283到-0.828，因此，尽管相关系数不高，但却有较好的显著性。在判断相关系数和标准误时，我们必须考虑在获取数据时可能存在较多测量上的偏差。收入数据是根据美国人口普查的中等家庭收入信息，由费城城市规划委员会估算的值；场地面积数据的可靠性在附录C中讨论。由于因变量是这两个数据的比值，因此，其误差是二者的复合误差。自变量是时间—距离，也可能包含多种误差，因此在一定等时线内，根据一定标准，对研究样点进行分类。考虑到这些因素，相关系数比较小也就在预料之中了。

* 译者注：中等家庭收入是一个具有可比性的收入。因为贫富悬殊，平均收入可能看起来很高，但那可能是被极富团体拉高的，并不具有代表性。而中等收入是在上下各50%人口中的中间值，因此具有可比性。

之后，每公顷土地上家庭收入减少（此时，家庭收入每增长 100 美元，每公顷土地上家庭收入的减少量大约为 6 700 美元）。

这些研究结果不仅对研究市场[34]和税收具有重要意义，而且对土地收入需求弹性也有解释意义，根据研究，对较低收入者（以2 700 美元为界）来说，土地需求的收入弹性（土地需求变化量与收入变化量的比值）大于 0 小于 1，收入超过临界点后，弹性大于 1。[35]

128 然而，应当指出的是，由于土地需求数量的改变不仅是收入变化的结果，而且也是区位选择的结果（区位选择影响乃至决定土地价格和通勤成本），因此对土地收入弹性的计算是总体测算，总体收入弹性是净收入弹性（价格和通勤成本不变）、价格弹性以及通勤成本对收入影响的复合结果。

对理论的验证需要更多有说服力的实证研究。从社会心理学对偏好的研究以及对花费模式的详细研究等[36]，我们可以进行一

㉞ 当距离足够大时，收入—密度分析是人口—收入潜力模型（最初由社会物理学者提出，并被市场、交通及其他研究者广泛使用）的一种极端情况。

㉟ 每公顷收入变化为 $\Delta(y/q)=(y_1/q_1)-(y_0/q_0)$。如果我们定义 $\Delta y=y_1-y_0$，$\Delta q=q_1-q_0$，替代第一个等式中的 y_0 和 q_0，则该式变形为 $\Delta(y/q)=(\Delta y q_1-q y_1)/q_1(q_1-\Delta q)$，曲线的斜率为：$\Delta(y/q)/\Delta y=[q-(\Delta q/\Delta y)y]/q(q-\Delta q)=[1-(\Delta q/q)(y/\Delta y)]/(q-\Delta q)$。可以看出：式子中分母为正，分子中的表达式 $(\Delta q/q)(y/\Delta y)$ 为收入弹性。因此，当收入弹性小于 1 时，根据户均收入画出的每公顷土地收入的曲线的斜率为正，当收入弹性大于 1 时，曲线斜率为负。即使收入很低时，根据数据，也可以得出收入弹性仍然大于 0，这样，就从统计学上证明了土地的边际效用均为正值的一般假设。

㊱ 例如，根据观测，在过去多个世纪，居民住房消费的比重长期下降，而同期住房消费比例的下降份额与交通及娱乐休闲消费比例的增长量基本相等。经济循环对消费者花费模式也有类似的影响。参见 Nelson N. Foote，J. Abu-Lughod，M. M. Foley，and L. Winnick，*Housing Choices and Housing Constraints*（New York：McGraw-Hill，1960）。

系列的验证。然而，在这里我们要对由理论得出的结论进行检验，而不是对理论的假设进行检验。在前面，我们曾把相似家庭分为一组，建立其竞价曲线。在此，收入相似家庭的划分较为简单，根据相关数据即可，不过，土地需求偏好的相似性则较为难以精确分析。然而，根据家庭规模、职业[37]以及种族[38]等特征，我们假定在特定的组群内，人们的需求倾向或偏好性具有或多或少的相似性，根据这样的分类，可以把城市人口分成若干组群，观测这些组群在不同距离上愿意支付的价格，并对其进行回归分析，就能够得出相关组群的均衡竞价曲线。[39]

129 事实上，用于进行回归分析的数据是根据土地当前实际占用情况观测到的数据，根据定义，所有人都应选择符合均衡竞价曲线决定的区位。因此，对应于不同规模和不同人口组成的城市，对同一组群数据进行回归分析，就能够得到竞价曲线映射。同时，通过考察这些城市中不同区位的可用土地数量，就能够得出土地供给方的变化情况。最后，通过插补法，就能得到每一个组群的完整的竞价曲线映射。在此过程中，如果我们同时在距离上计算地块大

㊲ 例如，据观察，相同收入水平的蓝领和白领阶层具有不同的居住模式，据此推论，两者也具有不同的消费倾向性和偏好性。参见 O. D. and B. Duncan, "Residential Distribution and Occupational Stratification", *The Amer. J. of Sociology*, 60: 493-503(Mar. 1955)。

㊳ 见 Leo Grebler, *Housing Market Behavior in a Declining Area* (New York: Columbia University Press, 1952)。

㊴ 尽管根据需求偏好对城市人口的划分是较为特别的，但根据收入进行分组则较为明确，根据相关理论，不同组群应具有显著不同的相关系数。另一方面，根据不同组群间的回归系数是否具有显著差异，可以确定按照家庭规模、职业等尺度划分的人口组群间的相关性。

小(净居住密度的倒数)的回归方程,就能得到一个预测模型的基本要素。[40] 预测某组群在未来某一时刻的人口总数,应用第五章所给出的方法我们可以给出市场解。至于组群内个体的区位选择,市场解并不能予以准确解释,但这并不影响这一方法的有效性。在这一分析中,对于个人居住地的形状也没必要进行假设设定。市场解能够预测城市的扩展以及内部发展密度[41],同时也能够对不同组群土地需求的价格结构和区位选择进行预测。

读者或许会认为我们对实证检验和预测模型的应用过于乐观。诚然,统计和定义的问题是较为困难的,数据也很难获得(特别是土地价值数据)。[42] 此外,如果实证分析不能很好地验证我们的理论,那么自然也无法得到准确的预测模型。然而,即使无法证
130 明我们的理论,对这一问题的分析也是一个重大的进步,这将促使人类生态学家和土地经济学家重新审视其研究的基本原则。

对竞价曲线的回归分析中,易于产生错误的因子尤其需要注意。除度量错误以外,我们实际观测到的土地价格与该位置得出的回归价格的不同可以归因于在理论中我们没有考虑到的变量。例如,我们在分析时假设整个城市建设在均质平原上,但实际上,城市是建设在高低不平的地面上,有时候有河流穿过,并且还有盛

---

[40] 在对城市中数据进行均质化处理的过程中,应考虑地块面积的一些限制因素。这些限制因素包括分区制度以及在前期进行实际开发的分块土地。如同在本章第四节中对分区的分析一样,在这里对这些限制因素的分析有利于得出以距离和土地数量为自变量的竞价函数。

[41] 温戈在其《交通和城市土地》中指出当价格结构是平滑曲线时,不同组群间界线处的发展密度会发生急剧变化。

[42] 参见附录C中对这些问题的讨论及其对这些问题的处理方式。

行风向的差异。某一区位土地实际价格与按照该区位实际占用组群的竞价回归函数计算的土地价格间存在差异，这一差异可以看做回归函数准确性的测度。我们还假定所有人为“经济人”，但事实上，人们更加具有社会性。实际观测值和计算值的差异也可以用来分析某一地块对实际占用组群的社会吸引力。例如，在研究中我们发现地位较低的白领阶层宁愿支付较高的价格居住在地位较高的白领阶层居住的区域内，而不愿意住在蓝领工人居住区内。回归分析中的误差因子也可以用来定量测算某些变量的影响，这些变量虽然很重要，但却难以直接量度。

第六节　城市形状

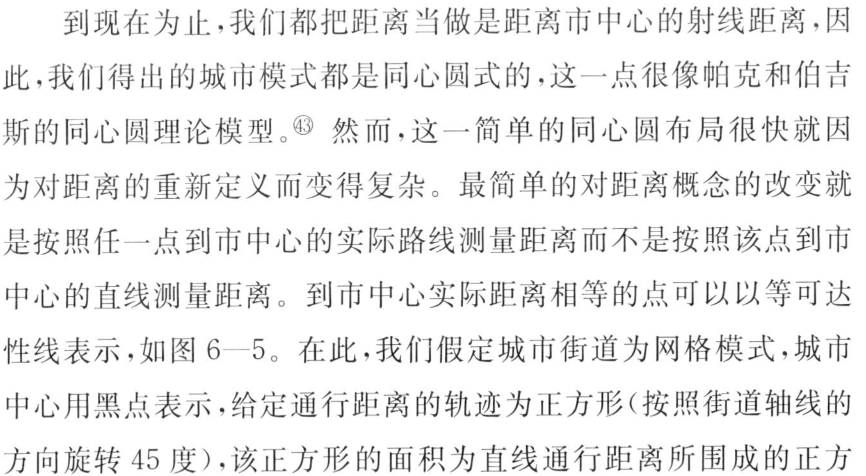

到现在为止，我们都把距离当做是距离市中心的射线距离，因此，我们得出的城市模式都是同心圆式的，这一点很像帕克和伯吉斯的同心圆理论模型。[43] 然而，这一简单的同心圆布局很快就因为对距离的重新定义而变得复杂。最简单的对距离概念的改变就是按照任一点到市中心的实际路线测量距离而不是按照该点到市中心的直线测量距离。到市中心实际距离相等的点可以以等可达性线表示，如图 6—5。在此，我们假定城市街道为网格模式，城市
中心用黑点表示，给定通行距离的轨迹为正方形（按照街道轴线的 131
方向旋转 45 度），该正方形的面积为直线通行距离所围成的正方

[43] 参见帕克(Park)和伯吉斯(Burgess)的《城市》(*The City*)一书，作为该理论的摘要版，也可以参考 Chauncy D. Harris and E. L. Ullman，“The Nature of Cities”，*The Annals*，242:7-17(Nov. 1945)。

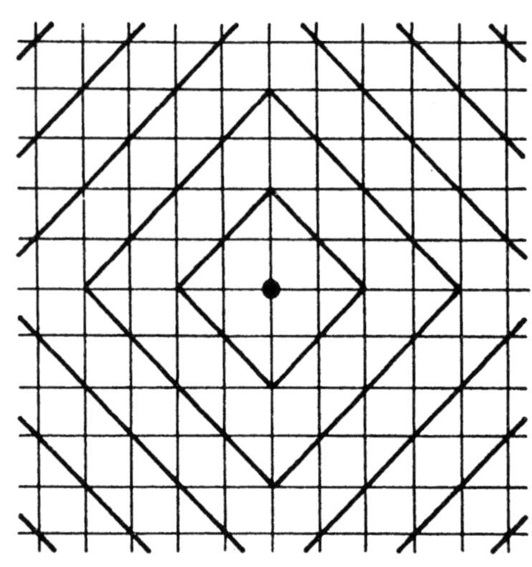

图 6—5　单一正方形网格街道模式的等时线

形面积的 2 倍。在这样一个街道模式中所涉及的问题能够通过第五章中所描述的方法加以解决，在此，可利用土地的面积为：$S(t)=2t^2$，t 为到市中心的通行距离。㊹ 最后，所形成的居住区模式是同心正方形而不是同心圆。㊺ 其他的街道模式会产生不同的城市形态，然而，只要街道模式是辐射对称式的，那么城市形态基本上也是环形的，而不规则的街道布局则必然或多或少地影响

㊹　如果街道模式已知，那么为了更为精确地计算面积，应当扣除街道所占用的土地面积。例如，当街道宽为 s，街区宽度为 b 时，扣除街道面积后的可以用土地面积为：$S(t)=2t^2b^2/(b+s/2)^2$。

㊺　19 世纪中期芝加哥土地价值类似于该模式，参见 Homer Hoyt, *One Hundred Years of Land Values in Chicago* (Chicago: University of Chicago Press, 1933), Fig. 11, p. 71 (year 1856), Fig. 12, p. 72 (year 1857), and Fig. 21, p. 114 (year 1873)。伯格尔(Egon Bergel)已经提出把帕克-伯吉斯城市同心圆模型转换为正方形模型，但未提出对正方形进行 45 度旋转(*Urban Sociology* [New York: McGraw-Hill, 1955], p. 109)。

城市的环状形态。如果在这里变量 t 按照实际距离量算而不是按照到市中心的射线距离量算，那么在研究过程中基本的逻辑和方法并不受影响，只是此时计算可用土地面积 $S(t)$ 的公式将变得更为复杂。

我们进一步分析因交通工具不同而产生的通行距离的差异。132
例如，乘坐火车或在高速公路上走一英里的路程与乘坐普通电车以及驾车走在拥挤的城市道路上走 1 000 英尺，所用的时间可能差不多。图 6—6 中给出了某城市的等可达性线，该城市有高速两条公路：XX 和 YY，两条公路在城市中心处垂直相交；城市其他道路呈网格状，在这些道路上运行同等距离需要的时间为在高速公路上所需时间的 h 倍。以城市中心位置为原点(0,0)，则从任

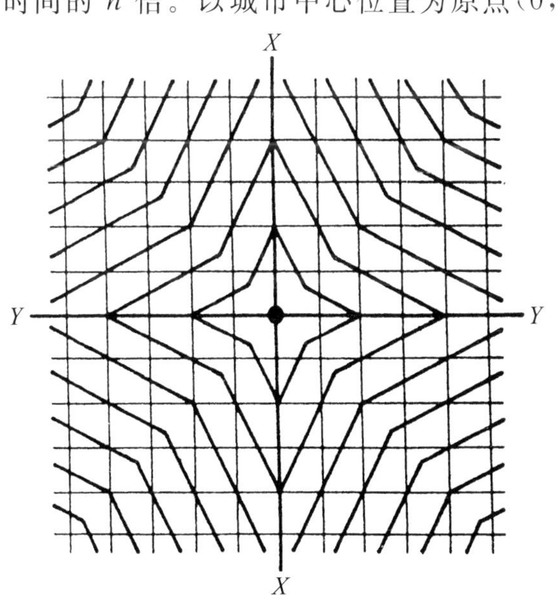

图 6—6　正方形网格街道并且有两条相交高速公路模式下的等时线

一点(x, y)到市中心的最小实际距离可以根据如下公式求得：

$$\begin{cases} t = \dfrac{|x|}{h} + |y| & \text{当} |x| > |y| \\ t = |x| + \dfrac{|y|}{h} & \text{当} |x| < |y| \end{cases}$$

在本例中，等可达性线形成四角星形。对等时线函数求积分，
133 即可得到可用土地面积 $S(t)$，对任何给定的距离 t，也可以利用测积器测算相应等距线围合的地块面积。如果考虑更多不同道路上的行驶速度，则会形成更为复杂的几何图形，包括环形、射线、割线等等，其处理方法与前面类似。[46] 图 6—7 也给出了某城市的等可达性线，该城市有一条环绕城市的正方形高速公路和两条相交的高速路，相交高速路交点在城市中心，城市其他道路呈网格状。

然而，当有不同的交通方式可供选择时（例如，道路质量不同、
134 公共交通对私人交通的问题等），我们不仅需要考虑城市的几何形状问题（这一问题不难解决），而且在此有个概念上的问题。在文献中，我们经常看到通行的等时间及等成本曲线，很显然，时间和成本这两个变量对我们的理论非常重要（如同舒适度、自由度、便利度以及这些的对立面负效用等变量一样）。前者反映在个人的效用函数中，后者则反映在个人预算平衡中的通勤成本支出方面，而两者也反映在公式中的边际替代率和边际成本上。问题在于高

---

[46] 海斯（C. B. Hayes）对芝加哥公路沿线的土地价格进行了实证研究，发现尽管从市中心开始土地价格总体是下降的，但公路沿线土地价格形成一条脊线，并且在以每个车站为中心的区域，土地价格有显著增加。这与通过理论推测的结论是一致的。参见 C. B. Hayes，“Suburban Residential Land Values along the C. B. & Q. Railroad”，*Land Economics*，33：177-181（May 1957）。

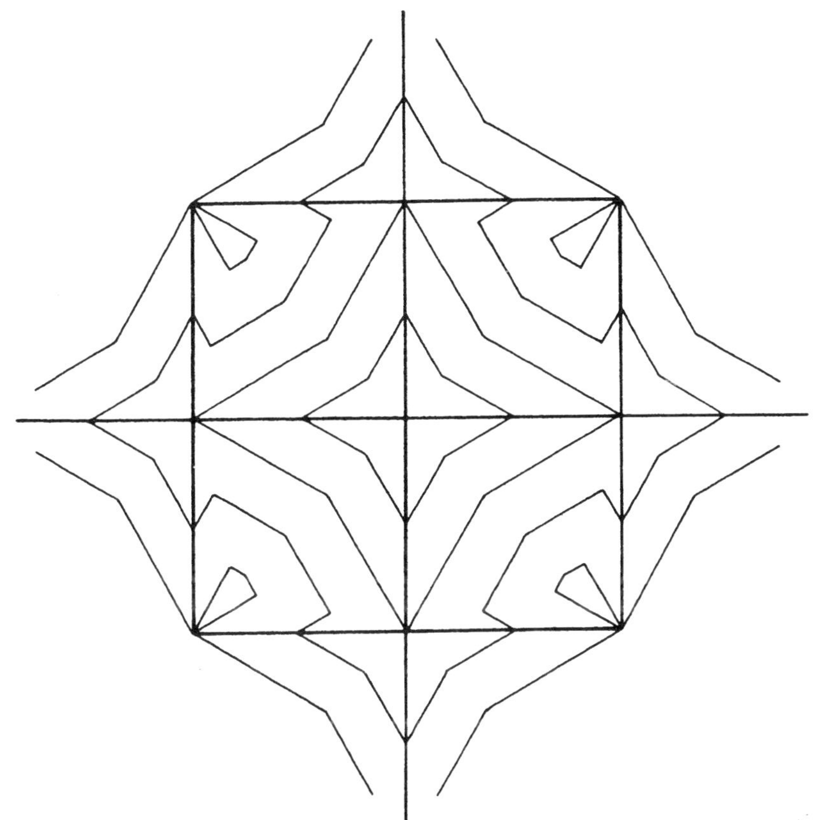

图 6—7　拥有一条环绕城市的正方形高速公路和两条相交高速公路模式下的城市的等时线

速路可能使出行时间大大缩短，但可能增加出行成本，换句话说，时间和成本在一定程度上是各自独立变化的，并且不同类型道路上的距离不能直接比较。虽然通过比较不同类型道路上同等距离的价格差别可以得出一个经验指数，但该指数的意义并不明确，并且还可能是变化的。测算某一区位到市中心区的时间和成本，并且得出以这两个自变量为基础的竞价函数能够较好地满足我们的要求，但做到这一点是很困难的。[47]

对城市中心的概念也有必要重新定义。到目前为止，我们只假定了单一的、通用的城市中心[48]，但其他形式也需要加以考虑。在重新定义中，最为简单的是城市有两个独立中心的情况，如图6—8中A、B点为同一城市中两个独立的中心，每个中心都各自服务于一定数量的人口，如果这两个城市中心距离足够近，那么就会有一部分公共土地供两个城市中心区各自对应的服务人口竞价使用，最后，出价高者竞得土地。在此情况下，最终形成的城市形态如图6—8所示。图的上半部分是代表城市区域的简图。如果两个城市中心服务的人口支付的租金水平相同，那么两个城市中心所各自形成的服务区域的界线是连接 A、B 两点直线的一条直

135 线（图中直线 LL）。图的下半部分是土地价格曲线，虚线部分则是分界线 LL 另一侧人口给出的低于土地实际成交价格的未成交价格。图6—9描述了有两个中心的类似的情况，不同的是这两个城市中心中一个为大的城市中心 A、一个为较小的中心 B。中心 B 服务的区域被中心 A 服务的区域完全包围，假如中心 B 是一个独立的中心，那么其辐射范围内的人口愿意为土地支付的价格就会低于当前实际的土地价格，因为当前实际的土地价格是在与中

[47] 由于从某一地点到另一点有多种可选择的出行方式，因此，这一问题更为复杂。通过为某种通行指定常用的交通方式，也就较为容易地计算出时间和成本，通过这样的方法，或许能够使问题变得简单。然而，为了判断这一问题，我们需要进行更为详细的理论分析，包括出行时间、成本、舒适度之间准确的替代作用等。可以比较温戈在《交通和城市土地》中有关时间和成本的综合分析。

[48] 尽管不是所有的就业、购物等都在中心区，但无论如何这些活动在城市中心区进行是最为方便的。城市中心类似于物理学上物体的重心。

心 A 辐射范围内的人口的竞争中形成的价格。假如 B 是一个均质平原城市的单一中心，那么其土地价格就处在较低的水平上，并且居住密度也较当前为低，如图中阴影部分所示。

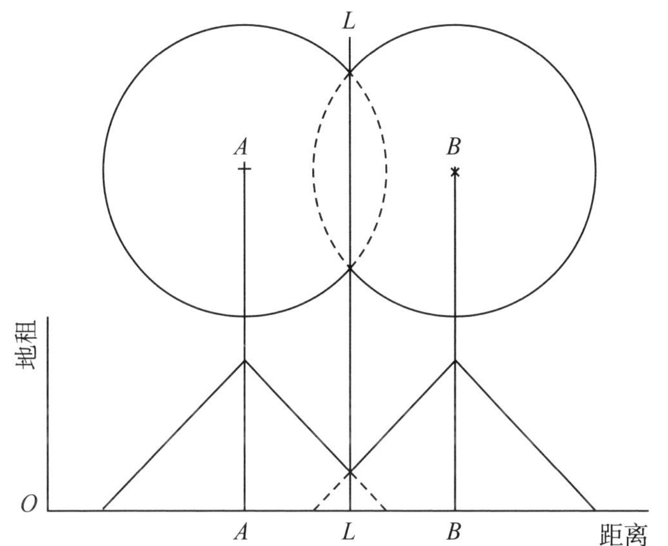

图 6—8　处于竞争关系的两个同等大小的相邻城市中心的地租模式

当有两个或更多中心竞争土地时，在城市和农业用地情况下，土地使用的内在联系和几何形状是类似的。[49] 然而，在城市用地中，对“竞争中心”一词有多种意义。第一，它们每一个都是完整的竞争中心，能够提供就业、购物、娱乐等活动，每一个中心都有其服 136
务人口，因此，这里的一个问题就是人口分区问题，即哪些人口指向哪一个中心区的问题。这也是我们以上曾考虑过的问题，它所

㊾　有关农业用地情况下竞争中心的分析，参见 E. S. Dunn，*The Location of Agricultural Production*，Chap. 5；C. D. and W. P. Hyson，“The Economic Law of Market Areas”，*Quart. J. Econ.*，64：319-327(May 1950)。

图 6—9　处于竞争关系的两个大小不同的相邻城市中心的地租模式

产生的解类似于农业用地理论在多样性市场中产生的解。第二种意义则侧重于竞争性，即虽然是完整的中心，但中心并不固定地服务于某特定的人口群体，也就是说，从个人的观点看，这些中心是可选择的、可替代的，他会选择最适合的中心。在此种情况下，得出个人的均衡解并不困难，即对两个中心进行比较，选择最佳的区位。但市场解就要复杂一些，因为每个人都在两个中心区的土地
137 市场上竞价，最终在一个或另一个中心区辐射范围内定居。这一问题是能够处理的，但个人收入已知这一假设在这种情况下是值得商榷的；而且，如果城市厂商也可以选择市中心区位的话，这一

假设就更加站不住脚了，毕竟厂商的市场销售函数在很大程度上依赖于人口的分布情况[50]，并且厂商的分布又反过来影响竞争中心的就业、购物及其他活动；通过影响竞争中心的这些活动，也就决定了这些城市中心对人口的相对吸引力。[51] 因此，由于它们之间的相互关系，我们不能把个人的收入和偏好看做给定的常量，也同样不能认为厂商的销售量及运营成本是不变的。

对“竞争中心”的第三种解释是指互补中心。在这种情况下，城市中可能有一系列的中心（一个或更多零售中心、金融中心、制造中心等），所有的中心在空间上是分离的。[52] 不同的人可能指向不同的中心，并且这种不同的指向性会反映在他们的效用函数和通勤成本函数中。此时，我们必须综合考虑一系列的距离 t_1、t_2 等，每一个距离对应于到某个中心的距离，而不像在前面的情况那样只有一个单一的距离 t，它对应着到综合中心的距离。在有多个中心的情况下，个人的均衡解由众多方程得出，因此也变得复杂，对每一个中心指向性的推算都有一个方程附加另一个方程，并且此时城市的几何形状问题也变得更加错综复杂。然而，得出某一个人的均衡解并不难，得出市场均衡则是问题之所在。此时，应该存在一个边际和均衡价格—区位链，但仅仅依靠竞价曲线是无法满足分析要求的，我们需要借助于完整而又复杂的竞价曲面来

---

[50] 我们知道有零售厂商和批发厂商。一些厂商的土地利用可能受邻近的互补性土地利用的厂商影响，也可能不受其影响。

[51] 温戈在其《交通和城市土地》中给出一种处理模型中相互依赖因素的方法，该方法基于工资决定于劳动力的边际生产率这一条件。

[52] 参见 Harris and Ullman, *The Annals*, 242: 7-17，关于“多核城市”的讨论。

分析这个问题,即使如此,我们也无法确定一定能找到系统的分析方法以建立这一边际和均衡价格—区位链。有关实证检验的问题,由于实际中人口被分成相对较少的组群,因此可以考虑通过反复试验的办法找到解。

接下来,考虑一个有一系列互补中心的城市的预测问题。我们已知城市未来的人口,并且,如同前面一节介绍的,这些人口被
138 分成一定的组群,同时,我们也已知城市各种中心的位置。[53] 把在中心区进行的活动分为 w 类,使人口分组的组数与中心区分类数相同,即人口也分为 w 组,通过对第 g 组人口的均衡竞价曲面函数的回归分析 $p_g(t_1, t_2, \cdots, t_w)$[54],就能得出该组的竞价曲面图。在此,每一组人口的竞价函数图也无需依赖给定的中心区活动的空间分布情况,并且,这一竞价曲面图也能够用于只有单一中心的城市的情况(在单一中心的情况下,在任一位置,其距离 t_1, $t_2, \cdots, t_w$ 都相同),与用于多中心城市的情况一样。在考虑两种中心区活动的情况下,其函数表达式(p_g, t_1, t_2)是三维的,因此这一一般化的竞价曲面图能够通过画图方式表示出来。然而,如果考虑的中心区活动多于两类,表达式的维数超过三维,就无法通

[53] 并非一种在城市中心区的活动都在同一个城市中心进行。如果一种活动在两个或更多中心区有分布,那么从某一个地点到活动点的实际距离为:从该点到具有这些活动的多个中心区的距离的加权平均数。在某些情况下,我们会把这些中心区看做是相互独立并且可以相互替代的,但这样做也容易产生一些问题,具体内容参看本章前面的讨论。

[54] 同时,我们也可以得出地块大小的回归方程:$q_g(t_1, t_2, \cdots, t_w)$。

过图示方式表示，此时只能通过回归等式进行表达。[55] 就我们进行预测的城市而言，城市中心的区位是已知的，总体的竞价曲面图可看做是城市土地竞价的等价格线。[56] 总之，得出市场解的必备要素都不难得到，因此如果我们的人口分组不是很多的话，我们可以通过反复试验的系统方法得出最终结果。

中心活动在空间上的分离所产生的结果并非是简单的环形布 139
局。例如，如果说较高收入者对办公以及购物等中心活动的需求比较低收入者更强烈，那么他们到这些中心区距离的回归函数系数的绝对值必然较大。另一方面，较低收入者则较为强烈地指向制造业就业的中心区，对他们而言，到这类中心区距离的回归函数系数的绝对值也比较大。对这些条件下产生的结果的分析如
图 6—10和图 6—11 所示。A 点是办公和购物中心，B 点是制造业 140
中心。其中一部分人口购物和工作都在中心 A，他们的竞价函数为 p_i，如图的下半部分的曲线所示。其余人口工作在中心 B，但购物在中心 A，他们的竞价函数为 p_j，可以看出，p_j 曲线有两个顶点，顶

[55] 为确定某一组群的较高竞价函数和较低竞价函数，可以选择 t 的任意向量，从该组群的一系列回归函数中计算出其竞价。

[56] 在 Walter G. Hansen，"How Accessibility Shapes Land Use"，*J. Amer. Inst. of Planners*，25：73-76（May 1959）中曾应用类似的方法。在对华盛顿进行研究时，汉森应用了一个模型，该模型根据区域对一系列中心活动如就业、购物等的可达性，确定区域的"潜能"（社会物理学用语），而区域潜能与居住开发情况有关。然而，他在研究中并没有应用土地价格、人口分组等中间变量。其他学者对区域重心及潜力模型的研究（参见 John R. Hamburg and Roger L. Creighton，"Predicting Chicago's Land Use Pattern"，*J. Amer. Inst. of Planners*，25：67-72［May 1959］；John Q. Stewart and William Warntz "Physics of Population Distribution"，*J. of Regional Science*，1：99-123［Summer 1958］）表明：竞价的回归函数形式与这些模型的函数形式类似，也就是说，函数为距离 t_1，t_2，…，t_w 的幂函数的倒数，并且其系数为正。

点所对应的区位正好是两个中心 A 和 B。人口分布如图的上半部分所示，阴影区是工作和购物均在中心 A 的人群所占据的区域。

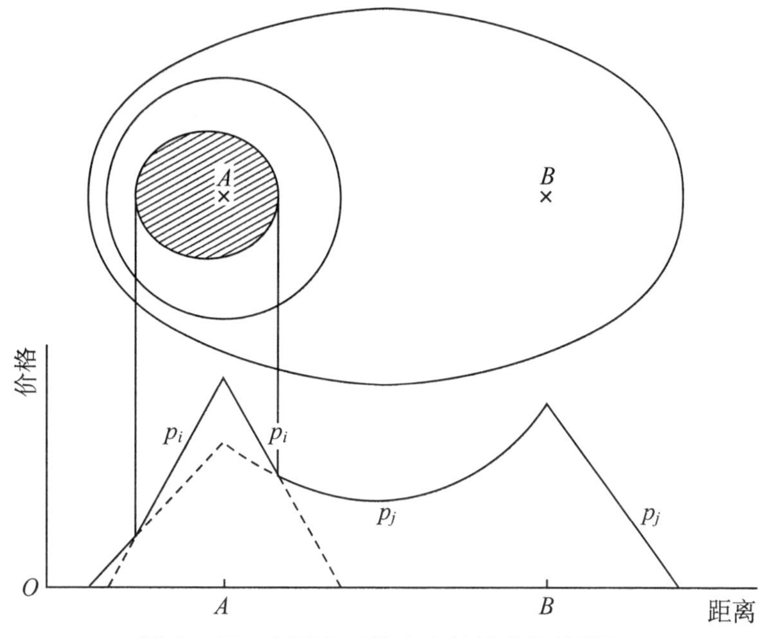

图 6—10　有两个互补中心的城市的地租与居住模式：高收入人口为独立岛状

如果考虑诸如社会地位象征等因素，那么这一分析就能得出与霍伊特的扇形理论类似的理论。[57] 如图 6—12 所示，假定城市 A 中较低收入者的竞价函数为 p_i；并假定较高收入者——其竞价曲线较为平缓（参看本章第三节）——都较为关注自己的声名并希望与同阶层的人保持联系，因此，较高收入者在选择居住地时既会
141 考虑与其社会活动密集区的距离又要考虑与城市中心的距离。假

[57] Homer Hoyt, "The Structure and Growth of Residential Neighborhoods in American Cities", F. H. A., 1939.

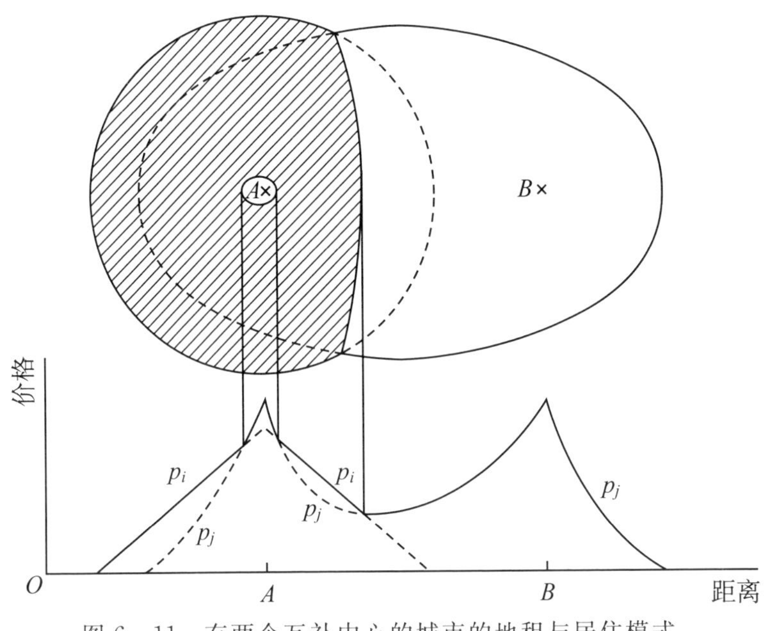

图 6—11　有两个互补中心的城市的地租与居住模式：

两边人口并排分布，低收入者被分离出来

如较高收入者呈环形分布在城市的外围区域，那么，很明显，这将无法满足他们同本阶层的人方便交流的需求，也使他们感觉不如居住在一个被普遍认同的有声望的区域，因为那样会使他们更有优越感。为了更好地进行描述，我们假定富裕阶层选择集中在一
条通向市中心的公路周围居住[58]，富裕阶层靠近交通干道居住的 142
意愿在其效用函数中也有所反映，通过函数表达式我们可以看出，

---

[58] 例证分析基于对费城主交通线的分析。霍伊特指出“在所有研究过的城市中，高等级的住宅区一般都在零售和办公中心附近，这通常也是较高收入阶层工作的地方……”（出处同注[57]，p. 116）；他还指出较高收入阶层居住的扇形区会沿着公路布局，并且这条公路既联系经济活动密集区，又能通向开阔的外部空间。由此，文中提到的“富裕阶层一般选择公路附近作为聚集区”与霍伊特得出的结论总体上是一致的。

随着远离干道，效用不断下降。由此得出，富裕阶层的竞价函数曲面不是围绕城市中心而呈放射状的对称面，而是沿着道路轴延伸的曲面，如图 6—12 的下半部分 p_j 所示；将竞价函数曲面 p_j 刻画在三维图形上，则如图 6—13 所示。较高收入阶层占据的区域如图 6—12 上半部分中阴影所示。

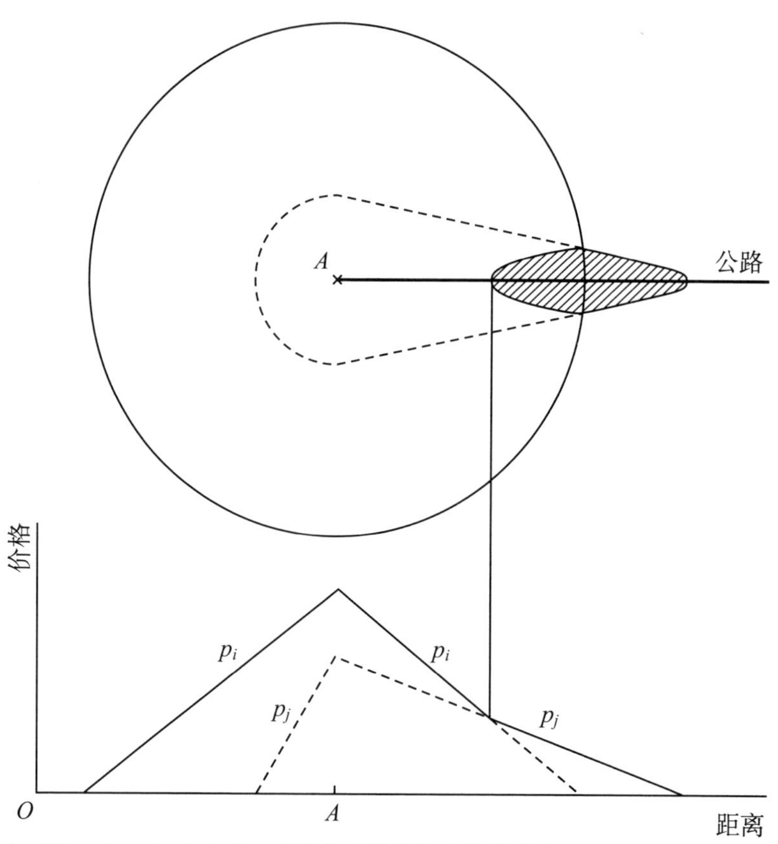

图 6—12　有一个中心和一条“高地位”公路的城市的地租和土地占用模式

应当注意的是，霍伊特认为高收入者居住在城市边缘的扇形区是在动态过程中实现的，即原有的、中心职能极为集中的城市空间结构不能满足新的要求，因此，为了适应需求，人们沿着一定的

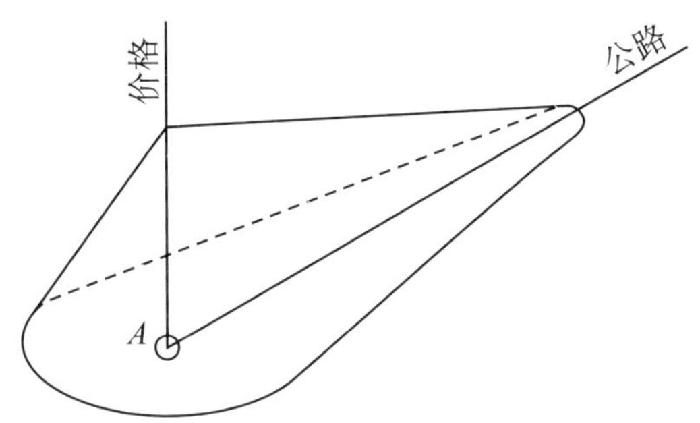

图 6—13 图 6—12 所示较高收入组群的竞价曲面 p_j

路线，在原有中心之外建立一个新的中心的过程。由此可知，根据霍伊特的理论，高收入者居住的扇形区域在城市外围形成的过程伴随着一段时期内城市的再开发，这一过程中，随着高收入者的外迁，不断增长的人口占据了逐步失去活力的老的城市中心。根据我们的理论，静态过程即可产生扇形分区，并且即使没有城市再开发过程，高收入者也会是在城市边缘的区域内。此外，在我们的理论框架下，人口的增长、或者总体收入水平的提高、抑或交通条件的改善等，都会使较高收入者居住的扇形区向外迁移，但这一迁移是由于土地价格的变化，而不是原有城市空间结构不能满足需求（参考本章第三节）。因此，尽管我们的理论得出的城市形态与霍伊特的一致，但对此的解释却是不同的。

（王大伟 译）

附　　录

附录A 联立方程解 145

1. 引言

与迭代解相比，联立解简洁而精巧。下面将要概述的解法优点更多，它使得由迭代模式（例如，跳跃不连续的价格结构曲线）的“延伸点”假设所产生的各种矛盾达到最小。然而，以下将要提到，这里提出的联立方程解法预示着已经由第五章提出的迭代模式找到了其近似解，并且最好把它看做进一步接近代替重复迭代的数值解之捷径。

“延伸点”的问题也许是农业和工业（即加工业）区位理论中各理论独立发展的主要原因。就后者保持的点区位假设而言，前者必须考虑空间延伸。为了比较这两个理论，请参看邓恩（Dunn）的《农业生产区位》（*The Location of Agricultural Production*），尤其值得注意的是，他提出农业区位理论适用于作为一个整体的工业，而加工区位则是关于厂商的理论。

2. 区位和占用面积：个人的均衡

回顾第二章，当对面临给定价格结构的个人求解时，我们假设他定居在一个点。然而，当考虑在价格结构上个人之间相互作用的结果时，我们不得不考虑他们占用的土地在空间上的延伸。这 146

一直是某些矛盾的根源：区位点是没有尺寸的，然而我们必须要考虑占用土地的面积，由此而引起的是不得不延伸这个区位点。竞价曲线相切于价格结构这一要求表明它们只能在一个点相切。如果我们接受这样的事实，即居住需要空间上的延伸，那么显然由这样的相切所规定的价格实际上是所占用土地的价格结构的平均值。

考虑用规范形式表示这一问题。对土地的支出是所占用土地面积上价格的积分：

$$\int_{t_i}^{t_{i+1}} P(t)dS \quad 或 \quad \int_{t_i}^{t_{i+1}} P(t)(dS/dt)dt$$

（此人的地块在这里看成是环形。区位 t_i 是此人的区位，而 t_{i+1} 则为远离市中心的相邻个人的区位）。我们有方程 $q_ip_i = \int_{t_i}^{t_i+1} P(t)dS$。既然 $q_i = \int_{t_i}^{t_{i+1}} dS$ （$q_i = S(t_{i+1}) - S(t_i)$ 就是其解），能够看出，p_i（在第五章相互作用的解中，个人所付的均衡价格）是这一占用区域内 $P(t)$ 的平均值。因此 $p_i = \int P(t)dS / \int dS =$ 总价值 / 面积 = 单位面积平均价格。

这样，由迭代解得到的价格结构的水平段 $p_1, p_2, \cdots, p_n$ 就是连续价格结构各对应段的平均值。从图上看，连续的 $P(t)$将穿过不连续价格结构的水平段，并大致将它们一分为二。

由于这个矛盾，我们还做了另一个简化。假设中隐含着购买土地的个人在他的背后购买土地这一条件（即他位于他的房地产中最接近城市中心的那一点，并且其增加的土地拥有量在离开城市中心的地方）。因此，土地的边际成本并非在他的区位点 t_i 的土地价格，而是他占用的地块上离他前门最远的那一点 t_{i+1} 的土地价格。

这些条件清楚之后，来求解个人均衡。因为我们要把个人地块的延伸包括在内，所以我们必须说清楚我们所指的 t 的含义。我们指定 t_i 为城市中心到地块前缘之距离，t_{i+1} 为到该地块后缘 147
之距离。重新写出个人的基本方程，我们有：

$$u = u(t_i, q, z) \tag{A:1}$$

$$y = p_z z + \int_{t_i}^{t_{i+1}} P(t)(dS/dt)dt + k(t) \tag{A:2}$$

我们仍然设定个人地块呈同心圆排列，使：

$$q = \int_{t_i}^{t_{i+1}} dS = S(t_{i+1}) - S(t_i) \tag{A:3}$$

从此式得到微商：

$$dq = [dS(t_{i+1})/dt]/dt_{i+1} - [dS(t_i)/dt]/dt_i \quad (A:4)^{*}$$

现在，像通常情况一样我们来解决预算约束下的效用最大化问题。由于这些积分式，此过程有点复杂，但仍然基本上不变。

当效用最大化使 $du = 0$ 时，由效用函数（A:1）得出的微分将是：

$$0 = du = u_{t_i} dt_i + u_q dq + u_z dz \tag{A:5}$$

用方程（A:4）代换方程（A:5）中的 dq，得到：

$$0 = u_{t_i} dt_i + u_q [dS(t_{i+1})/dt]/dt_{i+1} - u_q [dS(t_i)/dt] dt_i + u_z dz \quad (A:6)^{**}$$

* 译者注：式（A:4）应称做全微分而不是微商，并且应为 $d_q = [dS(t_{i+1})/dt]dt_{i+1} - [dS(t_i)/dt]dt_i$。

** 译者注：式（A:6）中的 $U_q[dS(t_{i+1})/dt]/dt_{i+1}$ 应为 $U_q[dS(t_{i+1})/dt]dt_{i+1}$。

像我们在前面(参见第二章)已经做的那样,为了得出此人的区位,我们令方程(A:5)中的 $dq=0$,有:

$$du = 0 = u_{t_i} dt_i + u_z dz$$

可以把它重新写成:

$$u_{t_i} / u_z = - dz / dt_i \qquad (A:7)$$

现在,既然令 q 为常量从而 $dq=0$,从方程(A:4)得出:

$$dt_{i+1} = [dS(t_i)/dt][dt/dS(t_{i+1})]\ dt_i \qquad (A:8)$$

预算平衡方程(A:2)可以微分成:

$$0 = dy = p_z dz + d\int_{t_i}^{t_{i+1}} P(t)(dS/dt)dt + [dk(t_i)/dt]dt_i. \qquad (A:9)$$

可以认为方程(A:9)中的表达式 $d\int_{t_i}^{t_{i+1}} P(t)(dS/dt)dt$ 既有变量

148 作上限,又有变量作下限,变成:

$$d\int_{t_i}^{t_{i+1}} P(t)(dS/dt)dt$$

$$= P(t_{i+1})[dS(t_{i+1})dt]dt_{i+1} - P(t_i)[dS(t_i)/dt]dt_i \qquad (A:10)$$

所以经过用(A:10)代换,对预算平衡方程的微分变成:

$$\begin{aligned} 0 = dy &= p_z dz + P(t_{i+1})[dS(t_{i+1})/dt]dt_{i+1} \\ &\quad - P(t_i)[dS(t_i)/dt]dt_i + (dk/dt)dt_i \end{aligned} \qquad (A:11)$$

既然我们仍令 $dq=0$,所以我们可以用方程(A:8)中的 dt_{i+1} 对方程(A:11)中的 dt_{i+1} 代换:

$$0 = p_z dz + P(t_{i+1})[dS(t_{i+1})/dt][dS(t_i)/dt][dt/dS(t_{i+1})]dt_i$$

$$+P(t_i)[dS(t_i)/dt]dt_i+[dk(t_i)/dt]dt_i{}^{*}$$

这可以简化为：

$$0=p_z dz+([P(t_{i+1})-P(t_i)]dS(t_i)/dt+dk(t_i)/dt)dt_i \tag{A:12}$$

从此式改写式(A:7)并与式(A:7)结合，得到：

$$u_{t_i}/u_z=\frac{[dS(t_i)/dt][P(t_{i+1})-P(t_i)]+dk(t_i)/dt}{p_z} \tag{A:13}$$

这很类似于我们在第二章得出的关系式。在第二章中，方程(2:15)给出 $u_t/u_z=(qdP/dt+dk/dt)/p_z$，仅有的差别在于右边分式中分子的第一项。按照前面的观点，这代表了从中心向外移动距离 dt 时土地成本的边际改变量(置其量为常数)，等于价格的改变量乘以土地量。按照现在的观点，向后移动距离 dt 在此成本上的改变量等于地块前缘与后缘的价格差 $[P(t_{i+1})-P(t_i)]$ 乘以具有变化价格的土地量(dS/dt)所转变成的价值项。即居民在从城市中心向外移动 dt 时，如果保持土地的数量不变，用于购买土地的花费将少于 $P(t_i)dS/dt$(以美元表示)，但多于 $P(t_{i+1})dS/dt$(以美元表示)。后面将进一步探究这两个表达式 149
之间的类似性(参见附录 B)。

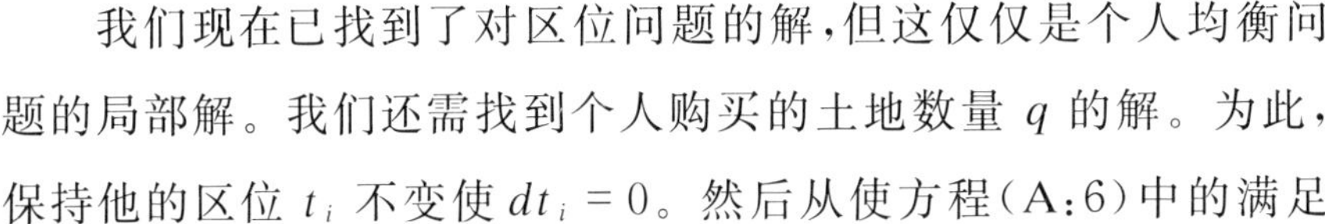

我们现在已找到了对区位问题的解，但这仅仅是个人均衡问题的局部解。我们还需找到个人购买的土地数量 q 的解。为此，保持他的区位 t_i 不变使 $dt_i=0$。然后从使方程(A:6)中的满足

---

* 译者注：式中的第 2 个"+"号应是"−"号，原文有误。

最大化以及 $dt_i=0$ 的条件出发，我们得到：

$$0=0+u_q[dS(t_{i+1})/dt]dt_{i+1}-0+u_z dz \tag{A:14}$$

这可以改写成：

$$u_q/u_z=-dz/[dS(t_{i+1})/dt]dt_{i+1} \tag{A:15}$$

当 $dt_i=0$ 时，从方程(A:11)得出的对预算平衡方程(A:2)的偏微商变成：

$$dy=0=p_z dz+P(t_{i+1})[dS(t_{i+1})/dt]dt_{i+1}+0+0$$

可以重新写成：

$$-dz/[dS(t_{i+1})/dt]dt_{i+1}=P(t_{i+1})/p_z \tag{A:16}$$

因此，通过合并方程(A:15,16)，我们得到：

$$u_q/u_z=P(t_{i+1})/p_z \tag{A:17}$$

由此式得出正如我们所预料的结果：消费者会持续购买某一商品，直到它的边际效用与规定的商品的边际效用之比和这两种商品的边际成本之比相同为止。综合商品 z 维持不变的价格 p_z，但土地商品即使在固定区位也有变化的边际价格，该价格等于地块后缘的价格 $P(t_{i+1})$。

我们现在要对出现四个未知变量 t_i，t_{i+1}，q 和 z 的个人均衡问题求解。此问题能够在下面四个联立方程的基础上得到解决：

$$y=p_z z+\int_{t_i}^{t_{i+1}} P dS+k(t_i) \tag{A:2}$$

$$u_{t_i}/u_z=\frac{[dS(t_i)/dt][P(t_{i+1})-P(t_i)]+dk(t_i)/dt}{p_z} \tag{A:13}$$

150

$$u_q/u_z=P(t_{i+1})/p_z \tag{A:17}$$

$$q=S(t_{i+1})-S(t_i) \tag{A:3}$$

3. 市场均衡

如果我们能够找出由众多个人的相互竞价而产生的连续函数 $P(t)$，那么，我们就能够从对个人均衡的方程（A:2,3,13,17）中来求解作为一个整体的市场。然而这是不可能的。就像我们将要在下面所看到的那样，我们可以得到价格结构函数上的一些点，却不能得出价格结构函数本身。

我们知道，方程（A:2,3,13,17）适用于组成市场的 n 个人的每一个。这样，我们对每一个人有四个方程，对所有人有 $4n$ 个方程。可是初看起来，似乎有 $6n$ 个未知量：

未知变量	方程的个数
$P(t_i)$	n
$P(t_{i+1})$	n
t_i	n
t_{i+1}	n
q	n
z	n
	总计：$6n$

但是，由于一个人背后的土地价格与远离中心方向上和他相邻的那个人前面的价格相同，所以，不是要找出 $2n$ 个价格 $P(t_i)$ 和 $P(t_{i+1})$，而仅仅是 $(n+1)$ 个价格。这同样适用于距离 t_i 和 t_{i+1}，即它们仅有 $(n+1)$ 个。所以实际上仅有 $(4n+2)$ 个未知变量。

我们对每一个人有四个方程，使得我们共有 $4n$ 个方程，相对于未知变量个数而言仍然缺少两个。为了求解未知变量，我们必须去掉两个未知变量，或者找出更多的方程使我们有相同的未知变量个数与方程个数。幸运的是，这件事我们恰好能够做到。第一个可用的区位将被占用，并且该区位是一个已知的地理事实。这为我们给出了第一个 t_i（即 t_1），因此减少一个未知量。另一方
151 面，最后一个价格 $P(t_{n+1})$ 与该区位的农业价格 $P_{ag}(t_{n+1})$ 相同，给我们增加了一个方程：

$$P(t_{n+1}) = P_{ag}(t_{n+1}) \qquad (A:18)$$

这样，我们就减少了一个未知变量 t_1，把未知变量个数降低到 $(4n+1)$，并且我们增加了一个方程（A:18），使它们的总数达到了 $(4n+1)$。

在我们对这个方程组求解之前仍然有两个问题。第一个问题是，我们的预算平衡方程（A:2）含有 $\int_{t_i}^{t_{i+1}} PdS$ 这一项。由于从我们的方程组来看我们仅仅有希望找到函数 $P(t)$ 上的一些点而不能找到该函数本身，所以我们仍然不能对这个方程组求解。然而，我们可以采用这样一个近似：

$$\int_{t_i}^{t_{i+1}} P(t)dt \sim \left(\frac{1}{2}\right)\left[P(t_i) + P(t_{i+1})\right]\int_{t_i}^{t_{i+1}} dS \qquad (A:19)$$

由方程（A:3）可以把它更为简单地改写成：

$$\left(\frac{1}{2}\right)\left[P(t_i) + P(t_{i+1})\right]q$$

我们假设端点价格的平均值就是地块 q 上的平均价格。这是一个很可能将小的误差引入该解的简化。可是，既然我们已经在采用同心圆简化，所以我们已经是在处理近似问题。

另一个问题更为复杂一些。我们有了所要求的方程个数,但我们不知道每一个人在与其他人的对比关系中会被安排在什么位置。也就是:我们有了一系列方程,但却不知道个人关联的位置。换句话说,为了解这个方程组,我们必须预先知道所有人从中心向外的空间排列顺序。可以想象,我们能够对所有可能的排列求解,并且选择给出稳定解的排列,即没有个人愿意转移他的区位的排列。当个人的数目任意变大时,这种解法明显地是不实际的。然而,如果我们能够证明在第五章得到的顺序与我们现在正考虑的 152
联立方程组对均衡所必要的顺序等价,或至少是一个很接近的近似,那么我们就有了用那里所描述的迭代方法找出这个空间序列的途径。事实上,在第一种方法假设的范围内,它将是这样的一个近似,即延伸了的点对环形状地块的近似。

在迭代模式中,我们通过寻找对给定价格结构情况下个人的均衡要求,并构造一个使得所有人的均衡要求被满足的价格结构来进行迭代。在寻找这个价格结构的过程中我们得到了以边际的和均衡的价格—区位链形式表示的个人空间顺序。在当下的联立方程模式中,我们已经描述了个人的均衡要求。可是由于联立方程的性质,我们不能同时找出价格结构和个人的空间顺序。为了获得前者,我们必须有后者。倘若我们能够说明与该价格结构相对应的个人的均衡要求在这两种模式中是等价的,那么我们就可以认为这两种解是相似的,在其范围内每一个是对另一个的近似。既然由这两种方法得到的解是类似的,故在迭代模式中获取的个人空间顺序就可以作为对联立方程模式求解的符合要求的个人顺序。因此,联立方程模式以这样的方式建立起来。由于考虑个人地块的空间延伸，该模式对个人的边际条件（参见方程（A：17））更为敏感。然而，它不能通过自身得出个人空间顺序。迭代模式缺少精确性但它更稳妥，并能产生它自己的排序。所以我们可以把迭代模式看做第一次近似，主要是为提供这个次序而设计的。然后把这个个人空间顺序用于联立方程模式，以求得更加精确的解。

重述一下，如果我们能够说明个人均衡条件在这两种模式之间是等价的（即非常接近的近似），那么我们就向着证明在一种模式中获得的空间顺序能够用于另一种模式的方向迈出了一大步。进而，如果我们能够说明以土地使用者相邻关系为基础的空间排序原理是相同的，那么本证据就更加有力。然而，由于我们是在处
153 理有关近似问题，因此证据可能不会很完备，并且总是有可能的是，非常小的差别也可会产生较显著的不同。

对个人进行排序的主要要求当然是他们的空间位置。在迭代模式中我们的要求是：

$$u_t/u_z = (qdP/dt + dk/dt)/p_z \tag{2:15}$$

在联立方程中我们要求：

$$u_{t_i}/u_z = \frac{[dS(t_i)/dt][P(t_{i+1}) - P(t_i)] + dk(t_i)/dt}{p_z} \tag{A:13}$$

由于在这两个方程中除了右边分子的第一项外，其余的均相同，所以如果我们能够说明 qdP/dt 与 $[dS(t_i)/dt][P(t_{i+1}) - P(t_i)]$ 等价，我们就证明了这两个条件是等价的。

首先让我们回到 q 的定义：

$$q = S(t_{i+1}) - S(t_i) \tag{A:3}$$

我们定义：

$$q \equiv \Delta S = S(t_{i+1}) - S(t_i) \qquad (A:20)$$

$$\Delta P \equiv P(t_{i+1}) - P(t_i) \qquad (A:21)$$

$$\Delta t \equiv t_{i+1} - t_i \qquad (A:22)$$

那么本命题可以叙述成：

$$\Delta S(dP/dt) \overset{?}{\sim} (dS/dt)\Delta P$$

从微商的定义来看：

$$\Delta S/\Delta t \sim dS/dt \qquad (A:23)$$

从(A:23)所描述的近似来看，我们可以说：

$$(dS/dt)\Delta P \sim (\Delta S/\Delta t)\Delta P = \Delta S(\Delta P/\Delta t) \qquad (A:24)$$

我们再从微商的定义来看：

$$\Delta P/\Delta t \sim dP/dt \qquad (A:25)$$

所以，从(A:24,25)得到：

$$(dS/dt)\Delta P \sim \Delta S(dP/dt)$$

因此，这两个表达式是等价的。

我们已经得到，面对给定价格结构的个人区位的条件在这两 154
个模式中是等价的。回想起来，在迭代模式中，我们从个人区位满足的条件出发，采用竞价曲线这个概念，说明了个人按照他们的竞价曲线之倾斜度减小的顺序从中心向外排列。既然该模式中的价格结构是所有个人的竞价曲线各段的合成结果，因此这等同于说该价格结构比朝向中心(从他的区位)的竞价曲线更加陡峭，并且在远离中心的地方倾斜度较小。如果我们能够证明某一等价条件对联立方程解的均衡是必要的，那么我们就能够得出个人空间排

序的原理在这两个模式中是相同的。如果这个能被证明，那么联立方程模式就可以借用从迭代模式得到的空间顺序，并且这个顺序在此近似范围内是精确的。

假设个人 i 从他的均衡位置 t_i 移动一段非常小的距离 dt，即此人位于 t_i+dt。这一移动距离 dt 是如此之小(它可以按照需要接近 0)，以至于 u_t/u_z，dS/dt 和 dk/dt 不发生变化；这即是说：

$$u_t(t_i,z_i,q_i)/u_z(t_i,z_i,q_i)$$

$$=u_t([t_i+dt],q_i,z_i)/u_z([t_i+dt],q_i,z_i) \qquad (A:26)$$

$$dS(t_i)/dt=dS(t_i+dt)/dt \qquad (A:27)$$

$$dk(t_i)/dt=dk(t_i+dt)/dt \qquad (A:28)$$

前面证明过，当

$$u_t/u_z=\frac{[dS(t_i)/dt][P(t_{i+1})-P(t_i)]+dk(t_i)/dt}{p_z} \qquad (A:13)$$

时，个人处在均衡状态中(即不会从那个区位移动)。另一方面，如果这些边际成本的比率超过了其边际替代率：

$$u_t/u_z<\frac{[dS(t'_i)/dt][P(t'_{i+1})-P(t'_i)]+dk(t'_i)/dt}{p_z} \qquad (A:29)$$

他将会向中心移动。在不等式(A:29)中，t'_i 比均衡区位 t_i 大。如

155 果我们认为区位 t'_i 非常接近均衡区位 t_i，我们就可以把 t'_i 写成 (t_i+dt)。那么从(A:14,29)必然有：

$$\frac{[dS(t_i)/dt][P(t_{i+1})-P(t_i)]+dk(t_i)/dt}{p_z}$$

$$< \frac{[dS(t_i+dt)/dt][P(t_{i+1}+dt)-P(t_i+dt)]+dk(t_i+dt)/dt}{p_z}$$

(A:30)

我们能从不等式(A:30)推断出：

$$P(t_{i+1})-P(t_i) < P(t_{i+1}+dt)-P(t_i+dt) \quad (A:31)$$

由于在距离上小量的改变 dt 之后的价格等于原先的价格加上小量的改变量 dP，所以不等式(A:31)右边这一项可以重新写成：

$$P(t_{i+1}+dt) = P(t_{i+1})+dP(t_{i+1}) \quad (A:32)$$

$$P(t_i+dt) = P(t_i)+dP(t_i) \quad (A:33)$$

把方程(A:32,33)代入不等式(A:31)，我们得到：

$$P(t_{i+1})-P(t_i) < P(t_{i+1})+dP(t_{i+1})-P(t_i)-dP(t_i)$$

(A:34)

从两边减去不等式(A:31)的右边，我们得到：

$$0 < dP(t_{i+1})-dP(t_i)$$

把它改写成：

$$dP(t_i) < dP(t_{i+1}) \quad (A:35)$$

两边同除以 dt，得到：

$$dP(t_i)/dt < dP(t_{i+1})/dt \quad (A:36)$$

由于 $dP/dt<0$，所以从(A:36)必然得出 $|dP(t_i)/dt|>|dP(t_{i+1})/dt|$，即价格结构曲线在靠近中心时更为陡峭。远离中心时价格结构曲线倾斜度变小这一事实与本证据对应。一个必然结果是，当市场处于均衡状态时，由价格结构曲线各段倾斜度确定的个人排列对应于他们按照自城市中心的距离的排列。从而，我们也就证明了在迭代模式中获取的个人空间排列模式可以用于我们现在所

说的模式中。

156 我们不能从上面给出的这个证明中得出这样的结论，即价格结构曲线是凸向原点的，尽管这具有很大的可能性。此不等式仅仅适用于个人均衡区位的邻近区域。事实上我们已经做的是要假设个人竞价曲线在他的均衡区位之邻近区域那一段是呈直线的。如果这个假设在他的均衡区位的邻近区域是有效的，那么，以下两个假设就未必成立，其一是(A:36)这样的不等式可以没有限制地用于任何区域，其二是随自城市中心向外移动，其倾斜度必然越来越小。例如，倘若所有竞价曲线都是凹向原点，那么所产生的价格结构曲线也可能是凹的。

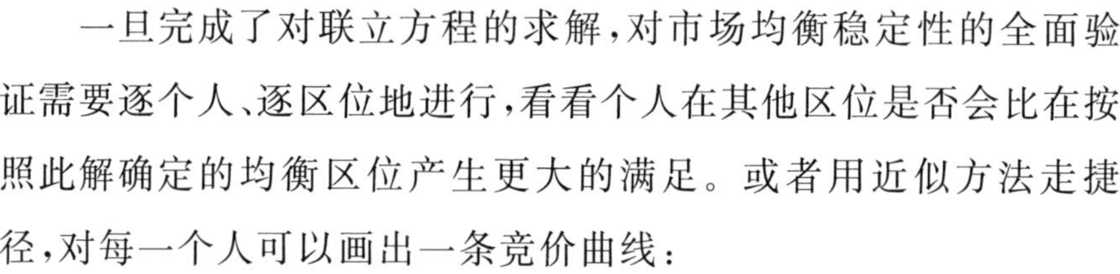

一旦完成了对联立方程的求解，对市场均衡稳定性的全面验证需要逐个人、逐区位地进行，看看个人在其他区位是否会比在按照此解确定的均衡区位产生更大的满足。或者用近似方法走捷径，对每一个人可以画出一条竞价曲线：

$$p_i(t)\llbracket t_i,\bar{p}_i$$

其中，$p_i(t)$是个人 i 穿过点(t_i，$\bar{p}_i$)的竞价曲线；t_i 是个人i 的区位，$\bar{p}_i$ 是他所付的平均价格：

$$\bar{p}_i=(\int_{t_i}^{t_{i+1}}PdS)/q$$

由于 $P(t_i)>\bar{p}_i>P(t_{i+1})$，故此竞价曲线将不会相切于 t_i，但刚好在曲线 $P(t)$的下面。验证标准应定为判断：

$$P(t)-p_i(t)\llbracket t_i,\bar{p}_i\geqslant P(t_i)-p_i(t_i)\llbracket t_i,\bar{p}_i$$

是否成立。这即是说，我们可以进行验证，看看个人均衡竞价曲线在他的均衡区位是否最接近于价格结构曲线。当然，如果市场处于均衡状态，该竞价曲线绝不应提升到价格结构曲线的上面。如果存在矛盾，我们提出的这个验证标准能够将其找出来。

如果有轻微的不一致性出现，我们可以将该个人在空间顺序上前后移动，直到取得满意的解。但是这些调整也许是不必要的， 157
换言之，由于仅仅产生于所做的近似的不精确性，无论如何，它们是次要的，而且，纵然允许某些不一致性存在而不纠正，它们很可能对价格结构或区位之距离的大小仅有很小的影响。这些误差几乎可以忽略。假设有两个人换位，使得实际上应该安排在 i 区位的个人现在被排在第 $(i+1)$ 区位上，反之亦然。我们称为第 $(i+1)$ 位的这个人在我们的解中会比在他正确的（第 i 个）区位购买更多的土地，这是由于他现在所处的区位上的土地较为便宜。可是，我们称为第 i 位的个人会比在他的正确（第 $(i+1)$ 个）区位购买较少的土地。同样地，我们从我们称为第 $(i+1)$ 位的这个人获取的价格曲线的倾斜度大于在同一区位上从实际的第 $(i+1)$ 位个人那里获取的价格曲线的倾斜度。然而，我们从所称的第 i 位个人这里得到的价格曲线上的这一段的倾斜度稍小于实际的第 i 位个人的那一段。因此，这些误差将趋于消除掉，并且整体影响是很小的。

（梁进社　王大伟 译）

158

附录 B　个人地块的形状

1. 引言

第五章的第七节提到在我们的模型中,个人的地块有面积(q)的属性而没有形状的属性。本附录中我们将考虑包括地块形状在内的个人均衡问题。就像以下将要看到的,尽管其数学解相当复杂,但此问题是能够解决的。这样的复杂性使得不可能考虑更为现实的地块形状之市场解。这里并不试图获得这样的市场解,而是将按照其各组成部分分别探究个人均衡。首先,我们将考虑给定区位下对地块的规模和形状求解的情况,然后,将考虑地块的形状为变量时的区位问题。

2. 地块的形状

前文曾经说过消费者关心三个问题:区位(t),占用的土地量(q)和所有其他商品量(z)。消费者的偏好是由函数(2:2)$u(z,q,t)$来表示的。但无论如何,还是要更为严密地考察此人所占有的土地数量的概念。环形地块可以是纵深为半英寸,圆周为二十英里的细长窄条,这种形状的地块几乎完全没有用途。而拥有 44×100 英尺的地块——面积与上面所提的环形地块同样大小,但这一地块对此人可能更为实用。此问题最难解决之处就在于此:个人不仅关心土地的数量(q)，而且还关心该地块的形状。可以把地块的形状问题与此人从其前门到其地块最远的地方之可达性这一问题相联系来重新叙述。这是对可达性问题的重复，但这次是从微观角度来看 159
的。由于只考虑土地之数量，而忽略了个人对形状的偏好，即在面积相同的情况下希望地块的周长最短。以下的分析将尽可能简短地考察这个重要因素。

这里不再用效用函数(2:2)$u(z,q,t)$来描述个人偏好，而是采用更为复杂的效用函数：

$$u(z,t,v) \tag{B:1}$$

来描述，其中 v 不但是土地数量(q)的函数，并且是该地块之形状的函数，即该地块与前门相对应的区位的函数。这即是说，个人所占用的土地数量的增量(dq)必须用某一与前门之距离的函数来加权。这个加权后的数量度量将等于在函数 v 上的增量 dv，它是对该地块的面积和形状的共同量度，可以用数学方法规范地表示。令从 dq 到前门的距离为 h，距离加权的方式为函数 $f(h)$。这样，函数 $f(h)$就是一种效用函数，表征此人对到他前门附近或到离前门较远处土地的相对偏好(权重)。函数 $f(h)$将随 h 的增加而减小(即 $df/dh<0$)，以表示此人对他前门附近的土地比较远的土地有更大的偏好。土地数量上的增量 dq，由相对于此人前门的位置的函数加权后就是增量 dv：

$$dv = f(h)dq \tag{B:2}$$

对此人来讲，该块土地加权后的总值(即形状与面积的结合)为方程(B:2)的积分：

$$v = \int f(h)dq \tag{B:3}$$

(显然，这一方法与潜能模式相类似。函数 v 为地块本身的潜能，160 即 $v=\lim_{\Delta q\to 0}\sum\Delta q f(h)=\int f(h)dq$，此处 h 为自某一点到前门的距离，$df/dh<0$。大多数潜能模式对函数 $f(h)$ 采用 $f(h)=h^{-\alpha}$ 的形式，其中指数 α 如何选取较为合适有很多争论。然而，我们将采用更一般的形式 $f(h)$，这里 $df/dh<0$。鉴于此，该人把他的地块潜能 v 当做一种商品来处理，并参照它们的边际成本使从这一商品和与其相对应的其他商品中获得的满足达到最大)。对修订后的效用函数求微分，得到：

$$du=u_z dz+u_t dt+u_v dv$$

将方程(B:2)代入后变成：

$$du=u_z dz+u_t dt+u_v f(h)dq \qquad (B:4)$$

从最大化条件得到 $du=0$，并且由于这里是考虑地块的面积和形状而不是其区位，故 $dt=0$。那么方程(B:4)可以重新写成：

$$-dz/dq=u_v f(h)/u_z \qquad (B:5)$$

此人所面对的是给定的价格结构 $P(t)$。他的预算方程是方程(2:1)的修订形式：

$$y=p_z z+\int P(t)dq+k(t) \qquad (B:6)$$

此处 $\int P(t)dq$ 是他对土地的支出(对地块之面积的价格的积分)。对方程(B:6) 微分，得到：

$$0=dy=p_z dz+d\int P(t)dq+(dk/dt)dt \qquad (B:7)$$

土地成本的微分为：

$$d\int P(t)dq = \left(\delta\int Pdq/\delta q\right)dq + \left(\delta\int Pdq/\delta t\right)dt$$
$$= P(t)dq + \left[\int(dP/dt)dq\right]dt$$

但令 t 为常数使 $dt=0$,故可以简单地写成：

$$d\int P(t)dq = P(t)dq \qquad (\text{B}:8)$$

将方程(B:8)代入预算平衡方程的微分(B:7),我们有： 161

$$0 = dy = p_z dz + P(t)dq + (dk/dt)dt \qquad (\text{B}:9)$$

令 t 为常量使 $dt=0$,可以把方程(B:9)改写成：

$$-dz/dq = P(t)/p_z \qquad (\text{B}:10)$$

因此,我们从方程(B:5,10)得到：

$$f(h)u_v/u_z = P(t)/p_z \qquad (\text{B}:11)$$

也可以把方程(B:11)写成：

$$u_v/u_z = [P(t)/f(h)]/p_z \qquad (\text{B}:12)$$

方程(B:12)给出了沿着个人地块边缘的边际条件。边际替代率 u_v/u_z 等于土地价格与综合商品价格的比率。然而,由于土地的数量是按照从前门算起的可达性,并用函数 $f(h)$ 乘以这个可达性的方法来加权的,故土地的价格必然通过用可达性的函数去除它的方式加权。这样,在此人看来,前门附近的土地昂贵而远离前门的土地便宜是等价的。

此条件可以很容易地从附图图 B—1 得到解释。圆锥面为 $f(h)$ 与边际均衡常数 $(u_v/u_z)p_z$ 的乘积。接下来描述这个复杂形式的原因。平面是价格结构 $P(t)$ 的一部分,阴影区是面积为 q 的地块之形状。以从前门的位置 t_i 算起的半径来测量 h。

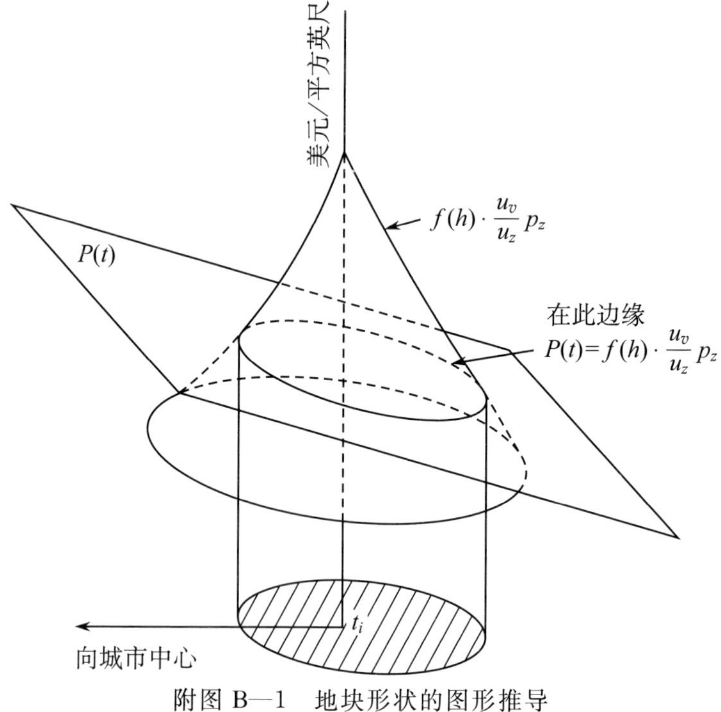

附图 B—1　地块形状的图形推导

其实，在对此问题求解之前，应将两个距离函数 $P(t)$和 $f(h)$转换成普通的坐标系统。既然 $P(t)$是给定的，故最简单的方法就是采用直角坐标 r 和 s 来表示，其中，个人在 t_i 的位置是(0,0)，$h=\sqrt{r^2+s^2}$，所以有 $f(\sqrt{r^2+s^2})$。我们把 $P(t)$变换成 $P(r,$
162 $s)$，然后对隐含的方程 $s(r)$或 $r(s)$求解。换种方法，采用极坐标系统，以城市的中心为原点，由 t_i,θ_i 给出个人的前门位置。函数 $P(t)$不需修改，而函数 $f(h)$变成：

$$f(\sqrt{[\sin\theta_i t_i - t\sin\theta]^2 + [t_i\cos\theta_i - t\cos\theta]^2})$$

可以化简为：

$$f(\sqrt{t_i^2 + t^2 + 2t_i t[\cos(\theta-\theta_i)]})$$

根据方程(B:11,12),复杂表达式 $f(h)(u_v/u_z)p_z$ 可以被认为等于该地块边缘上的 $P(t)$。观察各组成单元可以得知它是一种竞价函数,即此人愿意对与前门距离为 h 的土地付多少价钱。用作权重的函数 $f(h)$ 是一个相对数,没有单位。边际效用 u_v 的单位是效用/平方英尺。u_z 的单位是每单位 z 的效用,而 p_z 的单位则是每单位 z 的美元数。因此,如果我们仅注意所涉及的单位, 163
那么,$f(h)(u_v/u_z)p_z$ 可以写成:

$$\text{纯数}\frac{\text{效用 / 平方英尺}}{\text{效用 /}z\text{ 的单位数目}}\ \frac{\text{美元}}{z\text{ 的单位数目}}$$

该表达式变成每平方英尺的美元数(土地竞价)。由于这些项也是价格结构 $P(t)$ 的单位,附图 B—1 中的竖轴以美元/平方英尺这样的方法测量了这两者。附图图 B—1 帮助我们看清产生的土地的基本形状。在这一小区域上,$P(t)$ 以某一倾斜的平面表示(这样做是为了简单起见。在某一小区域上,价格结构的圆锥段会与这样一个倾斜平面相近)。于是该块土地的形状为一个卵形,该卵形较小的一端指向城市中心。附图图 B—2 表示了这样的土地形状,它通过对一组任意给定的方程求解而获得。需要注意的是,该地块最大的宽度(在 S 轴)不在 $r=0$ 处,而是在其后面 $r>0$ 的某一点,这是卵形的特征。

当土地价格 $P(t)$ 在该块土地上处处为常数时,产生的形状将是一个圆,圆心大约在前门位置。从图上来看,它由水平的 $P(t)$ 穿过附图图 B—1 中圆锥面的水平断面而产生。更为规范地表达,即为当价格为常数时该地块呈圆形能够从关系式(源于式(B:11)):

$$P/f=(u_v/u_z)p_z=\text{常数}$$

推导出来，即根据该式子，如果 P 为常数，f 必然是常数。

当价格的倾斜度变大时，卵形状更为明显。这又可以从附图图 B—1上想象顺时针旋转 $P(t)$平面来看清楚，也可以从数学角度求证。从前门到最接近城市中心的点的距离 r_a 相对于到最远点的距离 r_b 而言，要变得较小些。如果 P_0 是在前门处的价格，价格结构在本区域的斜率为 dP/dt（或 dP/dr），那么价格由线性方程 $P=P_0+(dP/dr)r$ 给出。我们希望说明比率 r_b/r_a 随着价格结构的倾斜度的增加而变大，即 $d(r_b/r_a)/d(dP/dr)>0$；或者，由于 $\delta f/\delta r<0$，所以 $d(f_b/f_a)/d(dP/dr)<0$。由于 P/f 为一常数，故 $P_b/P_a=f_b/f_a=[P_0-(dP/dr)r_b]/[P_0-(dP/dr)r_a]$以及 $d(f_b/f_a)/d(dP/dr)=[P_0(x_a-x_b)]/[P_0-(dP/dr)r_a]^2$，此处 x 是对距离 r 的带有方向的等价度量。因为 $P_0>0$，$x_a<0$，
164 而 $x_b>0$，故 $d(f_b/f_a)/d(dP/dr)<0$ 必然成立。

3. 区位

在这种情形下对个人区位问题的求解方法与不考虑土地的形状时的求解方法相类似，当然了，数学过程要更为复杂一些。当用联立方程的方法求解区位、数量和面积时就已经解决了个人的均衡问题。

此人的新的基本方程为：

$$u=u(z,t_i,v)\text{，此处 } v=\int f(h)dq \qquad (B:1)$$

$$y=p_z z+\int P(t)dq+k(t_i) \qquad (B:6)$$

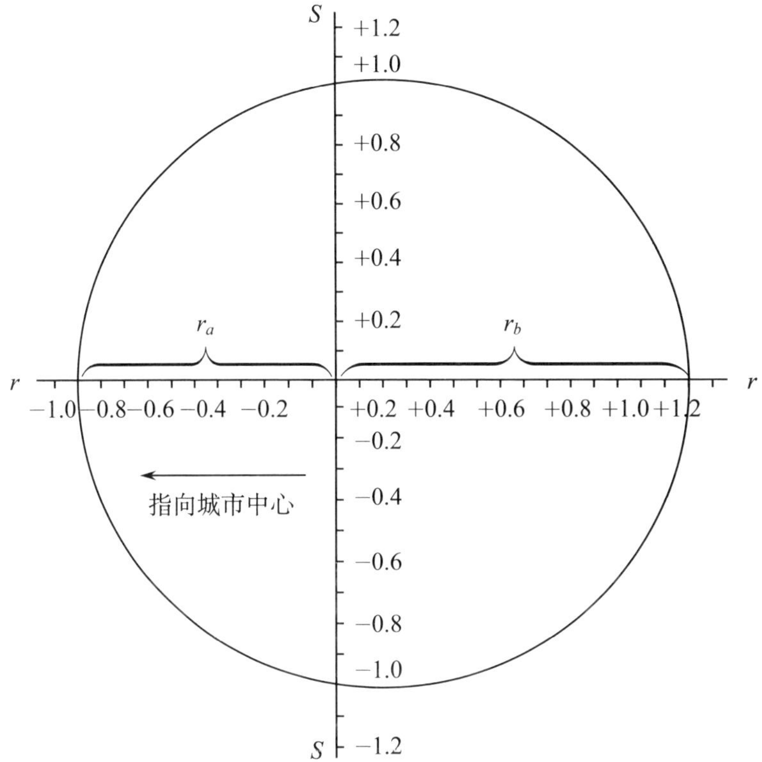

从关系式 $\frac{P}{f}=\frac{u_v}{u_z}p_z=k$ 得出地块的典型形状。

采用的特定方程是：

$$P=2-0.3r$$

$$\frac{u_v}{u_z}p_z=k=2$$

$$f=\frac{1}{h}=\frac{1}{\sqrt{r^2+s^2}}$$

附图 B—2　地块的典型形状

为清楚起见，从城市中心到个人居住地之前门的距离将用 t_i 165
表示，此处 t 代表任何一点到城市中心之距离的一般度量。

我们希望找到此人的均衡区位。方法与第二章所采用的相同。对效用方程(B:2)微分,我们得到:

$$du = u_z dz + u_{t_i} dt_i + u_v dv \tag{B:13}$$

当满足最大化(即 $du=0$)时,置 v 为常数使 $dv=0$,我们从式(B:13)获得:

$$u_{t_i}/u_z = -dz/dt_i \tag{B:14}$$

对预算平衡方程(B:6)微分:

$$0 = dy = p_z dz + d\int P(t)dq + (dk/dt)dt_i \tag{B:15}$$

问题是要确定 $d\int P(t)dq$ 是什么。在上文的方程(B:8)中,我们没有涉及区位,因此认为 t_i 是固定的,并且 $dt_i=0$。可是,现在必须准许 dt_i 变化,从而得到:

$$\begin{aligned} d\int P(t)dq &= \frac{\delta}{\delta q}\left(\int P(t)dq\right)dq + \frac{\delta}{\delta t_i}\left(\int P(t)dq\right)dt_i \\ &= P(t)dq + \left[\int (dP/dt)dq\right]dt_i \end{aligned} \tag{B:16}$$

把方程(B:16)代入方程(B:15),得到:

$$0 = dy = p_z dz + P(t)dq + \left[\int (dP/dt)dq\right]dt_i + (dk/dt)dt_i \tag{B:17}$$

由于此时假设 $dv=0$,并且定义过:

$$dv = f(h)dq \tag{B:2}$$

所以 $dq=0$ 必然成立。

当令 $dq=0$ 时,微分方程(B:17)可以改写成:

$$-dz/dt_i = \left(\int [dP(t)/dt]dq + dk/dt\right)/p_z \tag{B:18}$$

与(B:14)相结合后变成：

$$u_{t_i}/u_z = \left(\int [dP(t)/dt]dq + dk/dt\right)/p_z \qquad (B:19)$$

这与点区位情形(见第二章)中的较早的形式 166

$$u_t/u_z = (qdP/dt + dk/dt)p_z \qquad (2:15)$$

和联立方程解(见附录 A)中的

$$u_t/u_z = \frac{[dS(t_i)/dt][P(t_{i+1}) - P(t_i)] + dk(t_i)/dt}{p_z} \qquad (A:13)$$

很类似。

比较方程(B:19)中的$\int [dP(t)/dt]dq$项与方程(2:15)中的$q(dP/dt)$项。可以看出，它们是等价的，因为方程(B:19)中的这一项可以改写成：

$$\int [dP(t)/dt]dq = [dP(t_0)/dt]\int dq = [dP(t_0)/dt]q$$

此处 $dP(t_0)/dt$ 是 dP/dt 在区域 q 内的平均值。

同时也可以看出与同心圆形式的相似性。将方程(B:19)中的$\int (dP/dt)dq$项变换成附图图 B—2 中 r—s 坐标系上的二重积分，结果是：

$$\int (dP/dt)dq = \iint_q (dP/dt)drds \qquad (B:20)$$

现在让我们仅对方程(B:20)的二重积分沿 r 方向积分：

$$\int_{t_a}^{t_b} (dP/dt)dr = P(t_b) - P(t_a)$$

其中 t_a 为从城市中心到该地块之前缘的距离，t_b 是到该地块后缘之距离。现在通过沿 s 方向积分来完成运算：

$$\int[P(t_b)-P(t_a)]ds=\int(dP/dt)dq=\iint_q(dP/dt)drds \tag{B:21}$$

如果把$[P(\bar{t}_b)-P(\bar{t}_a)]$定义为$[P(t_b)-P(t_a)]$在相应范围内的平均值，我们就可以将(B:21)改写成：

$$\int(dP/dt)dq=[P(\bar{t}_b)-P(\bar{t}_a)]\int ds \tag{B:22}$$

$\int ds$ 是该地块的宽度，即等价于联立方程中之(ds/dt)的一段直线

167 距离。因此，方程(B:22)的右边一项，即$[P(\bar{t}_b)-P(\bar{t}_a)]\int ds$ 就等价于联立方程解中的$(P_{t_{i+1}}-P_{t_i})(ds/dt)$项。

4. 对用极坐标表示区位的注解

为完整起见，我们考虑用以城市中心为起点的极坐标形式定义的个人区位问题。此人位于(t_i,θ_i)，对他的效用函数$u(z,v,[t_i,\theta_i])$的微分是：

$$du=u_z dz+u_v dv+u_{t_i}dt_i+u_{\theta_i}d\theta_i$$

但由于此人对处于均质平原的哪个扇面并无偏好，故偏微商$u_{\theta_i}=0$。因此，在此效用微分方程中，除 z 和 θ_i 外令其他量均为常量，则得到：

$$u_{\theta_i}/u_z=-dz/d\theta=0$$

预算平衡微分方程变得稍微复杂一些。现在是用函数 $P(t,\theta)$来表示价格结构。在对土地的支出$\int Pdq$ 中，我们必须把 θ 看做

变量。预算平衡方程(B:6)的微分变成:

$$dy = 0 = p_z dz + P(t)dq + \left[\int(\delta P/\delta t)dq\right]dt_i + \left[\int(\delta P/\delta\theta)dq\right]d\theta + (dk/dt)dt_i$$

除 z 和 θ 外,令其余量均为常数,因此得到:

$$-dz/d\theta = \left[\int(\delta P/\delta\theta)dq\right]/p_z$$

和

$$u_{\theta_i}/u_z = \left[\int(\delta P/\delta\theta)dq\right]/p_z = 0$$

由于 $u_{\theta_i} = 0$,故在均衡处 $\int(\delta P/\delta\theta)dq = 0$ 必然成立。如果价格结构仅是 t 的函数,使 $(\delta P/\delta\theta) = 0$,那么此条件必然得到满足。然而,应该注意到,只要 $(\delta P/\delta\theta)$ 在区域 q 上的平均值等于零,此条件也能够为 $(\delta P/\delta\theta)$ 的任何其他形式所满足。

(梁进社 王大伟 译)

168

附录C　收入和距离与土地支出的回归分析

第六章中给出的回归方程已经证明了变量之间存在较显著的相关性，接下来的部分对之前分析的内容作进一步的介绍。本附录主要阐述建立经验方程的方法，其目的在于阐明在该研究领域遇到的一些实证研究问题。

研究表明，家庭土地支出的大小取决于其家庭收入的高低以及他们与市中心距离的远近。依照前文使用的符号，则有如下的关系：

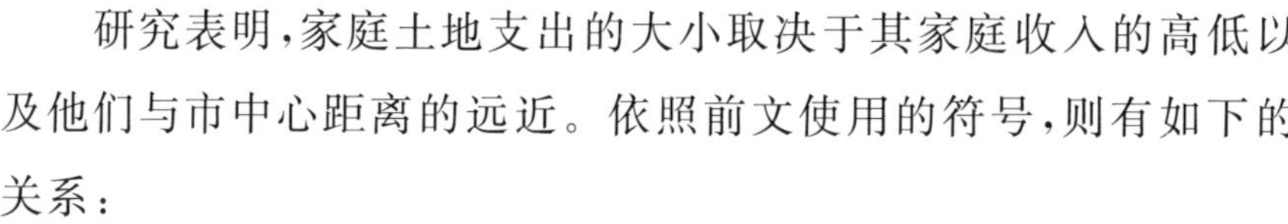

$$pq = g(y,t)$$

根据我们的假设（见第二章），可以预测土地支出（pq）随着收入的增加而增长（$\frac{dg}{dy}>0$），随着其与城市中心距离的增加而减少（$\frac{dg}{dt}<0$）。则线性回归方程的回归系数可以表示如下：

$$pq = a + by - ct$$

由于个体家庭的数据无法用于分析，因此选定几个研究区的家庭取其均值（以家庭为单位），对“集合家庭”的各个变量进行回归分析。然而，毫无疑问，这一方法有其本质上的“生态学谬误”（假定群体的统计平均值能够代表个体典型值），因此，研究区的选

择受“集合家庭”数据有效性的限制，甚至部分研究区根本无法获
得数据。在此，以美国人口普查局的调查单元为研究区。本研究
中的案例城市是费城，之所以以费城为研究对象是由于其城市边 169
界足以包含大都市区郊区扩展范围，从而在统计上也能够把这一
部分人口包括在城市范围内。以下分别介绍各变量的意义及其值
的获取方法。

1. 土地支出（*pq*）

土地支出是因变量，在每个调查单元内，该因变量的值是每个家庭土地数量（q）与每英尺土地价格（p）的乘积。

2. 土地数量（*q*）

费城规划委员会（P. C. P. C）掌握1950年城市调查单元内“居住净密度”* 的数据。居住净密度值由调查单元内的家庭数量（美国人口普查局数据，1950年）除以该调查单元的“净住宅用地”面积得出。“净住宅用地”定义如下（P. C. P. C：*Residential Densities in Philadelphia*，1955）：

> 是指用于居住设施的所有土地。对单个家庭的住宅而言，净住宅用地面积是指用地红线范围内的某一地块或连续地块的几部分。对有多户居住的住宅而言，部分区域由多个家庭共用，此时，居住设施用地除包括主体建筑用地外，还包括必要附加设施用地，如物业管理、供暖、

* 译者注：单位面积的住宅用地上的家庭数量。

车库、公园以及休闲娱乐用地等，但不包括空闲的非建筑用地，非建筑用地所占的比重大约为总土地面积的 10%。

在费城规划委员会为准备数据的工作人员而编制的指导性文本中(该文本也是费城土地利用图的一个附件，未出版)，把“净住宅用地”定义为“所有全部或主要用于居住目的的地块，包括带商店的住宅，但不包括街道、空地及其他用途的土地”。显然，这是一个基于多目标的粗略度量。然而，这也是唯一可用的测量数据。通过计算费城规划委员会公布的居住净密度的倒数，并乘以适当的转换系数，就可以得出每个家庭占用的土地数量(平方英尺)。

需要说明的是，总体上，每个家庭实际占用的土地面积会小于区域住宅平均的占地面积，这主要是由于存在大量的多住户住宅。例如，如果在某地块上有一供两个家庭所用的住宅，那么我们就会认为每个家庭占用的土地面积 q 为这一住宅占地面积的一半。

3. 价格(p)

费城规划委员会制作了 1 500 张卡片，每张卡片上标有 1952 年至 1953 年期间该城市出售的各宗空地的价格和区位。每宗地块都被标注在委员会编制的土地利用图上，并且地块需满足以下两个条件：①位于以居住为主的区域，以避免包含用于非居住用途的地块；②地块已得到较好的开发，而不是空闲的土地。之所以要满足第二个条件，是由于要排除在居住区内用于其他用途的土地。

地块的面积可以直接从卡片上获得，如果卡片上没有相应地块的面积，则可以从土地利用图上量算。每平方英尺土地的价格也可以通过总售价除以地块面积得到。如果一个调查单元内有多宗已售土地，则取其平均价格作为该区域土地价格。

通常来说，我们所建立的地块的价格不应该只是某一个测量的土地单元的价格，因为当我们考虑某个待测土地单元时，这一地块可能是一面临街的，也可能四面都不临街，而宗地形状及面积大小等都会影响土地价格，例如，一块较大的土地的平均价格会高于较小地块土地的平均价格。在此，为简单起见，我们所给出的价格是一个平均值，即每平方英尺土地的价格。

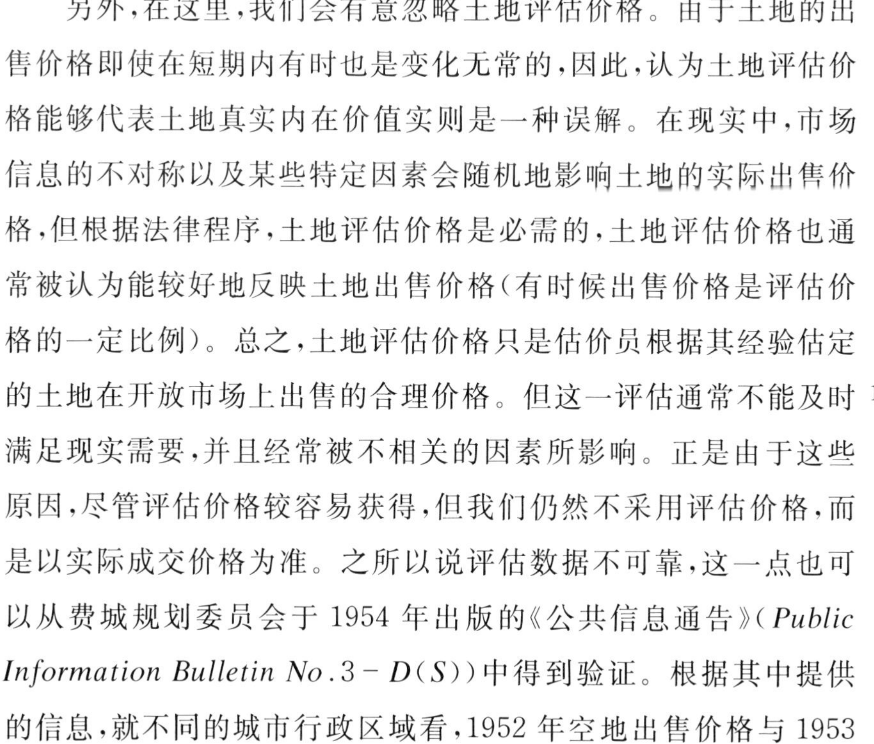

另外，在这里，我们会有意忽略土地评估价格。由于土地的出售价格即使在短期内有时也是变化无常的，因此，认为土地评估价格能够代表土地真实内在价值实则是一种误解。在现实中，市场信息的不对称以及某些特定因素会随机地影响土地的实际出售价格，但根据法律程序，土地评估价格是必需的，土地评估价格也通常被认为能较好地反映土地出售价格（有时候出售价格是评估价格的一定比例）。总之，土地评估价格只是估价员根据其经验估定的土地在开放市场上出售的合理价格。但这一评估通常不能及时 171
满足现实需要，并且经常被不相关的因素所影响。正是由于这些原因，尽管评估价格较容易获得，但我们仍然不采用评估价格，而是以实际成交价格为准。之所以说评估数据不可靠，这一点也可以从费城规划委员会于1954年出版的《公共信息通告》（*Public Information Bulletin No.3－D(S)*）中得到验证。根据其中提供的信息，就不同的城市行政区域看，1952年空地出售价格与1953

年同一块土地的评估价格的比值范围在 0.34 到 1.59 之间。这些比值的平均值为 0.732,标准差为 0.284。另外,需要说明的是,在计算这一比值时,是对某一行政区内所有已售土地的出售价格和评估价格的平均值进行比较,显然,这样的处理方式已使计算结果的偏差较小。

4. 收入(y)

收入数据为 1950 年美国人口普查局公布的每个调查单元的家庭中值收入。

5. 距离(t)

距离则是测量调查单元中心到市中心的直线距离,以英里表示。市中心指布罗德街和马基特街的交汇处。

1950 年,费城有 402 个调查单元,其中,考察了 205 个调查单元的售出土地情况。在这 205 个调查单元中,也并非所有的调查单元都有土地成交实例,即使有土地成交实例的调查单元,有时候我们也不得不舍弃,因为这些土地成交实例不符合我们上面提到的标准或者成交实例信息不够完备。最后,保留下来的调查单元有 32 个,涉及成交土地 52 宗。

家庭土地支出根据计算得到,在此基础上绘制出各个调查单元内土地支出和收入中值关系的散点图。从散点图的情况看,二者关系无显著的固定模式。

显然,只有土地市场活跃的区域内的土地成交价格能够反映供需均衡状态下的土地价值,而在土地市场不活跃的区域,市场信息不对称，土地交易实例很少，成交价格有很大的偶然性。在这里，我们以调查单元内住宅用地从1940到1950年的价格增长率进行分类，可以分为两组：增长率超过2%的调查单元（该值为任意选择数值）和价格相对稳定或者实际已经改变居住用途的、增长率低于2%的调查单元。在32个调查单元中，15个 172
调查单元的住宅用地价格在此期间增长率超过2%，这15个调查单元的收入数据和土地支出数据关系的散点图表明二者之间存在正相关，而其他17个调查单元的散点图则表明这些变量之间没有显著的相关性，这也确证了我们的假设。根据15个住宅用地价格增长超过2%的调查单元的相关数据，得出如下回归方程：

$$pq = -222.65 + 0.4357(\pm 0.1275)y - 90.107(\pm 22.703)t$$

$$R = 0.6897 \quad S = 375.67$$

R、S 为小样本调整值，pq 为家庭土地支出，p 为每平方英尺土地价格，q 为每个家庭土地面积，y 为家庭收入中值，t 为距离市中心的距离、单位为英里。各变量的平均值如下：

$$\overline{pq} = \$850.00; \quad \bar{y} = \$3\,330.00; \quad \bar{t} = 4.0 \text{ 英里。}$$

在此并未给出其他形式的回归方程。由于只有15个调查单元，样本较小，因此，回归方程并非完美。如果给出了多种形式的回归方程，那么，对单个等式来说，通常的显著性检验是无效的，并且，如果有众多形式的回归方程，我们在进行筛选时也没有更好的办法，而是只能选择一个多重相关系数最高的等式。由于样本量较小，不同形式的回归方程差别不会很大。即使能够获得较多样本，由于各变量之间较高的互相关性，从这些统计数据中我们可能也难以得出更为准确的消费函数。简言之,如果回归方程的相关系数的绝对值远大于零,那么我们就可能认为存在一个有效的消费函数,并且认为各个变量都很重要。然而,在我们的研究中,我们采用"集合家庭"的概念,最后并未得出较好的消费函数形式。

(王大伟 译)

附录D　古典的消费者均衡 173

本附录是为那些不完全熟悉这个方法的读者而准备的。用图解法作更充分的说明可以在任何标准的经济学教科书中找到，而用数学方法进行说明则可以在较高等的教科书中找到。

1. 图解法

假设我们发现对一个人而言，10 磅梨和 5 磅苹果与 8 磅梨和 6 磅苹果对他的满足程度相同。在附图 D—1 中，我们用 A 点和 B 点分别表示这两个组合。如果进一步探究，我们可能发现，他由 4 磅梨和 12 磅苹果——用 C 点表示——得到满足的程度恰好也与 A、B 两点处代表的组合相同。如果不断探究，我们会获得大 174
量的给他带来相同满足程度的此类组合，最终得到一条如 I_2 那样的曲线。此人从曲线上各点代表的组合所获得的满足程度相同，因此，他对它们的偏好相同。这样一条描述对这个人不产生偏好的众多商品之组合的曲线，称做**无差异曲线**。

在这种类型的分析中，假设个人都希望得到尽可能多的商品。任何像 D 这样的点——给他与 B 点相同的数量的苹果和较少数量的梨，其对个人而言的满足程度都将次于 B 点。更一般地说，位于无差异曲线下方的任何一点都将劣于该曲线上的任何点。这

附图 D—1　典型的无差异曲线

样，如果我们找到了与 D 点相同的能够满足个人的那些点，并形成另一条无差异曲线（I_1），我们就能够肯定：①I_1 上的任意点都劣于 I_2 上的任意点，并且由此得到②I_1 与 I_2 绝不交叉。反过来讲，像 I_3 这样穿过 I_2 上方某一点 E 的曲线，其上任意点都优于 I_2 或 I_1 上的任意点，并且 I_3 绝不会与这两条较低曲线中的任何一条相交。按照这种方式，我们能够画出无数条这样的无差异曲线，以及此人关于这两种商品的偏好图来。

由于假设个人总希望得到尽可能多的商品，这就意味着无差异曲线将向右下方倾斜。由于他对增加的苹果和减少的梨有相同的偏好，故 A 点与 B 点对他来讲同等地可取。换句话说，如果此人有 A 点所代表的苹果和梨，他可能会用两个梨换取一个苹果而既不增加也不减少他的满足程度。在任意一点上，他愿意用某一种商品换取另一种商品的比率称为边际替代率，在图上用无差异曲线上该点处的倾斜度来表示。由于他为了获得一定的另一种商品而放弃了一些某种商品，故无差异曲线的斜率是负值。

我们还假设，如果某一消费者有数量很少的某一种商品，那么这一商品的少量增加给他带来的满足程度与当他有大量的该种商品时，该增量给他带来的满足程度相比，前者要大于后者。边际效用递减这一必要条件是公认的，通俗地说，一美元之差对穷人比对富人有更大的价值。这意味着，在此人拥有许多梨和少许苹果——如 A 点所示的情况下，要比他在拥有许多苹果和少许梨——如 C 点所示的情况下，更愿意增加苹果而舍弃梨。换言之，A 点的边际替代率要比 C 点的大（倘若我们不考虑符号的话），并且无差异曲线在 A 点较陡，而在 C 点较平缓，为一条凸向原点的曲线。 175

总之，无差异曲线图有如下特性：

(1)较高的无差异曲线比较低的无差异曲线代表较高的满足程度；

(2)无差异曲线不互相交叉；

(3)曲线向右下方向倾斜；

(4)曲线是凸向原点的。

值得注意的是，在正文对居住区位的分析中，由于引入了一种具有负效用的商品，即此人宁愿尽可能少要的商品，所以只有前两个特性依然正确。

到此为止，我们只描述了个人的偏好。为了找出他对每种商品的购买量，我们必须找出他用可支配的钱数能够买到的这两种商品的所有组合。假设他有 2.40 美金。梨每磅 0.20 美元，苹果每磅 0.30 美元。如果他用所有钱来购买梨，那么他能买到 12 磅
176 梨和 0 磅苹果（附图 D—2 中的 *N* 点）；如果他用所有钱来购买苹果，那么他就能买到 8 磅苹果和 0 磅梨（*M* 点）；或许他可能会买 6 磅梨（1.2 美元）和 4 磅苹果（1.2 美元）（*R* 点）。他可能购买的所有这些组合用一条直线 *MN* 来表示。这条线——有各种称呼，如**预算线**、**价格线**或**价格—机会线**——就描述了用他可支配的钱数所能购买到的这两种商品的一切组合。它是一条直线，其斜率为两种价格的比率（负值）。

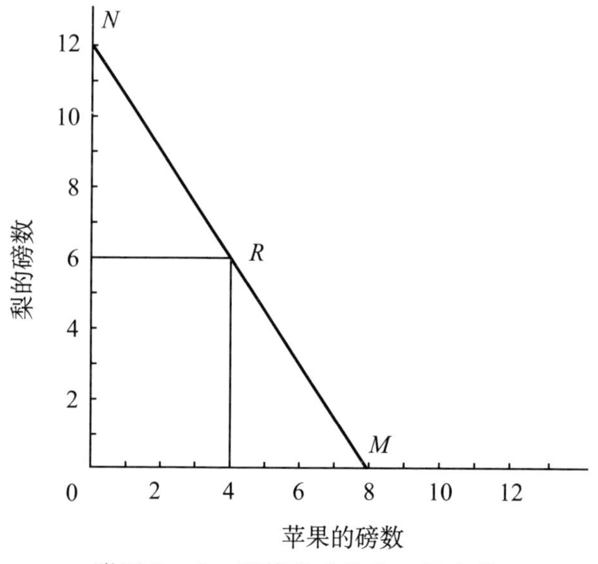

附图 D—2　预算线或价格—机会线

我们已经描述了他可获取的多个组合。如果把它与描述个人偏好的无差异曲线图结合在一起，我们就能够判断得出他将购买的组合。在附图 *D*—3 中可以清楚地看到这一结果。个人将会选

择这样一个可能点（位于其价格—机会线上），即位于预算线与无差异曲线相切的点（最满意的）。在该点（F），消费者在他的预算约束内使他的满足达到了最大。这样就构成了对此问题的解。

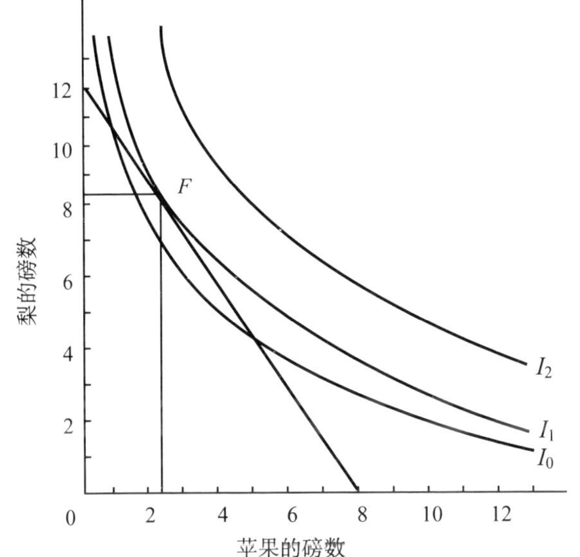

附图 D—3　价格—机会线和无差异曲线：F 点为均衡位置

应该注意到，无差异曲线必然与价格—机会线相切于该点，倘若它们相交，那么就意味着价格—机会线可能与另一较高的无差异曲线相切。相切意味着两条曲线在该点的斜率相等，因此，这两 177
种商品的边际替代率等于它们的价格的比率。在本书的正文部分，我们需要对这个结论换一个更精炼的说法：在均衡处，两种商品的边际替代率等于它们的边际成本的比率。由于本情景中的边际成本（再获得一个单位的该商品所需的成本）与平均成本（总支出除以购买的单位数）或价格是相同的，故这个判别在目前无关紧要。

如果考虑三种商品而不是两种商品时，这一方法同样适用。那时我们必须用三维坐标图来阐明问题。无差异曲线变成了凸向原点的无差异曲面（如附图 D—4 所示），考虑的商品为 x，y 和 z，该曲线之形状[*]可以想象成一个紧靠房屋的一角、面朝上的沙拉碗。需要注意的是，这一曲面在平行于三个坐标平面之任一个的平面上的轨迹都将是一条无差异曲线。其形状同于分析两种商品的情况下得到的曲线。

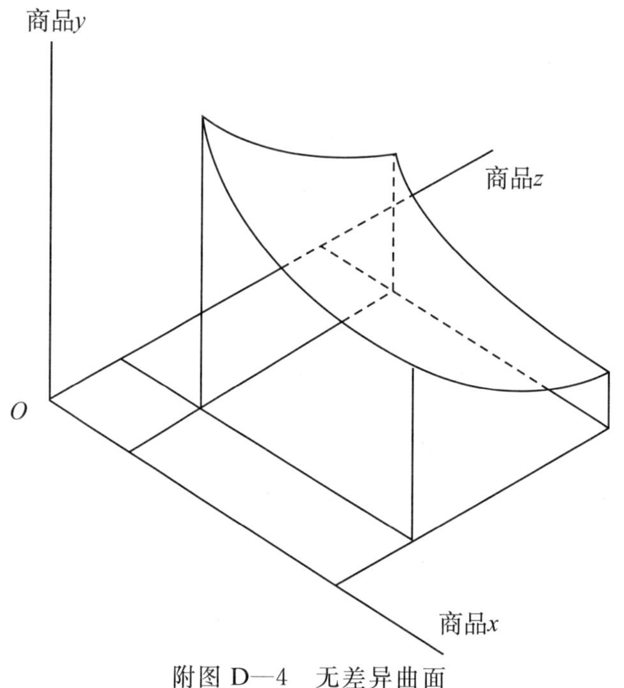

附图 D—4　无差异曲面

178 当考虑三种商品时，两种商品情形的预算线或价格—机会线变成一个面，如附图 D—5 所示的平面 MNR。该曲面在任一方向

* 译者注：应为该曲面之形状。

的斜率为涉及的商品之价格比率的负值。沿 NR 方向，它为 x 的价格与 z 的价格的比率；沿 MR 方向，它为 y 的价格与 x 的价格的比率；沿 MN 方向，它为 y 的价格与 z 的价格的比率。

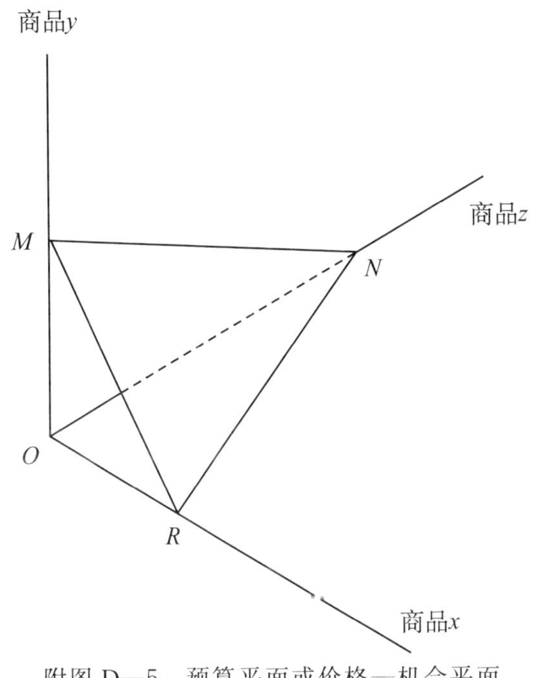

附图 D—5　预算平面或价格—机会平面

213

均衡出现在这样一点：在该点此平面刚好接触到它所触及的最高的无差异曲面，即这个曲面在这一点与这个平面相切，并且各个边际替代率（无差异曲面的斜率）等于相应价格的比率（预算平面的斜率）。

2. 数学解法

个人均衡也可以用微积分法来描述。这个方法更为精确和简洁，并且对处理的商品数目没有限制。然而，它没有图解法所具有的直观性的优点。

设想个人的选择范围为 n 种商品($x_1, x_2, \cdots, x_n$)。他的偏好由效用函数

$$u = u(x_1, x_2, \cdots, x_n) \tag{D:1}$$

给出。任一商品 x_i 的增加都使满足程度(u 的值)增加,这是此函数的特性。换言之,$\delta u/\delta x_i > 0$。图解法中的无差异曲线由 $u_0 = u(x_1, x_2)$来表示,其中 $n = 2$,u_0 为常量。较高的无差异曲线由大于 u_0 的常数 u_k 的表达式 $u_k = u(x_1, x_2)$给出。当 $n = 3$ 时,无差异曲面由 $u_0 = u(x_1, x_2, x_3)$的图形表达。然而,就图解法而言,我们最多只能讨论三种商品,但数学解法所讨论的商品数目却是无限的。

消费者希望在他的预算约束下使他的满足度 u 达到最大。一旦在某一商品组合上花费掉了所有的钱,他如果要获得更多一些的任何商品,只能以放弃一定量的其他商品为代价。在达到最大满足的那一点上,增加任何商品的效用都会由于必须放弃其他商品量而导致的效用之减少而失效。从数学角度来考察,这可以表示成效用函数(D:1)的微分。当效用达到最大时,这个微分等于零。可以表示成:

$$0 = du = (\delta u/\delta x_1)dx_1 + (\delta u/\delta x_2)dx_2 + \cdots + (\delta u/\delta x_n)dx_n$$

其中,du 是满足的总计增量,dx_i 是商品 x_i 的增加或减少量,$\delta u/\delta x_i$ 是由商品 x_i 的少量增加所产生的满足的增加。因增加少量的 x_j 商品而舍弃的少量商品 x_i 所产生满足的改变(du)为:

$$du = (\delta u/\delta x_i)dx_i + (\delta u/\delta x_j)dx_j$$

既然 u 处于最大化状态,故它的值不可能再增加,所以 $du = 0$,从

而使：

$$0=(\delta u/\delta x_i)dx_i+(\delta u/\delta x_j)dx_j$$

可以把它写成：

$$(\delta u/\delta x_i)/(\delta u/\delta x_j)=-dx_j/dx_i \qquad (D:2)$$

表达式 $\delta u/\delta x_i$ 即边际效用，为商品 x_i 的少量增加而产生的 180
效用增加量。表达式 $(\delta u/\delta x_i)/(\delta u/\delta x_j)$ 是对不变（最大的）效用而言的两个边际效用的比率，因此，它是商品 x_i 与 x_j 之间的边际替代率。如果用图解法表示，它即为 x_i-x_j 平面上无差异曲线的斜率。

现在来考虑预算约束，此人有 y 美元要消费掉，商品 x_1 的价格为 p_1，商品 x_2 的价格为 p_2，以此类推。他可以购买 n 种商品的任意一个组合而不超过他要花费掉的货币数额。这可以写成：

$$y=p_1x_1+p_2x_2+\cdots+p_nx_n \qquad (D:3)$$

这个预算平衡方程的几何表征就是图解法中的预算线或价格—机会线（或面）。取微分：

$$dy=(\delta y/\delta x_1)dx_1+(\delta y/\delta x_2)dx_2+\cdots+(\delta y/\delta x_n)dx_n$$

由于 y 是常数，不能增加，故 $dy=0$。也由于该方程简单的线性形式使 y 对任一商品的偏导数就是该商品的价格，故该微分方程可以改写成：

$$0=dy=p_1dx_1+p_2dx_2+\cdots+p_ndx_n$$

如果我们只容许在任给的两种商品 x_i 和 x_j 上变化，y 仍为常量，$dy=0$，那么：

$$0=p_idx_i+p_jdx_j$$

可以把它改写成：

$$-dx_j/dx_i = p_i/p_j \tag{D:4}$$

这与我们在图解法中所看到的相一致，即价格—机会线或面的斜率为价格之比率的负值。

现在，我们可以把方程（D：2）和（D：4）结合在一起，从而获得：

$$(\delta u/\delta x_i)/(\delta u/\delta x_j) = p_i/p_j \tag{D:5}$$

即在均衡点边际替代率等于价格的比率。需要注意的是，某商品
181 的价格是 y 对该商品的偏导数，也就是 $\delta y/\delta x_i = p_i$。这个偏导数是商品 x_i 的边际成本。更一般的陈述是，在均衡点，两种商品之间的边际替代率等于它们边际成本的比率。

由于有 n 种商品，所以可以得到$(n-1)$个如方程（D:5）中所示那样的独立的比率。但存在 n 个未知量$(x_1, x_2, \cdots, x_n)$，而预算平衡方程（D:3）是第 n 个方程。因此，可以假定联立求解这 n 个方程系统以得出这 n 个未知变量。这样，我们就可以找到个人在其预算(y)约束内为了使他的满足(u)达到最大，将购买的这 n 种商品的数量。

（梁进社　王大伟 译）

附录 E　温戈:《交通和城市土地》 182

温戈在《交通和城市土地》(*Transportation and Urban Land* [Washington: Resources for the Future, 1961])一书中不但分析了居民收入和偏好相同的理想城市的情况,并且概述了收入和偏好均存在差异的不同人群所构成的更加与现实情况相接近的状况下的求解法。这里采用的概念是作者本人确定的,与温戈先生的相似。

温戈更多地致力于交通成本的分析。货币成本是运输距离和装卸成本的函数,它们都依赖于城市中小区的交通拥挤程度。交通成本也包括为了到达工作地点而消耗在通勤上的时间价值,视这个时间为工作时间的延伸,并按休闲的边际价值以美元来定价。这两个因素一起构成了交通成本,以 k 表示,它是从家庭到城市中心之距离 t 的函数:

$k(t)$:交通成本,用美元表示

对场地的地租可简单地定义为单位面积价格与土地数量的乘积:

pq:地租

其中:p:单位土地的价格;

　　q:土地数量。

城市居民认为他的交通成本与对其场地所付的地租是互补的。他所支付的地租与交通成本之和是一个不变的量，与其区位无关。这个不变的量等于到最远的（边沿的）居住区位 t_m 处的交
183 通成本，而那儿的土地价格为 0。因此，这个函数为 $k(t_m)$：

$$pq + k(t) = k(t_m) \qquad (E:1)$$

如同黑格的观点一样，地租等价于未发生的交通成本：

$$pq = k(t_m) - k(t) \qquad (E:2)$$

在可能的条件下，个人对土地数量的偏好是越多越好。进一步地，一个简单的个人消费函数为：

$$q = (a/p)^b \qquad (E:3)$$

其中 a，b 是参数常量，$b>0$。函数说明，土地的价格越高，消费者购买的土地越少。

那么，在任一给定区位，方程（E:2）就确定了消费者花费在土地上的钱数，并且当把这两个方程联立求解时，方程（E:3）就决定了个人购买土地的数量以及价格。如此就得出了函数 $p(t)$ 和 $q(t)$。

到此为止，我们已得到了个人均衡解。在人口均质的情况下，市场均衡由等式

$$n = 2\pi\int_0^{t_m} t/q(t)dt$$

决定，其中 n 为总人口。

此方程说明，城市的人口等于人口密度 $[1/q(t)]$ 在城市面积上的积分（假设一个简单可用土地函数：$S(t)=\pi t^2$）。除了积分的界限 t_m 外，方程（E:4）的其他所有要素都是给定的，因此，对该方

程求解就是要找出这个积分区间的长度,它是该聚落的边沿,更为精确地讲,把方法(E:2,3,4)联立起来求解就是要得出 t_m、$p(t)$、$q(t)$,它们构成了对本问题的解。

温戈先生的理论与我的理论之间的主要分歧自一开始就出现了。温戈先生将问题分解成互相独立的两部分——对可达性的偏好($k(t)$中通勤时间的货币价值——以美元计算)和对生活空间
的偏好(消费函数(E:2))。价格与数量在这两个关系式中的任何 184
一个中都是相互关联的。另一方面,我认为,个人对土地和其可达性(和其他商品)的偏好是相互关联的,并且在把它们用边际替代率和边际成本结合在一起以前,保持其与预算分析的独立性。温戈和我所进行的工作之间的其他所有差别似乎都源于此。例如,由于温戈先生没有直接把对土地和对其可达性的偏好相联系,故为了得到某一个解,地租与交通成本互补的假设变成了必要条件。除此之外,没有什么方法能决定任意一个区位的土地成本。

(梁进社　王大伟 译)

185 # 附录 F　对第二章的注释

1. 注释 1

根据预算平衡方程(2:1)，当 $z=z_0$ 时，我们得到如下等式：

$$q=[y-p_z z_0-k(t)]/P(t)$$

为了获得变量 q 随变量 t 而变化的情况，求关于 t 的微分，则得到：

$$dq/dt=\Big(-P(t)dk/dt-(dP/dt)[y-k(t)-p_z z_0]\Big)/P(t)^2$$

$dq/dt>0$ 时，土地购买量随着距离的增加而增加，当 $dq/dt<0$ 时，则随距离增加而减小。即当 $0>dq/dt=\Big(-P(t)dk/dt-(dP/dt)[y-k(t)-p_z z_0]\Big)/P(t)^2$ 时，土地购买量减小的情况就会出现。由于分母上的 $P(t)^2$ 始终为正值，因此，这一条件实际也就变成：

$$0>dq/dt=-P(t)dk/dt-(dP/dt)[y-k(t)-p_z z_0]$$

然而，根据等式(2:1)，在 $z=z_0$ 时，可以把等式重写为：

$$P(t)q=y-p_z z_0-k(t)$$

因此，我们可以得出下式：

$$0>-P(t)dk/dt-(dP/dt)[P(t)q]$$

不等式两边同除以 $P(t)$，得到：

$$0 > -dk/dt - (dP/dt)q$$

即：

$$dk/dt > -(dP/dt)q$$

此式所代表的意义很容易解释。假定综合商品的消费是一定的 186
($z = z_0$)，那么，当通勤的边际成本(dk/dt)超过土地价格下降而产生的边际节省时，土地需求数量就会下降($[dP/dt]q$：其中 dP/dt 为下降的价格，q 为土地数量)。

通勤成本的导数与价格的导数之比率的单位是平方英尺，关于这一点的解释比较有趣。如果我们把上一个不等式变形，得出：

$$-(dk/dt)/(dP/dt) < q$$

这一不等式的不等号之所以改变方向是由于 $dP/dt<0$。* 通勤成本的导数 dk/dt 的单位为美元(\$)每英里(m)：

$$dk/dt：美元/英里 = \$/m$$

土地价格的导数也即分子 dP 的单位为美元(\$)每平方英尺(sq. ft.)，分母 dt 单位为英里(m)，因此，该项的单位为：

$$dP/dt：(\$/sq.\ ft.)/m = \$/m(sq.\ ft.)$$

综上，$(dk/dt)/(dP/dt)$项的单位为：

$$(dk/dt)/(dP/dt)：(\$/m)/[\$/m(sq.\ ft.)] = sq.\ ft.$$

而在不等式的另一边为土地数量 q，其单位也为平方英尺，这也反过来印证了以上推导。

* 译者注：原文有误，由于 $dP/dt<0$，$-(dP/dt)>0$，两边同除以这个正项后，不等号方向不变。

2. 注释 2

根据预算方程(2:1)，当 $q = q_0$ 时，我们得出：

$$p_z z = y - P(t)q_0 - k(t)$$

我们意在找出在什么条件下 z 会随着 t 的增加而减小，亦即在什么条件下 $dz/dt<0$。对上式微分，得到：

$$p_z dz/dt = -(dP/dt)q_0 - dk/dt$$

当 $dz/dt<0$ 时：

$$p_z dz/dt < 0 > -(dP/dt)q_0 - dk/dt$$

因此，当 $dk/dt > -(dP/dt)q_0$ 时，$dz/dt<0$。dk/dt 项代表通
187 勤成本的边际增加量，$(dP/dt)q_0$ 代表随距离增加而产生的土地边际成本。由于 $dP/dt<0$，因此，在该项前加一个负号后，则代表了边际节省值，这一节省之所以产生是由于随着距离的增加，土地价格下降。

（梁进社　王大伟 译）

附录G　对第三章的注释 188

1. 注释1

厂商竞价函数为单值函数的证明

对此的证明我们可以采用反证法。假如在一定利润水平 G_0 时有两个竞价，分别为 p_i 和 p'_i，并且 $p'_i > p_i$。考察等式(3:10)及相关的(3:11,12,13)，假定土地价格为 p'_i 时的最优土地需求量为 q'_i，那么，当较低的竞价 p_i 出现时，等式中的 R 项将减小 $q'_i(p'_i - p_i)$，而在等式(3:10)中，除 R 外的其他因子都没有变化，此时，等式将不再成立(G_0 不变；V 是 t 和 q 的函数，也不会改变；C 是 V、t、q 的函数，也不变)。因此，函数必须是单值的。

2. 注释2

同一厂商不同利润水平时的竞价函数不会相交的证明

考察同一厂商的两条竞价曲线：$p_f(t) \llbracket G_0$ 和 $p_f(t) \llbracket G'_0$，其中 $G'_0 > G_0$。如果两条曲线在 $t = t_i$ 时相交，那么，在这一点上，$p_f(t_i) \llbracket G_0 = p_f(t_i) \llbracket G'_0$，这也就意味着在这一点处、在这一土地价格下，厂商能够实现的利润为 G'_0 或 G_0。根据定义，G_0 为在某一位置某一土地价格水平下的最大利润，因此，如果存在一个更高水平的利润 G'_0，就意味着与定义是矛盾的。因此，厂商的竞价曲线不会相交。

189 **3. 注释 3**

城市厂商竞价曲线斜率的推导

对等式(3:10, 11, 12, 13)取微分,得到:

$$dG_0 = 0 = dV - dC - dR$$

$$dV = V_t dt + V_q dq$$

$$dC = C_V dV + C_t dt + C_q dq = C_V(V_t dt + V_q dq) + C_t dt + C_q dq$$

$$dR = p(t)dq + q(dp/dt)dt$$

综合以上各式,得到:

$$0 = dt(V_t - C_V dt - C_t - qdp/dt) + dq(V_q - C_V V_q - C_q - p)$$

保持 q 不变,使 t 略有变化,则 $dq=0$,我们得到:

$$0 = dt(V_t - C_V Vt - C_t - qdp/dt)$$

由此式我们进一步得到:

$$0 = V_t - C_V Vt - C_t - qdp/dt$$

这一式子也可以变形为:

$$dp/dt = (V_t - C_V Vt - C_t)/q$$

其中,dp/dt 即为竞价曲线的斜率。

(王大伟 译)

附录H　对第四章的注释 190

1. 注释 1

点($q=0, z=[y_i-k(t_m)/p_z]$)在 z 轴的负半轴($k(t_m)<y_i$)。也就是说,位于无差异曲线 $D(0<D\to\infty)$ 的定义域内。然而,由于该点的 q 轴坐标为0,因此,它在曲线 $R(0<R\to\infty)$ 的值域之外。曲线凸向该点,并且是单调的,因此,只有一条切线。

2. 注释 2

如果在任一距离 t_0 处只有一个价格 $p_i(t_0)$ 使个人达到最大效用 u_0,那么住宅竞价曲线也是单值的。给定 t_0、$p_i(t_0)$、u_0,我们可以求得相应的 z_0、q_0。以下式子必然成立:

$$u_0 = u(z_0, q_0, t_0)$$

$$y = p_z z_0 + p_i(t_0) q_0 + k(t_0)$$

假定在同一曲线上存在一个比 $p_i(t_0)$ 低的价格 $p'_i(t_0)$。也就是说,在竞价曲线上存在两个值能够使个人效用达到最大值 u_0。已知 t_0、$p'_i(t_0)$、u_0,我们能够求得相应的 z'_0、q'_0。因为 $p'_i(t_0)<p_i(t_0)$,所以,在预算函数

$$y = p_z z'_0 + p'_i(t_0) q'_0 + k(t_0)$$

上至少可以存在一个点使得 $z'_0>z_0$,$q'_0>q_0$。由于 z 和 q 边际

效用都为正，并且 t_0 为一常数，由此可得：

$$u(z'_0, q'_0, t_0) > u(z_0, q_0, t_0) = u_0$$

191 因此，不存在一个较低的竞价使得与某一价格时的效用水平相同。改变不等式的方向，也可以看出不存在一个较高的竞价使得与某一个价格时的效用水平相同。因此，函数是单值函数。

根据上面讨论的最后一个不等式也可以看出，价格较低时，效用水平较高。

3. 注释 3

它们不会相交，因为如果曲线相交，那么除交点外其他部分是分离的，在某些部分，两条曲线中代表较低效用水平的一条曲线会高于另一曲线，这与事实不符。并且，如果曲线相交，那么在此就存在一个矛盾，即在交点处的价格时，会使个人面临两种效用水平，一种较高，一种较低，这显然是不成立的。

（王大伟 译）

附录 I　对第五章的注释 192

1. 注释 1

如果是如附图 I—1 所示的竞价曲线，$p_f(t_2)\llbracket t_3, P_3 < p_i(t_2)\llbracket t_3, P_3$，但 $p_f(t_1)\llbracket t_3, P_3 > p_i(t_1)\llbracket t_3, P_3$，那么，$i$ 对 t_2 支付的价格 $P_2 = p_i(t_2)\llbracket t_3, P_3$，$f$ 支付的价格 $P_1 = p_f(t_1)\llbracket t_3, P_3$。在正文所提及的情形中，所改变的只是厂商之竞价曲线的参照点。

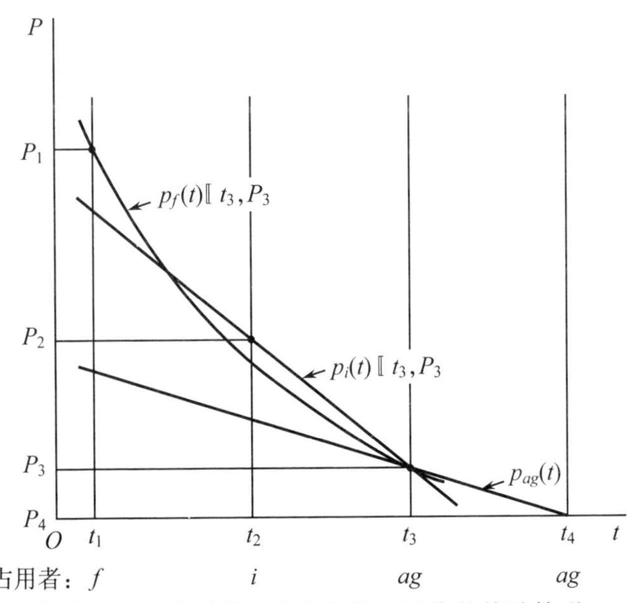

附图 I—1　非毗邻的边际价格—区位的特殊情形

193 **2. 注释 2**

各种地租概念与本模型的关系

经济地租常常定义为交易价格(实际所付的)与机会成本之差,机会成本为竞价次高竞价人愿意支付的价钱。因此,经济地租就是成功的竞价人为了获取该商品(在本情形中为某一特定区位的土地)所必须支付的、高于给出的次高价格的那部分。在附图 I—2中,厂商 f 所付的经济地租是 $P_1 - p_i(t_1)\llbracket t_3, P_3$。由于个人 i 所付的价格等于厂商对该区位所给出的价格,即 $P_2 = p_f(t_2)\llbracket t_2, P_2$,故他未付任何这样的地租。另一方面,如果我们把厂商和居民集合为某一“城市部门”,那么从这个部门的角度看,农业是仅有的对土地的竞争者,并且在 t_1 处与 t_2 处的机会成本

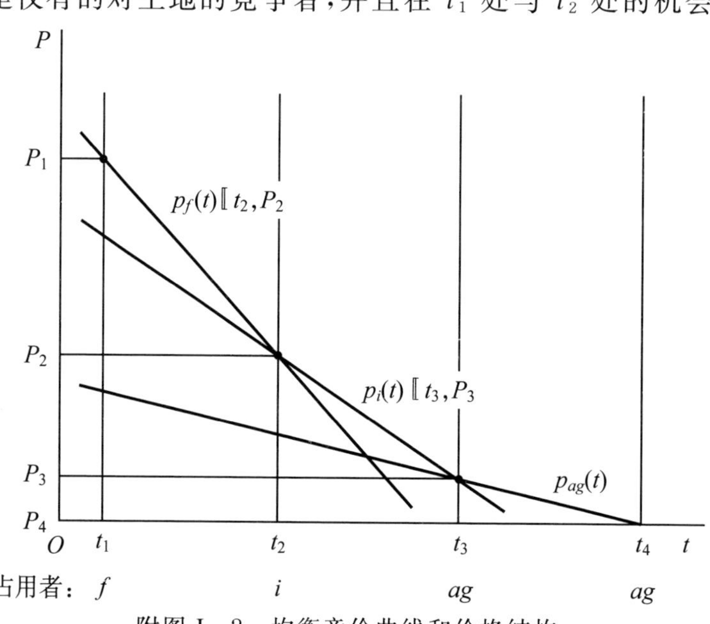

附图 I—2　均衡竞价曲线和价格结构

分别是 $p_{ag}(t_1)$ 和 $p_{ag}(t_2)$。所以，城市部门的经济地租在 t_1 处是 $P_1 - p_{ag}(t_1)$，在 t_2 处是 $P_2 - p_{ag}(t_2)$。这样，在城市部门看来，t_2 处存在经济地租，而在个人来看，t_2 处不存在经济地租。最后，我们可以认为厂商、个人和农场主就像一个“经济整体”。从这个经济整体的角度看，不存在任何机会成本，经济地租就是每一区位 194
上完整的价格。

区位或位置级差地租的含义也将依赖于这个观点。f 的边际价格—区位（即它的竞价曲线的参照点）是 t_2、P_2；i 的边际价格—区位是 t_3、P_3。所以，在厂商和个人看来，他们各自的区位级差地租分别是 $P_1 - P_2$ 和 $P_2 - P_3$。然而，如果我们把他们集合为城市部门，那么，这个部门的边沿就是价格为 P_3 的区位 t_3，并且，对作为一个整体的城市部门来讲，虽则 t_2 处的级差地租不变，但 t_1 处的级差地租却为 $P_1 - P_3$。最后，在包括农业和城市部门的经济整体看来，边沿是价格为 0（$P_4 = 0$）的 t_4，每一个区位上的完整价格就是区位级差地租。

所有这些是为了说明当采用古典概念时，必须要完全弄清楚概念提出者所持的观点。

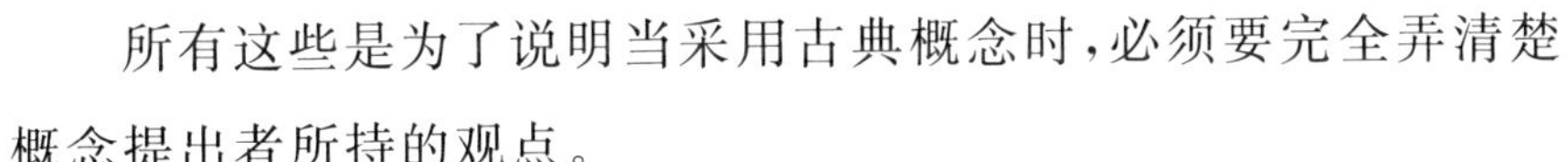

3. 注释 3

我们希望证明 j 的穿过 i 的均衡价格—区位的竞价曲线 $p_j(t) \llbracket t_i, P_i$ 在倾斜度上将比 i 的均衡竞价曲线 $p_i(t)$ 小。我们把 $p_j(t) \llbracket t_i, P_i$ 缩写成 $p'_j(t)$。参见图 5—3。按照定义

$$p'_j(t_i) = P_i \tag{I:1}$$

把方程（I:1）与不等式（5:2）一同考虑，由于个人的竞价曲线并不

交叉，故 $p'_j(t) \geqslant p_j(t)$ 对任何 t 必然成立。结果是，当距离为 t_j 时，从方程(5:4)得：

$$p'_j(t_j) \geqslant P_j \tag{I:2}$$

从不等式(I:2)减去方程(I:1)得：

$$p'_j(t_j) - p'_j(t_i) \geqslant P_j - P_i \tag{I:3}$$

不等式(I:3)的右边与不等式(5:5)的右边相同，故我们可以写出：

$$p_i(t_j) - p_i(t_i) \leqslant p'_j(t_j) - p'_j(t_i) \tag{I:4}$$

195 从这里来看，本证明好像是第五章不等式(5:7)的延续。为了证明 $p_i(t)$⟦t_j, P_j——记为 $p'_i(t)$——比 j 的均衡曲线更陡峭，考虑 $p'_i(t) \geqslant p_i(t)$；按照定义，$p'_i(t_j) = P_j$；由于 $p'_i(t_i) \geqslant P_i$，故 $p'_i(t_j) - p'_i(t_i) \leqslant P_j - P_i$ 必然成立。因此，在这里这个证明是不等式(I:3)的继续。

4. 注释 4

凸曲线

当我们遇到比规范曲线更为凸向原点的曲线，并且试图用对按斜率有不变排列顺序的曲线所概述的方法(第五章第四节)求解市场均衡时，我们就会误入歧途而得出一个错误的解，例如附图 I—3 表示的情形。凸曲线 $p_c(t)$ 在区间 $t_3 - t_4$ 内似乎是最平缓的曲线。这样，我们根据边际价格—区位 t_4、p_{ag} 可能会错误地把个人 c 安排在价格为 P_3 的 t_3 处。并且，如果从新的边缘 t_3，P_3 继续分析该链，将把 i 安排在价格为 P_2 的 t_2 处；进一步地，根据边缘 t_2、P_2 把个人 j 安排在价格为 P_1 的 t_1 处。但由于在 t_1 和 t_2 处，$p_c(t)$ 曲线位于价格 P_1 和 P_2 之上，故这是一个错误的解。

实际上，对这一问题有两种可能的解法，具体采用哪一种则取决于 $p_c(t)$凸的程度。这两种解如附图 I—4 和 I—5 所示。 196

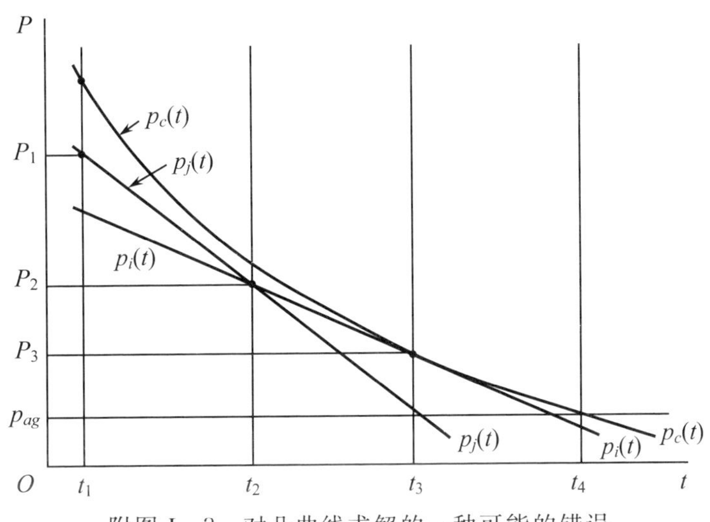

附图 I—3　对凸曲线求解的一种可能的错误

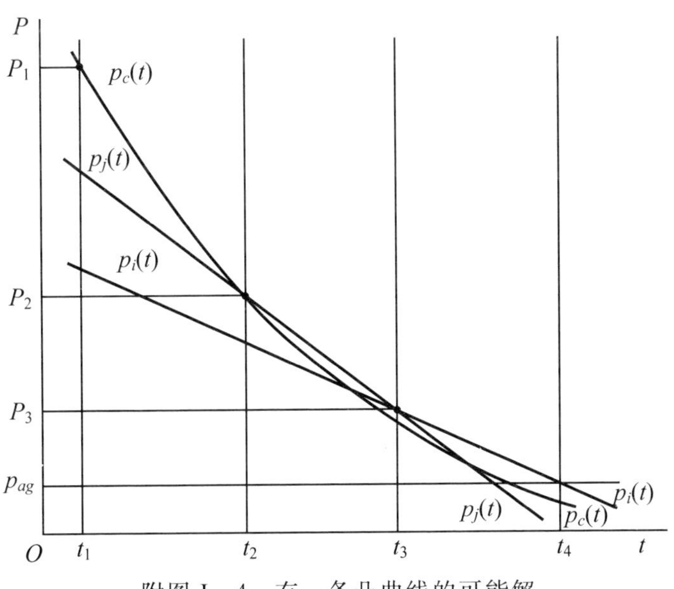

附图 I—4　有一条凸曲线的可能解

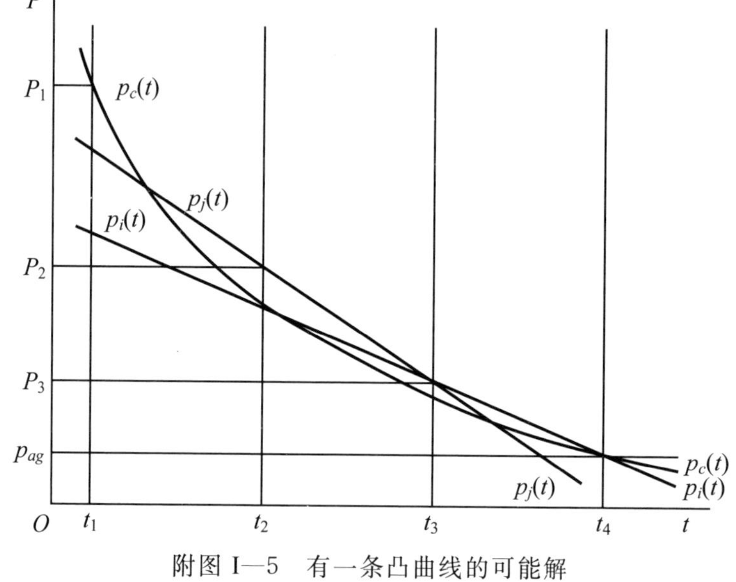

附图 I—5　有一条凸曲线的可能解

关于在凸性较弱的场合下的稳定解如附图 I—4 所示。在这种情形中 c 位于 t_1，所支付的价格为 P_1，它的边缘是相邻的价格—区位 t_2、P_2。个人 j 和 i 分别位于 t_2 和 t_3，他们各自的边际价格—区位是 t_3、P_3 和 t_4、p_{ag}。换言之，一旦找到了正确的空间排列顺序 $c-j-i$，此问题就变成了竞价曲线在其斜率上保持不变的排列顺序那样的问题。如果我们是在中心（t_1）找斜率最大的曲线，而不是在该系统的边缘（t_4）找斜率最小的曲线，我们就能够通过比较这些曲线的斜率获得这个排列。在此，斜率最大的曲线是 $p_c(t)$，故个人 c 将被安排在 t_1。本问题的其余部分遵从对按倾斜度排列具有不变的排列顺序的曲线的解法。

然而，通过在中心比较斜率并没有使凸曲线出现的问题消失。
197 如果 $p_c(t)$曲线比它在附图 I—4 中的情形更凸，我们就会获得一个错误解，如附图Ⅰ—6所示，图中 $p_c(t)$ 在 t_3 和 t_4 处分别位于 P_3 和 p_{ag} 之上。这种情形下的正确解如附图Ⅰ—5所示，顺序仍然是 $c-j-i$，但决定 c 在 t_1 处的价格 P_1 的边际价格—区位是 t_4、p_{ag} 而非 t_2、P_2。凸性较弱的曲线可能会以边沿 t_3、P_3 为基点定夺，如果凸性还要弱，则会以 t_2、P_2 为基点。

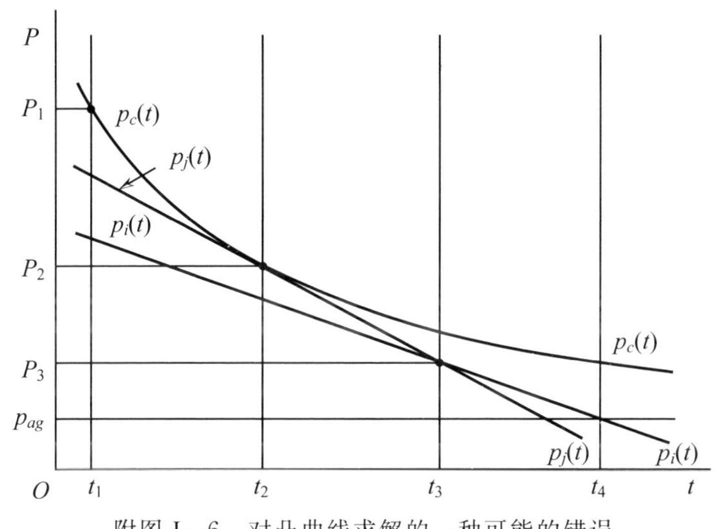

附图Ⅰ—6 对凸曲线求解的一种可能的错误

本情形可概述如下：

(1)对凸曲线来讲，如果我们在中心而不是在边缘排列竞价曲线之斜率的顺序，土地使用者空间排列所出现的问题就要减少。

(2)对非常凸的曲线而言，均衡区位与边际区位之间的中间区位个数将随该曲线的凸性而增加；然而不属于非常凸的曲线将保持把背后的相邻区位作为它们的边缘。

参见本附录的注释6，关于处理特别凸曲线的方法。

198 **5. 注释 5**

凹曲线

附图 I—7 表示的是含有一条凹向市中心的曲线的均衡解。将要看到的是，此凹性会保证该曲线不高出凸价格结构。可以通过从中心开始，并在每一区位选择未安排的曲线中斜率最大者来
199 得出解，或从边缘开始，在每一区位选择未安排的曲线中斜率最小者来求出解。这样，我们可以从 t_1 开始。$p_j(t)$是斜率最大的曲线，我们把 j 安排在区位 t_1。余下的两条曲线中，在 t_2 处 $p_c(t)$ 的斜率比 $p_i(t)$的斜率大，所以我们将 c 安排在 t_2，i 安排在 t_3。如果我们在每一个区位验证仍未安排位置的使用者之竞价曲线的斜率（或者更加精确地讲是对相邻区位之间的平均斜率而言的），可以看出，凹竞价曲线对结果没有影响。

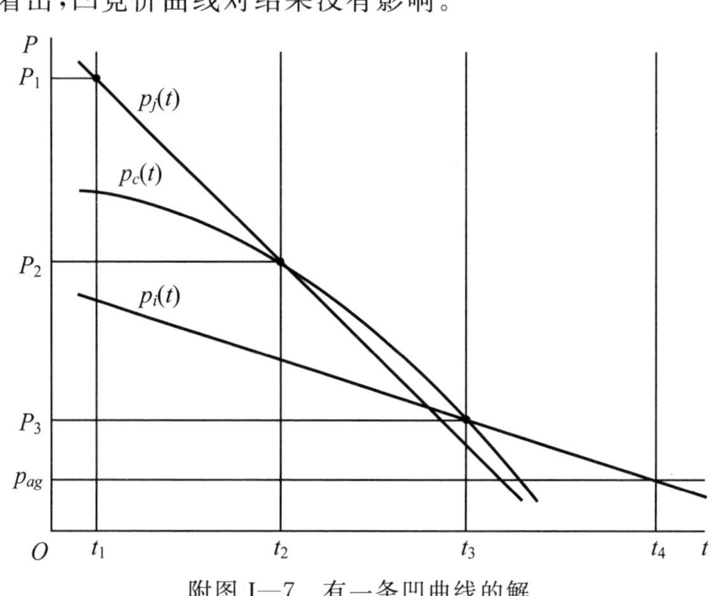

附图 I—7　有一条凹曲线的解

可是有一个例外。就是那些包含有比渐变要强烈得多的突变的凹曲线中的情形。这些曲线可以产生像附图Ⅰ—8那样的前方边际价格—区位,也可能产生像附图Ⅰ—9那样的后方边际。然 200
而,在这两种情形中,具有凹曲线的使用者之均衡价格—区位 t_2、P_2 并不是 c 前面的使用者的边际价格—区位。个人 j 跳过了 c 的价格—区位,而采用 t_3、P_3——c 的背后——作为他的边缘。然而,尽管这些情形具有理论上的意义,但在两个邻居那样短的距离内出现强烈的斜率突变似乎是不可能的。

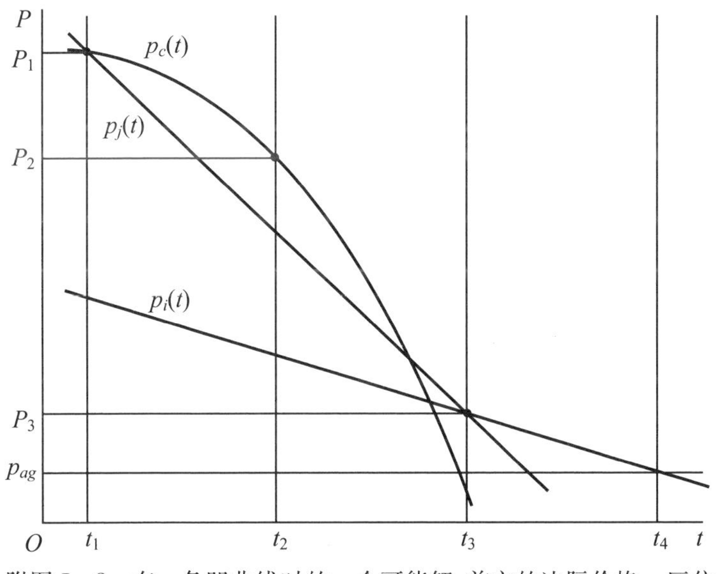

附图Ⅰ—8 有一条凹曲线时的一个可能解:前方的边际价格—区位

6. 注释6

混合曲线

为了处理非常不规则的曲线以及较为麻烦的凸曲线问题,可

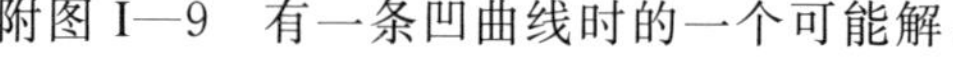

附图 I—9　有一条凹曲线时的一个可能解：

共享后面的边际价格—区位

以对存在足够多的土地使用者从而保证个别转移对作为整体的价格结构只产生很小改变的那些情形提出一个合理的程序。

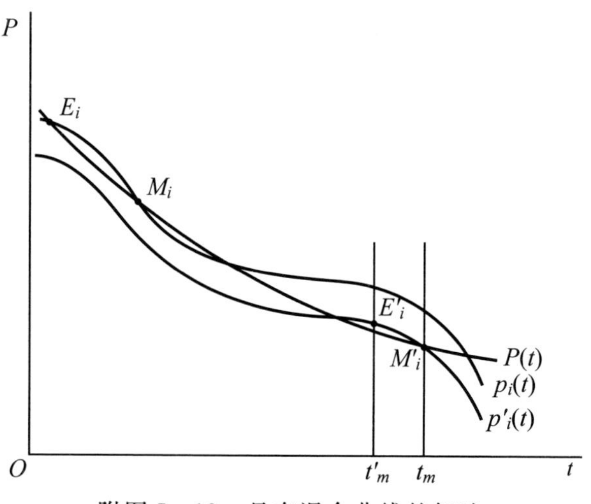

附图 I—10　具有混合曲线的解法

假设在第一次对市场解的近似之后，仍有一条曲线在几个区
位高于所获得的价格结构，如附图I—10所示，曲线 $p_i(t)$ 高于 201
$P(t)$。对这个人建立一条较低的竞价曲线 $p_i'(t)$，使它至少在一
个区位（t_m）等于价格结构，并且仅在另一个区位（t'_m）比价格结
构高。然后在第二次试图求解时，考虑到他的边际价格—区位是
在第一次求解时占据 t_m 的那个人的均衡价格—区位，从而可以
对其进行恰当的安排。最后可以看出，E_i 和 M_i 是原先的不正确
的均衡和边际价格—区位，E_i' 和 M_i' 则是正确的均衡和边际价
格—区位。

（梁进社　王大伟 译）

主题词及作者索引

（数字系英文原版页码，本书中为边码。
页码后的缩略语 n 表示注释。）

图书在版编目(CIP)数据

区位和土地利用:地租的一般理论/(美)威廉·阿朗索著;梁进社,李平,王大伟译.—北京:商务印书馆,2017
(汉译世界学术名著丛书:120年纪念版:珍藏本)
ISBN 978-7-100-14427-8

Ⅰ.①区… Ⅱ.①威… ②梁… ③李… ④王…
Ⅲ.①土地利用—研究②地租—研究 Ⅳ.①F301.2
②F301.4

中国版本图书馆CIP数据核字(2017)第151511号

汉译世界学术名著丛书
(120年纪念版·珍藏本)
区位和土地利用
——地租的一般理论
〔美〕威廉·阿朗索 著
梁进社 李 平 王大伟 译

商 务 印 书 馆 出 版
(北京王府井大街36号 邮政编码100710)
商 务 印 书 馆 发 行
北京中科印刷有限公司印刷
ISBN 978-7-100-14427-8

2017年12月第1版 开本 710×1000 1/16
2017年12月北京第1次印刷 印张 17
定价:88.00元